La parentalité numérique

La parentalité numérique :
élever des enfants équilibrés dans un monde rempli d'écrans

Anika Vermeer

Pages de pleine conscience

Publié en 2025

ISBN: 9789371347372 (PB)
ISBN : 9789371342858 (**eBook**)

Publié par

Pages de pleine conscience
Mentions légales d'Alpha Editions LLC
312 W. 2nd St #1834
Casper, WY 82601, États-Unis

Contenu

Introduction

L'histoire est sans équivalent quant à l'ampleur et à la rapidité avec lesquelles la technologie a bouleversé le quotidien. La révolution numérique ne s'est pas insinuée en silence : elle est arrivée avec une permanence fulgurante, transformant notre façon de parler, d'apprendre, de nous détendre, de travailler et de nouer des relations. Pour les enfants d'aujourd'hui, les écrans ne sont pas un accessoire ; ils sont l'air qu'ils respirent. On utilise les écrans tactiles avant même de lacer ses chaussures, les avatars numériques se glissent sans difficulté dans le rôle autrefois tenu par des camarades de jeu imaginaires, et la frontière autrefois nette entre le numérique et le virtuel est désormais floue et mouvante. Bien sûr, chaque génération a dû composer avec les changements technologiques. Mais aucune génération, jusqu'à présent, n'a eu à le faire dès l'instant où elle a pu tenir un jouet ou traverser une pièce en trottinant.

Les parents modernes sont donc confrontés à un casse-tête à la fois urgent et totalement inconnu. Comment élever un enfant avec profondeur émotionnelle, rigueur intellectuelle et résilience à une époque où les écrans sont omniprésents ? Comment cultiver la maîtrise du numérique sans abandonner son attention à des milliers d'applications qui la réclament ? Les outils qui promettent de connecter et d'éduquer peuvent tout aussi facilement submerger ou déformer. Alors, où en sont les personnes chargées d'accompagner les jeunes esprits ?

Éducation numérique : Élever des enfants équilibrés dans un monde rempli d'écrans s'attaque à ces questions, sans sombrer dans une nostalgie idyllique ni présenter la technologie comme un ennemi, mais avec un regard à la fois critique et bienveillant. Ce livre n'est pas un manifeste contre les appareils électroniques ; c'est un manuel pour les utiliser à bon escient. Il invite les parents à endosser le rôle non pas de gardiens du numérique, mais de guides avisés, conscients que la technologie n'est ni un miracle ni une menace, mais un outil, dont l'impact dépend de la manière dont on l'utilise. Avec de la volonté et du discernement, les écrans peuvent devenir non pas une menace, mais un compagnon pour élever des jeunes réfléchis, réalistes et compétents.

Le livre s'ouvre en esquissant les grandes lignes de la transformation de l'enfance à l'ère numérique. Là où les générations précédentes se souvenaient de genoux écorchés, de lettres manuscrites et de secrets murmurés entre amis, les enfants d'aujourd'hui sont plus enclins à échanger des émojis, à s'affronter dans des jeux multijoueurs et à assimiler des connaissances grâce à des points de contact animés. Ces changements sont difficiles à catégoriser . Ils sont à la fois porteurs de promesses et de dangers, élargissant les horizons tout en introduisant de nouveaux facteurs de stress. Ce premier chapitre fait le point sur les deux : les opportunités et les obstacles. Et il n'oublie pas les parents eux-mêmes, dont beaucoup sont habités par un profond malaise : est-ce que je comprends bien ? Quels dommages puis-je causer – ou ne pas prévenir ? Le chapitre avance d'emblée un argument clé : une parentalité numérique réussie ne peut être réactive, motivée par la panique, ni restrictive au point d'être futile. Elle doit être ciblée, éclairée et, surtout, équilibrée.

Pour comprendre l'impact réel des écrans sur les enfants, il faut regarder sous la surface, au-delà des comportements , et explorer la biologie. Le deuxième chapitre explore le monde des neurosciences, explorant l'impact des apports numériques sur le cerveau de l'enfant : mécanismes d'attention, schémas de dopamine, régulation émotionnelle. Il s'avère que les réseaux sociaux ne sont pas une simple distraction ; il s'agit souvent d'un système ingénieux, conçu pour détourner les boucles de récompense naturelles du cerveau. Pourtant, le tableau n'est pas si sombre. Utilisée avec prudence, la technologie peut renforcer les capacités de résolution de problèmes, stimuler la créativité et soutenir l'apprentissage. La clé réside dans la nuance. Les parents doivent résister à la pensée manichéenne, cette idée selon laquelle tout temps passé devant un écran est soit vertueux, soit corrompu. Une compréhension plus fine permet d'envisager une voie médiane, où la technologie devient un outil de développement plutôt qu'une source d'épuisement.

L'un des mythes les plus tenaces du discours populaire est l'obsession de *la quantité d'écrans* plutôt que de leur *qualité* . Le chapitre trois remet en question cette obsession métrique. Le temps passé devant un appareil ne raconte qu'une fraction de la réalité. Après tout, une heure passée à construire une maquette numérique ou à composer de la musique est très différente d'une heure passée à regarder passivement des dessins animés à volume sonore élevé. Ce chapitre établit des distinctions essentielles : entre utilisation active et passive, défilement solitaire et création collaborative, intention et dérive insensée. Il propose également des stratégies concrètes, notamment la règle des 80/20, très utile : la majeure partie du temps passé devant un écran doit être constructive, créative ou éducative. Au lieu d'imposer des limites strictes d'une main de fer, le chapitre encourage une méthode plus relationnelle et collaborative, qui reconnaît l'autonomie de l'enfant tout en établissant des garde-fous.

Bien sûr, gérer les appareils n'est que la moitié du travail. L'autre consiste à préparer les enfants à interpréter le monde vaste et complexe qu'ils rencontrent à travers ces appareils. Le chapitre quatre s'attarde sur le paysage de l'information numérique : sa rapidité, son ampleur et sa fréquente inconstance. L'éducation aux médias n'est plus un luxe, mais une nécessité. Les enfants d'aujourd'hui doivent apprendre à se poser des questions : qui a créé cela ? Pourquoi cette histoire apparaît-elle en premier ? Qu'est-ce qui est laissé de côté ? Les protéger de la désinformation n'est pas une solution à long terme. Ce chapitre prône plutôt une exposition guidée, où la curiosité est nourrie et l'esprit critique modelé. Les parents sont invités à devenir des interlocuteurs plutôt que des policiers du contenu, favorisant le discernement sans sombrer dans la paranoïa.

Il y a aussi les réseaux sociaux, cet océan vaste et mouvant où de nombreux enfants mettent désormais en jeu leur estime de soi. Le chapitre cinq explore ses profondeurs, avec toutes ses promesses et ses dangers. Ce qui n'est au départ qu'une connexion peut rapidement se transformer en comparaison, en anxiété, en performance compulsive. Les adolescents, en particulier, sont vulnérables à la quantification de la valeur : les mentions « j'aime », les partages, les abonnés, qui deviennent des symboles d'estime de soi. Ce chapitre explore comment les parents peuvent aider leurs enfants à déconnecter l'identité numérique des indicateurs, en encourageant plutôt une conscience de soi ancrée dans les relations hors ligne, le développement personnel et les valeurs intérieures. Il aborde également le cyberharcèlement, la vie privée et l'art souvent négligé de l'empathie en ligne – des compétences que les enfants doivent acquérir non seulement pour leur propre bien-être, mais aussi pour une culture numérique humaine.

Et pourtant, s'attarder uniquement sur les dangers serait un échec. La technologie recèle un immense potentiel. Le chapitre six adopte une perspective plus optimiste, examinant les utilisations positives, voire inspirantes, des outils numériques par les enfants : composition de chansons, création de petites entreprises, codage de jeux interactifs, création d'animations. Ce chapitre montre comment la créativité numérique peut être une affaire de famille, un espace de rapprochement et d'exploration partagée. Les parents sont encouragés non seulement à suivre, mais aussi à *participer* : à célébrer les projets, à s'impliquer dans l'apprentissage et à développer les compétences qui aideront leurs enfants à s'épanouir dans un monde en constante évolution.

Naturellement, quelle que soit la minutie de la planification, la résistance fait partie intégrante du monde parental, surtout lorsqu'il s'agit de fixer des limites. Le chapitre sept aborde l'art (et parfois le chaos) de fixer des limites. Les règles imposées par décret ont tendance à se retourner contre eux. Ce chapitre propose une approche plus collaborative, incluant la création d'un accord familial numérique : un document vivant, façonné par le respect mutuel, qui définit les attentes, les responsabilités et les conséquences. Le chapitre explore également les zones sans écran, le modèle parental (qui, à vrai dire, est souvent plus éloquent que n'importe quelle règle) et comment gérer les inévitables moments où les enfants testent les limites. L'objectif n'est pas le contrôle, mais la responsabilité partagée.

Mais élever un enfant en bonne santé numérique ne se résume pas à des règles ; cela exige une résilience intérieure. Le chapitre huit se tourne vers l'intérieur, se concentrant sur la conscience de soi et le développement de la pleine conscience dans la vie numérique. Les enfants doivent apprendre à reconnaître leurs propres habitudes, à faire des pauses, à choisir. Ce chapitre ne préconise pas de jeûnes numériques rigides, qui peuvent paraître punitifs et performatifs. Il suggère plutôt des réajustements en douceur : intégrer des moments plus analogiques, rétablir l'équilibre entre écran et terre, dialogue et silence. La technologie doit servir, et non dominer – et ce chapitre propose des outils pour aider les enfants à faire eux-mêmes cette distinction.

Pourtant, même avec les meilleures intentions, les choses peuvent parfois mal tourner. Le chapitre neuf aborde les points difficiles : l'usage compulsif, les interactions dangereuses et la défiance. Il ne s'agit pas de condamnations de l'échec parental, mais plutôt de signaux indiquant qu'un problème plus profond nécessite une attention particulière. Ce chapitre propose une approche lucide des crises, encourageant le retour au lien plutôt que la punition. Il présente des ressources – thérapeutes, éducateurs, experts en bien-être numérique – et rappelle aux parents que l'important n'est pas d'être parfait, mais de persévérer.

Le dernier chapitre se projette vers l'avenir. Les technologies de demain – réalité augmentée, IA générative, surveillance omniprésente – rendront les dilemmes numériques actuels désuets. Mais le repli sur soi n'est pas la solution. Au contraire, le chapitre dix présente un plaidoyer convaincant pour une parentalité préparée à l'avenir : cultiver des habitudes de discernement numérique, de conscience éthique et de dialogue ouvert. Ce sont ces outils qui permettront aux enfants de traverser les tempêtes à venir. Et ce chapitre invite les parents à s'engager, non seulement avec les appareils, mais aussi avec les cadres culturels et éthiques qui les façonnent : les questions de données, d'autonomie, de transparence. Non pas pour des raisons théoriques, mais parce que ces choses deviennent la trame du quotidien.

En fin de compte, ce livre est une refonte. La parentalité numérique n'est ni une corvée, ni une réaction désespérée face à une vague de changement. C'est une vocation, une chance d'élever des enfants non seulement protégés, mais préparés. Qui savent penser clairement dans un monde bruyant. Qui savent privilégier le contenu au spectacle. Qui savent construire des relations qui ont du sens, même à travers la fibre optique.

Les écrans ne sont pas près de disparaître. Mais la présence constante et ancrée d'un parent qui choisit de guider ses enfants avec curiosité, conviction et amour ne disparaîtra pas non plus. Ce livre propose un chemin pour naviguer entre les deux, sans perdre confiance en l'autre.

Chapitre 1
Le paysage numérique : comprendre le monde technologique d'aujourd'hui

On remarque souvent que l'enfance reflète l'âge auquel elle se déroule, et rarement ce reflet n'a été aussi fortement réfracté qu'à l'ère numérique. Le monde dans lequel vivent aujourd'hui les enfants ressemble peu à celui de leurs parents. Fini le temps où le jeu se résumait à des genoux écorchés, des secrets chuchotés dans des notes et de longues conversations à ciel ouvert. À leur place : écrans lumineux, chats en temps réel et avatars numériques. Ce qui était autrefois des gadgets de luxe est devenu un compagnon quasi permanent, parfaitement intégré au rythme de la vie quotidienne. L'interaction en ligne, plutôt qu'un complément au monde réel, en est devenue, pour beaucoup, le cœur même. Le changement a été rapide – parfois passionnant, souvent déroutant – et il nous pousse à nous demander : que signifie désormais grandir ?

Comparer hier et aujourd'hui révèle à quel point la vague numérique a radicalement redessiné la carte de l'enfance. Il y a une génération, l'horloge régnait sur la journée d'un enfant : la cloche de l'école sonnait, le dîner était servi à 18 h et les histoires du soir annonçaient l'extinction des feux. La communication était liée – géographiquement et socialement – le plus souvent par les proches, voire par un ami au bout d'un téléphone filaire. Les divertissements étaient limités dans le temps et partagés : la télévision suivait un horaire, les livres s'arrêtaient et les jeux de plein air s'achevaient à la tombée de la nuit. Aujourd'hui, ces frontières sont devenues méconnaissables. Les enfants sont connectés à un monde en constante expansion : les contenus sont infinis, les jeux évoluent en temps réel et les conversations se déroulent sur plusieurs continents. Ils ne vivent pas uniquement dans le monde matériel, mais dans une vaste superposition numérique – un environnement aussi immersif qu'intangible, où l'identité se construit autant qu'elle se vit.

Cette révolution, malgré toutes ses turbulences, engendre un paradoxe aux proportions époustouflantes. Les mêmes outils qui nous attachent aux écrans ont ouvert des portes que les générations précédentes n'auraient pas pu imaginer. Les enfants d'aujourd'hui peuvent composer de la musique du bout des doigts, programmer des robots avant même de maîtriser l'écriture manuscrite et interagir en temps réel avec leurs pairs du monde entier. L'apprentissage, autrefois limité par la géographie ou les moyens, s'est démocratisé . Les ressources numériques ont transformé l'acquisition de la lecture, de l'écriture et du calcul, tandis que les enfants présentant des difficultés d'apprentissage ou des handicaps physiques peuvent accéder à des outils qui amplifient leurs points forts plutôt que de souligner leurs difficultés. La créativité, elle aussi, a trouvé de nouvelles frontières : l'art numérique, la production vidéo, la narration interactive, tout cela désormais possible depuis son bureau. Ces gains ne sont pas anodins ; ils sont transformateurs.

Et pourtant. La technologie même qui permet la connexion peut la briser tout aussi facilement. Les écrans rivalisent sans relâche pour attirer l'attention, souvent au détriment de la conscience du moment présent, des relations significatives, et même du corps lui-même. Les habitudes de sommeil se modifient, l'exercice physique diminue et les conversations, lorsqu'elles ont lieu, sont souvent ponctuées d'un regard vers le bas. Les réseaux sociaux, en particulier, ont cultivé un étrange théâtre de comparaisons, où la perfection recherchée se fait passer pour la réalité, et où l'estime de soi dépend trop souvent de chiffres : mentions J'aime, partages, vues. Même le jeu, autrefois ancré dans la physicalité et l'imagination, risque désormais de devenir une nouvelle boucle de rétroaction, conçue pour la rétention plutôt que pour le plaisir.

Cette dualité, à la fois libératrice et corrosive, exige que nous abordions la technologie non pas avec une condamnation générale, ni avec une acceptation irréfléchie, mais avec discernement. La question n'est pas de savoir si les écrans sont bons ou mauvais. La question est : comment sont-ils utilisés et à quelles fins ? Tout comme un couteau peut sculpter ou couper, les outils numériques peuvent enrichir ou éroder. Cette perspective, certes moins tranchée que le simple binôme pour/contre, est aussi bien plus utile. Elle ancre la parentalité numérique non pas dans la peur, mais dans un but.

Pourtant, on ne peut ignorer la fatigue ressentie par de nombreux parents qui tentent de suivre le rythme. Le paysage parental moderne est jonché de conseils contradictoires, de plateformes en constante évolution et de dangers ambigus. Contrairement aux générations précédentes, où les dangers de l'enfance étaient principalement physiques et visibles, les risques d'aujourd'hui se cachent souvent à la vue de tous, masqués par des pixels. Les parents s'inquiètent non seulement du temps passé devant les écrans, mais aussi du contenu, des pressions sociales que leurs enfants ne dévoileront pas, du cyberharcèlement dont ils pourraient ne jamais être témoins. Et en l'absence de guide universel, de consensus clair sur les meilleures pratiques, la lassitude décisionnelle s'installe. Le simple fait de dire « non » peut être isolant, en décalage avec un monde qui assimile maîtrise des technologies à actualité sociale.

Et les enfants ne sont pas les seuls à être pris au piège. Les adultes aussi sont pris dans la même attraction gravitationnelle. On peut vouloir donner l'exemple en adoptant de bonnes habitudes, mais on se retrouve vite à scroller pendant le dîner ou à répondre à ses e-mails bien après l'heure du coucher. Cette dissonance numérique – savoir faire autrement – peut discrètement éroder la confiance, engendrer un sentiment de culpabilité et créer des tensions au sein de la famille. Les pressions s'intensifient de toutes parts : l'école encourage la maîtrise des technologies, les pairs s'attendent à des interactions en ligne, et la société dans son ensemble semble récompenser l'hyperconnectivité. Dans ce contexte, fixer des limites ressemble moins à une limite saine qu'à une course contre la montre.

Savoir quand l'utilisation des écrans devient néfaste est un art délicat. Certains signes sont criants : colères lorsqu'on retire les appareils, repas sautés, devoirs non faits. D'autres sont chuchotés : une éloignement discret des amitiés hors ligne, une obsession pour l'affirmation de soi en ligne ou une baisse constante des jeux spontanés. Même des troubles du sommeil ou une anxiété inexpliquée peuvent être liés au numérique, bien qu'ils soient souvent attribués à tort à un bouleversement hormonal ou à « une simple phase ». Le défi n'est pas de repérer tous les signaux d'alarme, mais de repérer les tendances : lorsque le monde numérique commence à remplacer plutôt qu'à compléter le monde réel.

Mais attention : chaque heure passée sur un appareil n'est pas forcément le signe d'un problème. L'instinct de pathologiser toute utilisation des écrans est à la fois tentant et trompeur. Un enfant absorbé par un jeu peut ne pas être « accro », mais simplement y trouver un sentiment de maîtrise ou de camaraderie qu'il ne retrouve pas ailleurs. Dans ce cas, le temps passé devant un écran est un miroir, et non le monstre. Il ne s'agit donc pas de réprimer, mais d'examiner de plus près : qu'est-ce qui motive ce comportement ? Que manque-t-il hors ligne que le monde numérique fournit ?

De cette observation et de cette honnêteté émerge une philosophie plus solide de la parentalité numérique. Une philosophie qui ne repose pas sur des interdictions ou une confiance aveugle, mais sur la clarté. L'objectif n'est pas d'isoler les enfants de la technologie, ni de leur donner un contrôle absolu. Il s'agit de les aider à construire avec elle une relation réfléchie, constructive et en phase avec leur développement, et non en contradiction avec elle.

Cette approche commence par accepter que les familles ne sont pas des copies conformes. Ce qui fonctionne dans un foyer peut échouer dans un autre. Les enfants diffèrent par leur tempérament, leur résilience et leur curiosité, tout comme les limites que nous posons. Cela exige également que nous passions du contrôle à l'encadrement. La surveillance, aussi bien intentionnée soit-elle, instaure rarement la confiance ; la conversation, oui. La censure peut réduire au silence, mais elle n'éduque pas. Le lien, sincère et durable, reste le fondement de toute stratégie parentale efficace, numérique ou autre.

Tout au long de ce chapitre – et de ce livre – vous découvrirez des stratégies fondées à la fois sur des principes et des aspects pratiques. L'objectif n'est pas de submerger, mais d'équiper. De la reconnaissance des signes de fatigue numérique à l'élaboration de routines d'écran flexibles plutôt que fragmentées, de la désescalade des luttes de pouvoir au développement de la créativité grâce aux technologies, ces réflexions sont tirées du chaos de la vie de famille. Vous n'y trouverez pas de tests de pureté morale, juste un appel au progrès. Progresser vers une vie familiale où les appareils servent les relations humaines, et non les remplacent.

Soyons clairs : l'ère numérique n'est pas une phase que nos enfants dépasseront. C'est le terreau dans lequel leurs identités prennent racine. Apprendre à s'y retrouver – sa beauté, ses pièges, son vacarme incessant – fait partie intégrante de la croissance actuelle. Et pour les parents, comprendre ce paysage n'est pas un projet secondaire. C'est un travail. Ce chapitre offre donc un point de départ : un chemin vers la clarté face au chaos et la confiance dans un monde qui nous semble trop souvent hors de portée. Si nous faisons preuve d'empathie, restons curieux et gardons à l'esprit que la sagesse ne s'accompagne pas toujours de certitudes, nous pourrions bien élever une génération capable de s'épanouir, en ligne comme hors ligne.

L'évolution de l'enfance à l'ère numérique

L'enfance a toujours reflété le contexte culturel et technologique de son époque. Pourtant, jamais ce contexte n'a évolué aussi rapidement, aussi profondément et de manière aussi irréversible qu'avec l'avènement du numérique. Le concept de « natif du numérique » a émergé pour décrire l'enfant né dans un monde saturé d'appareils, de réseaux et d'écrans – un environnement où l'interaction numérique est non seulement courante, mais fondamentale. Contrairement aux avancées technologiques précédentes, comme l'imprimerie ou la télévision, la transformation numérique ne se limite pas à un seul domaine de la vie. Elle est omniprésente, façonnant la façon dont les enfants jouent, apprennent, socialisent et construisent leur identité. Comprendre comment la technologie a transformé l'enfance n'est donc pas un simple exercice académique : c'est un impératif urgent pour les parents, les éducateurs et la société dans son ensemble.

La différence la plus frappante entre l'enfance d'hier et d'aujourd'hui réside dans la façon dont les enfants occupent leur temps et ce qui occupe leur attention. Il y a une génération, le jeu était principalement physique, libre et localisé . Les enfants construisaient des tanières avec des coussins de canapé, grimpaient aux arbres et faisaient du vélo jusqu'au crépuscule. Leur univers était délimité par l'espace physique et les interactions en temps réel, ponctué de retours tangibles et d'engagement sensoriel. Ils apprenaient par essais et erreurs, souvent en extérieur ou en groupe, où leurs actions avaient des conséquences immédiates et visibles. Ces activités favorisaient non seulement le développement physique, mais aussi la résilience émotionnelle, la négociation sociale et la créativité.

Aujourd'hui, en revanche, le jeu est de plus en plus médiatisé par les écrans. Jeux numériques, applications interactives et plateformes en ligne sont devenus le loisir par défaut de nombreux enfants. Ces outils offrent un niveau d'engagement et de nouveauté que les jouets traditionnels ne peuvent égaler. Une tablette ou un smartphone donne accès à un vaste univers de jeux, de vidéos et de contenus sociaux, tous conçus pour optimiser la rétention et l'interaction. Si ces outils numériques peuvent développer la motricité fine, la coordination œil-main et certains types de réflexion stratégique, ils manquent souvent des dimensions multisensorielles et interpersonnelles qui caractérisent le jeu traditionnel. Pour de nombreux enfants, l'espace physique du terrain de jeu a été remplacé par l'espace virtuel de Minecraft, Roblox ou YouTube.

Cette évolution n'est pas intrinsèquement problématique. Le jeu numérique peut être imaginatif, collaboratif et profondément engageant. Des plateformes comme Minecraft, par exemple, permettent aux enfants de construire des mondes complexes, de simuler des modèles architecturaux et de participer à des tâches coopératives avec leurs pairs du monde entier. Les jeux éducatifs peuvent renforcer le raisonnement mathématique, le développement du langage et la recherche scientifique de manière adaptative et personnalisée . La distinction essentielle ne réside pas dans l'utilisation de la technologie, mais dans son utilisation. Est-elle passive ou active ? Est-elle isolante ou interactive ? Favorise-t-elle la réflexion ou constitue-t-elle simplement une distraction ?

Une autre transformation majeure s'est produite dans la façon dont les enfants socialisent . Pendant une grande partie de l'histoire de l'humanité, les enfants ont noué des amitiés grâce à la proximité – voisins , camarades de classe, réunions de famille. Les liens sociaux se sont développés grâce à des activités partagées et à de longues périodes d'interaction en face à face. Les nuances émotionnelles ont été interprétées par le ton de la voix, l'expression du visage et le langage corporel, autant d'éléments essentiels au développement de l'empathie et de l'intelligence émotionnelle.

L'ère numérique a introduit de nouveaux modes de communication, plus rapides, plus larges et souvent plus superficiels. Les réseaux sociaux, les SMS et les forums en ligne permettent aux enfants d'entretenir des relations par-delà les fuseaux horaires et les zones géographiques. Pourtant, ces interactions sont souvent filtrées, abrégées et organisées. Une conversation menée par émojis ou des duos TikTok n'a pas la complexité d'un dialogue en personne. De plus, la nature performative des réseaux sociaux – où les mentions « J'aime », les partages et les abonnés servent de monnaie d'échange – peut fausser la compréhension qu'un enfant a de l'amitié, de l'estime de soi et de la communauté.

Imaginez l'expérience d'un enfant de douze ans recevant son premier smartphone. Auparavant, son univers social se limitait à l'école, à la famille et au quartier . Avec un appareil en main, il est soudain connecté à des milliers de voix, de tendances et d'influences potentielles. Si cette connectivité peut favoriser un sentiment d'appartenance, elle peut aussi exposer les enfants au harcèlement en ligne, à des idéaux corporels irréalistes et à la pression de leurs pairs pour qu'ils présentent une version soignée d'eux-mêmes. La pression psychologique pour rester « visible » en ligne – en publiant, en commentant ou en entretenant des séquences – peut devenir une source d'anxiété chronique, en particulier à l'adolescence, lorsque l'image de soi est en pleine mutation.

Le paysage éducatif a également connu une métamorphose numérique. Alors qu'autrefois les enfants dépendaient d' encyclopédies , de manuels scolaires et de l'enseignement direct des enseignants, ils ont désormais accès à une multitude d'informations à portée de main. Moteurs de recherche, tutoriels vidéo, simulations interactives et applications d'apprentissage ont révolutionné l'acquisition du savoir. Les enfants peuvent explorer le système solaire grâce à la réalité virtuelle, disséquer une grenouille en 3D sur une tablette ou apprendre l'algèbre grâce à des plateformes ludiques qui s'adaptent à leur rythme d'apprentissage. Pour les esprits curieux, ces outils offrent des possibilités inédites d'enrichissement et de découverte.

Cependant, l'abondance d'informations présente des inconvénients. Toutes les sources ne sont pas fiables, et la capacité à distinguer un contenu crédible d'une fausse information est une compétence qui s'apprend et non s'assume. De plus, le volume considérable d'informations numériques peut fragmenter l'attention, réduisant ainsi la capacité de concentration et d'engagement soutenu. Les enfants habitués à jongler entre onglets, notifications et applications peuvent avoir des difficultés avec les formes traditionnelles de concentration nécessaires à la lecture, à la résolution de problèmes ou à l'écriture réflexive. Cette fragmentation cognitive a des conséquences non seulement sur la réussite scolaire, mais aussi sur la régulation émotionnelle et la conscience de soi.

De plus, les conséquences physiques d'une augmentation du temps passé devant les écrans deviennent de plus en plus évidentes. Les enfants d'aujourd'hui sont plus sédentaires que toutes les générations précédentes, avec des taux croissants d'obésité infantile, de myopie et de troubles du sommeil liés à une exposition excessive aux écrans. La lumière bleue émise par les appareils perturbe les rythmes circadiens, ce qui rend l'endormissement plus difficile et nuit à la qualité du sommeil. La réduction des jeux en extérieur limite également l'exposition au soleil, essentielle au développement osseux et à la régulation de l'humeur. Bien que ces effets ne soient pas uniformes chez tous les enfants, ils témoignent d'un changement de mode de vie plus général qui exige une attention particulière.

Il est également important de prendre en compte l'évolution du rôle des parents dans ce paysage numérique. Auparavant, l'éducation des enfants était principalement axée sur la sécurité physique : s'assurer que les enfants portaient un casque, évitaient les inconnus et rentraient à la maison avant la tombée de la nuit. Aujourd'hui, les menaces sont davantage psychologiques et moins visibles. Les parents doivent se préoccuper de la dépendance aux écrans, de l'exposition à des contenus préjudiciables, des prédateurs en ligne et des conséquences à long terme de la surstimulation numérique. L'absence de consensus social clair sur le temps d'écran considéré comme excessif, ou sur ce qui constitue un comportement sain en ligne , engendre chez de nombreux parents incertitude et anxiété.

L'omniprésence de la technologie dans la vie des enfants crée également une nouvelle forme de fracture générationnelle. De nombreux parents n'ont pas grandi avec les smartphones ou les réseaux sociaux et sont donc moins bien outillés pour comprendre les habitudes numériques de leurs enfants. Ce fossé peut engendrer des malentendus, de la méfiance ou des réponses trop simplistes, comme des interdictions générales ou un accès illimité, deux stratégies inefficaces à long terme. La maîtrise du numérique n'est plus une option pour les parents ; elle est essentielle à une orientation et une communication efficaces.

Face à ces profonds changements, il est tentant d'aspirer à un retour à une époque plus simple. Cependant, la nostalgie peut occulter les opportunités offertes par la technologie. Élever des enfants dans un vide numérique n'est ni faisable, ni souhaitable. L'objectif n'est pas de rejeter la technologie, mais de l'intégrer judicieusement à l'enfance, de manière à préserver ses avantages tout en atténuant ses risques. Cela nécessite un changement de perspective : ne plus considérer les écrans comme des menaces, mais comme des outils qui peuvent enrichir ou entraver le développement selon leur utilisation.

Des mesures concrètes pour cette intégration incluent le visionnage et le jeu en commun avec les enfants, l'utilisation des contenus numériques comme tremplin pour la discussion et l'établissement de limites collaboratives évolutives avec l'âge et la maturité. Encourager les activités hors ligne – sport, lecture, jeu libre – reste essentiel, non pas comme une punition pour l'utilisation des écrans, mais comme des éléments essentiels d'une vie équilibrée. Plus important encore, il faut apprendre aux enfants à réfléchir à leurs propres habitudes numériques : comment ils se sentent après avoir fait défiler des écrans, à quels contenus ils font confiance et pourquoi ils gravitent vers certaines plateformes. Ces échanges constituent les bases de l'autorégulation, de la pensée critique et de la citoyenneté numérique.

L'évolution de l'enfance à l'ère numérique n'est ni un déclin dystopique ni une avancée utopique. C'est une transformation multiforme, continue et profondément influente. La technologie a remodelé le paysage de l'enfance, mais elle n'en a pas réécrit l'essence. Les enfants ont toujours besoin d'amour, de limites, de défis et de jeu. Ils s'épanouissent toujours dans des relations enrichissantes, l'exploration et la liberté d'échouer et de recommencer. Ce qui a changé, c'est le contexte dans lequel ces besoins sont satisfaits. Notre tâche n'est donc pas de regretter le passé ni de craindre l'avenir, mais de comprendre le présent avec nuance et d'y répondre avec sagesse.

Élever des enfants dans un monde saturé d'écrans, c'est aborder la complexité avec courage, curiosité et bienveillance. C'est accepter que, si nous ne pouvons pas revenir à une enfance pré-numérique, nous pouvons façonner un avenir où la technologie coexiste avec l'humanité – où les écrans illuminent sans dominer, et où les enfants apprennent non seulement à utiliser la technologie, mais aussi à la comprendre, à la questionner et, finalement, à la maîtriser. Tel est le défi – et la promesse – de la parentalité à l'ère numérique.

L'épée à double tranchant de la technologie

Peu d'innovations ont transformé l'expérience humaine aussi profondément et rapidement que le numérique. Pour les enfants d'aujourd'hui, le monde numérique n'est pas une dimension nouvelle ou isolée : il est intimement lié à la vie quotidienne. Des jouets intelligents et tablettes aux applications éducatives et aux réseaux sociaux, l'engagement numérique est devenu un élément déterminant de l'enfance moderne. Pourtant, malgré toutes ses promesses et son potentiel, la technologie présente également un réseau complexe de risques. Son impact n'est ni singulier ni statique ; il est multiforme, dynamique et profondément contextuel. Comprendre cette dualité – la promesse et le danger – exige une évaluation minutieuse, honnête et nuancée.

Le numérique offre des avantages remarquables aux enfants, surtout lorsqu'il est utilisé avec discernement et rigueur. Les plateformes éducatives ont révolutionné l'accès au savoir, démocratisant l'apprentissage de manière inédite. Loin de se limiter au contenu d'un seul manuel, les enfants peuvent désormais explorer le cosmos grâce à des simulations virtuelles, expérimenter des concepts de physique dans des formats ludiques ou s'immerger dans des événements historiques grâce à des applications de narration immersive. Ces outils s'adaptent à divers styles d'apprentissage et permettent un apprentissage à son propre rythme, particulièrement bénéfique pour les enfants qui peuvent avoir des difficultés dans un environnement scolaire traditionnel. Les technologies d'apprentissage adaptatif, par exemple, s'adaptent en temps réel aux progrès de l'enfant, proposant des défis sur mesure qui ne sont ni ennuyeux ni déroutants.

De plus, Internet a considérablement accru la capacité des enfants à explorer le monde au-delà de leur environnement immédiat. Un enfant d'un village rural peut désormais interagir avec ses pairs d'un continent à l'autre, découvrir différentes cultures et être témoin de l'évolution des événements mondiaux. Cette exposition peut favoriser l'empathie, la curiosité et une vision du monde plus inclusive, des qualités de plus en plus essentielles dans une société mondiale interconnectée. Les outils numériques permettent également aux enfants d'exprimer leur créativité de manières autrefois inaccessibles. Un enfant de dix ans peut aujourd'hui composer de la musique, animer un court métrage ou concevoir un jeu vidéo avec seulement une tablette et une connexion internet. La technologie, en ce sens, est devenue un puissant vecteur d'action créative.

La communication est un autre domaine dans lequel les plateformes numériques ont redéfini les paramètres de la connexion. Les applications de messagerie, les appels vidéo et les plateformes collaboratives comme Google Workspace ont permis aux enfants d'entretenir des amitiés, de collaborer sur leurs devoirs et de maintenir des liens sociaux pendant les périodes de perturbations, comme la pandémie mondiale. Pour les enfants souffrant de difficultés de communication ou d'anxiété sociale, les interactions asynchrones ou textuelles peuvent offrir un mode d'interaction moins intimidant, favorisant la confiance et l'inclusion.

Pourtant, ces avantages indéniables s'accompagnent de risques tout aussi importants, dont beaucoup sont subtils, cumulatifs et pas toujours immédiatement visibles. L'une des préoccupations les plus pressantes concerne l'impact de l'activité sur écran sur l'attention et l'autorégulation. De nombreuses expériences numériques, notamment celles conçues pour le divertissement, reposent sur des stimuli rapides, des récompenses fréquentes et une nouveauté constante. Les jeux vidéo, les flux de médias sociaux et les plateformes de vidéos courtes comme TikTok sont conçus pour captiver les circuits de récompense du cerveau, libérant de la dopamine en réponse aux likes, aux victoires et aux nouveaux contenus. Si cela peut améliorer l'engagement à court terme, une exposition prolongée peut altérer la capacité des enfants à maintenir leur attention, à tolérer l'ennui ou à s'engager dans des tâches nécessitant une gratification différée.

Les implications pour l'apprentissage et le développement sont considérables. Les enseignants signalent de plus en plus souvent que les élèves peinent à se concentrer sur des tâches qui ne sont pas médiatisées par des écrans ou ponctuées d'incitations numériques. Les parents constatent que les enfants deviennent irritables lorsqu'on leur demande de se déconnecter des appareils, ou se désintéressent des activités dépourvues de la stimulation immédiate des médias numériques. Cette accoutumance à des stimulations intenses peut remodeler les voies neuronales, privilégiant les courtes périodes de satisfaction aux efforts et à la réflexion à long terme. Un tel changement peut nuire non seulement aux résultats scolaires, mais aussi à la résilience émotionnelle, qui dépend en partie de la capacité à gérer l'inconfort, l'ambiguïté et les récompenses différées.

Un autre sujet de préoccupation concerne les effets sociaux et émotionnels de l'engagement numérique. Si l'interaction en ligne peut élargir les horizons sociaux, elle peut aussi dénaturer les relations. Les plateformes de médias sociaux, en particulier, privilégient la performance à l'authenticité, la visibilité à la profondeur. Les enfants sont entraînés dans des cycles de comparaison, en quête de validation par des indicateurs tels que les mentions « J'aime », les commentaires et les abonnés. Ces mesures externes d'approbation peuvent être intériorisées , amenant les enfants à associer leur valeur à leur popularité en ligne ou à leur attrait perçu. Pour les adolescents en particulier, dont l'identité est encore en construction, cette pression peut être profondément déstabilisante . La nature organisée du contenu numérique – où chacun semble plus heureux, plus performant et plus admiré – peut exacerber les sentiments d'inadéquation, d'anxiété ou d'exclusion.

Le cyberharcèlement présente un autre danger sérieux. Contrairement au harcèlement traditionnel, souvent confiné à des contextes et des moments précis, le harcèlement en ligne est implacable, anonyme et difficile à éviter. Un commentaire blessant publié sur un réseau social, une rumeur répandue via un chat privé ou une image trafiquée partagée sans consentement peuvent avoir des conséquences psychologiques dévastatrices. Les victimes souffrent souvent en silence, honteuses ou effrayées d'en parler à leurs parents, et l'empreinte numérique de ces incidents signifie qu'ils peuvent être revus à maintes reprises, aggravant le traumatisme. De plus, la distance et l'anonymat perçus de la communication en ligne peuvent amener les enfants à dire des choses qu'ils ne diraient jamais en face à face, brouillant les frontières morales et affaiblissant le développement de l'empathie.

Le caractère addictif des plateformes numériques doit également être pris en compte. Si le terme « addiction » doit être utilisé avec prudence dans un contexte clinique, de nombreux enfants présentent des comportements qui s'apparentent à une dépendance : utilisation compulsive, irritabilité lorsque l'accès est restreint et négligence d'autres responsabilités ou centres d'intérêt. Les mécanismes à l'origine de ces comportements sont souvent délibérés. Les entreprises technologiques déploient des techniques psychologiques et comportementales sophistiquées pour maximiser le temps passé sur les appareils, en utilisant des techniques telles que des programmes de récompenses variables, la lecture automatique et le défilement sans fin afin de réduire l'agentivité de l'utilisateur. Les enfants, dont les fonctions exécutives et le contrôle des impulsions sont encore en développement, sont particulièrement vulnérables à ces stratégies de conception manipulatrice.

Les troubles du sommeil sont un autre effet bien documenté d'une utilisation excessive du numérique. L'exposition à la lumière bleue des écrans perturbe la production de mélatonine, retardant l'endormissement et réduisant sa qualité. Les notifications, les messages et le défilement nocturne fragmentent encore davantage les cycles de sommeil, entraînant fatigue, irritabilité et altération des performances cognitives. Ces effets peuvent se propager à l'extérieur, affectant la régulation de l'humeur, la concentration scolaire et la dynamique familiale. Un enfant fatigué est plus sujet aux crises de colère, moins résistant au stress et plus susceptible de se réfugier dans une consommation numérique passive, perpétuant ainsi le cycle.

Malgré ces risques, la solution ne consiste pas à interdire purement et simplement la technologie ni à idéaliser un passé pré-numérique. De telles approches sont à la fois irréalistes et contre-productives. La technologie n'est ni bonne ni mauvaise en soi ; son impact dépend de la manière dont elle est utilisée et par qui. Une approche équilibrée commence par reconnaître la légitimité de ses avantages et de ses inconvénients. Cela permet aux parents de prendre des décisions éclairées, adaptées au contexte et au développement de l'enfant, plutôt que de réagir par réaction ou par peur.

Une stratégie pratique consiste à différencier les types d'engagement numérique. La consommation passive, comme le visionnage compulsif de vidéos ou le défilement incessant des flux, a des effets très différents de la création active, de la résolution de problèmes ou du développement de compétences. Un enfant qui monte un court-métrage ou construit une maquette numérique s'engage dans des tâches cognitivement exigeantes qui favorisent la persévérance et l'innovation. À l'inverse, le défilement compulsif ou les sessions de jeu qui remplacent les repas, le sommeil ou les interactions sociales sont préoccupants. Aider les enfants à prendre conscience de cette distinction leur permet d'utiliser la technologie de manière plus consciente et ciblée.

Il est tout aussi important de cultiver un dialogue ouvert au sein des familles sur les habitudes, les émotions et les expériences numériques. Plutôt que de réglementer le temps passé devant les écrans avec des règles rigides, les parents peuvent co-créer des limites avec leurs enfants, fondées sur le respect mutuel et la compréhension mutuelle. Cette approche collaborative non seulement renforce la confiance, mais modélise également l'autorégulation que les enfants doivent finalement développer par eux-mêmes. Des échanges réguliers sur ce qu'ils ressentent face à certaines applications, sur ce qu'ils apprennent en ligne ou sur les plateformes qu'ils trouvent pertinentes peuvent transformer la technologie, d'un champ de bataille à un pont de connexion.

Les écoles ont également un rôle crucial à jouer pour guider l'engagement numérique. Les programmes de citoyenneté numérique , qui enseignent aux enfants la sécurité en ligne, l'empathie, l'esprit critique et l'éthique numérique, deviennent de plus en plus essentiels. Encourager l'éducation aux médias – apprendre aux élèves à remettre en question leurs sources, à identifier les biais et à réfléchir aux contenus numériques – peut compenser certaines distorsions du monde en ligne. Ces compétences protégeront non seulement les enfants des dangers immédiats, mais les prépareront également à une participation réfléchie et responsable dans une société saturée d'informations.

Il est également essentiel de prendre en compte l'écosystème plus large dans lequel se forment les comportements numériques des enfants . Parents, éducateurs, décideurs politiques et entreprises technologiques partagent tous la responsabilité. Des pratiques de conception éthiques, telles que la suppression des fonctions de lecture automatique des contenus pour enfants, la limitation des publicités intrusives ou l'intégration de signaux d'arrêt naturels, peuvent atténuer certains des aspects les plus exploiteurs des plateformes numériques. Le plaidoyer en faveur d' un développement technologique centré sur l'enfant , fondé sur la science du développement et la pédagogie, prend de l'ampleur et mérite un soutien soutenu.

En fin de compte, le caractère à double tranchant de la technologie n'est pas un problème à résoudre, mais une réalité à appréhender. Elle exige que nous allions au-delà des discours simplistes sur le temps passé devant un écran, bon ou mauvais, et que nous prenions en compte la complexité, le contexte et la bienveillance. En reconnaissant le potentiel et les pièges de l'engagement numérique, nous pouvons aider les enfants à développer les compétences nécessaires non seulement pour survivre, mais aussi pour s'épanouir dans un monde dominé par la technologie. Cela implique de leur donner la capacité de se concentrer malgré les distractions, de se connecter de manière authentique dans les espaces numériques, de réfléchir de manière critique aux informations qu'ils consomment et de faire des pauses significatives loin des écrans lorsque cela est nécessaire.

Les technologies numériques continueront d'évoluer, apportant avec elles de nouveaux outils, plateformes et paradigmes d'interaction. Notre réponse doit donc évoluer avec la même sophistication et la même intégrité. En favorisant la prise de conscience, l'équilibre et l'intentionnalité, nous pouvons garantir que la technologie reste un outil au service du développement humain, et non l'inverse. Ce faisant, nous offrons aux enfants le plus beau cadeau qui soit : non seulement l'accès au monde numérique, mais aussi la sagesse de l'utiliser à bon escient.

Les défis parentaux dans un monde hyperconnecté

Être parent n'a jamais été une tâche facile. Cela a toujours exigé intuition, patience et une capacité à la fois ferme et chaleureuse. Pourtant, dans le monde hyperconnecté d'aujourd'hui, la complexité de l'éducation des enfants s'est aggravée d'une manière que peu de gens auraient pu anticiper. La révolution numérique a non seulement transformé l'enfance, mais a aussi introduit une nouvelle source de stress et d'incertitude, souvent invisible, pour les parents. Alors que les générations précédentes s'inquiétaient des couvre-feux, des blessures sur les terrains de jeux ou des habitudes télévisuelles, les parents d'aujourd'hui doivent composer avec la dépendance aux écrans, les prédateurs en ligne, la pression numérique des pairs et l'omniprésence des appareils dans la vie familiale. Ces préoccupations ne sont pas des perturbations ponctuelles, mais des réalités permanentes qui exigent une négociation quotidienne et un profond investissement émotionnel.

L'un des défis les plus urgents et les plus visibles pour les parents modernes est de gérer la dépendance aux écrans – ou ce qui semble l'être – chez leurs enfants. De nombreux parents signalent qu'une fois qu'un enfant est immergé dans une activité sur écran, l'en extraire peut provoquer une résistance extrême, des crises de colère ou un repli émotionnel. Ce comportement est souvent interprété comme de la désobéissance ou de la paresse, mais il est plus justement compris comme une réponse à des environnements numériques soigneusement conçus pour capter et retenir l'attention. Des plateformes comme YouTube, TikTok et divers jeux en ligne sont structurées autour de mécanismes de renforcement intermittent, récompensant l'utilisation continue par de nouveaux contenus, des mises à jour ou une validation sociale. Ces mécanismes déclenchent la libération de dopamine, un neurotransmetteur lié au plaisir et à la récompense, créant ainsi des boucles comportementales difficiles à rompre, en particulier pour les enfants dont le contrôle des impulsions et les fonctions exécutives sont encore en développement.

Les parents se retrouvent souvent pris dans une bataille acharnée autour des limites de temps d'écran, ne sachant pas où tracer la frontière entre un engagement sain et une dépendance néfaste. Les tentatives de restriction d'accès se heurtent souvent à des réactions émotionnelles négatives, créant des frictions qui peuvent nuire à la relation parents-enfants. Certains parents, lassés par des disputes incessantes, concèdent plus de temps d'écran qu'ils ne le jugent approprié. D'autres recourent à des tactiques autoritaires – confiscation d'appareils, restrictions horaires strictes – pour finalement découvrir que ces mesures peuvent engendrer le secret, le ressentiment, voire le développement de sentiments de culpabilité et de honte face à l'utilisation des technologies. Aucun de ces extrêmes ne favorise l'environnement ouvert et de confiance nécessaire à une parentalité numérique efficace.

des comportements addictifs , la pression de suivre l'évolution rapide des tendances numériques pose un autre défi majeur. Enfants et adolescents baignent dans une culture de la nouveauté perpétuelle, où de nouvelles applications, mèmes, influenceurs et plateformes sociales apparaissent presque chaque semaine. Ce paysage est non seulement inconnu de nombreux parents, mais aussi délibérément opaque. Par exemple, la façon dont Snapchat efface les messages ou l'algorithme de TikTok personnalise le contenu empêche les adultes de surveiller, voire de comprendre, ce que consomment leurs enfants. De ce fait, de nombreux parents éprouvent un profond sentiment de désorientation et d'impuissance. Ils s'inquiètent de ce qu'ils ne voient pas, peinent à s'identifier à des expériences qu'ils ne partagent pas et se sentent perpétuellement en retard.

Cette déconnexion est aggravée par la pression numérique exercée par les pairs, une force souvent sous-estimée qui peut profondément influencer les comportements des enfants et les décisions des parents. Aujourd'hui, les enfants ne veulent pas seulement un smartphone ; ils veulent les mêmes applications, appareils et privilèges numériques que leurs amis. Ils comparent les limites de temps d'écran, l'accès aux jeux, le nombre d'abonnés sur les réseaux sociaux et même la vitesse de leur connexion internet. Pour les parents qui tentent d'établir des limites saines, cela crée un dilemme. Dire non, et l'enfant peut se sentir exclu ou éprouver du ressentiment. Dire oui, et le parent peut craindre de compromettre ses valeurs ou d'exposer son enfant à des risques qu'il n'est pas prêt à gérer. Le poids de ces décisions est aggravé par le fait que les enfants manquent souvent de maturité pour comprendre les conséquences à long terme, tandis que les parents sont tenus responsables de conséquences qui peuvent ne pas se manifester pleinement avant des années.

De plus, les parents eux-mêmes ne sont pas à l'abri de l'attrait du monde numérique. Nombre d'adultes luttent contre leurs propres habitudes d'utilisation des écrans, qu'il s'agisse de consulter compulsivement leurs e-mails, de parcourir les réseaux sociaux ou de regarder des séries en boucle jusque tard dans la nuit. Les enfants, très observateurs par nature, remarquent rapidement les incohérences entre les paroles et les actes de leurs parents. Une mère qui demande à son enfant de ranger sa tablette pendant le dîner, mais répond aux messages professionnels à table, envoie un message confus sur les priorités. Un père qui critique l'obsession des réseaux sociaux tout en publiant des statuts quotidiens sape la crédibilité de ses préoccupations. Ces incohérences sapent l'autorité parentale et rendent plus difficile l'application des règles numériques avec authenticité et équité.

Un autre défi, moins souvent évoqué mais tout aussi important, est le travail émotionnel que représente la parentalité numérique. La vigilance constante requise pour rester informé des risques potentiels, surveiller le temps d'écran, vérifier l'historique des appareils et gérer les conflits est épuisante. De nombreux parents se sentent épuisés mentalement et déconnectés émotionnellement, incertains de l'efficacité, voire de la pertinence, de leurs interventions. Cette incertitude est exacerbée par les avis contradictoires des experts, des médias, des écoles et des autres parents. Certains prônent des contrôles stricts et un accès limité ; d'autres promeuvent la culture numérique et l'autorégulation. En l'absence de consensus clair, les parents sont livrés à eux-mêmes dans un paysage qui semble à la fois urgent et inexploré.

Cette ambiguïté s'étend aux écoles, qui intègrent de plus en plus la technologie à l'apprentissage sans toujours fournir aux familles les outils nécessaires pour gérer son utilisation à la maison. Un enfant peut se voir confier des devoirs sur une tablette, être encouragé à faire des recherches en ligne ou être obligé de participer à des forums de discussion en classe. Si ces pratiques peuvent améliorer l'engagement et l'accès à l'information, elles brouillent les frontières entre temps d'écran éducatif et récréatif. Les parents qui tentent de limiter l'utilisation des appareils peuvent se retrouver en contradiction avec les exigences scolaires, créant confusion et frustration pour tous. De plus, l'accès aux appareils, à l'internet haut débit ou à la maîtrise du numérique n'est pas le même pour toutes les familles, ce qui entraîne des disparités qui peuvent affecter les résultats scolaires et la confiance des parents.

Les attentes culturelles contribuent également à complexifier le paysage de la parentalité numérique. Dans certaines communautés, une forte utilisation des écrans est normalisée , voire célébrée comme un signe de modernité, d'intelligence ou de connectivité mondiale. Dans d'autres, une forte résistance aux outils numériques peut engendrer des divergences de vues au sein des familles ou entre parents et éducateurs. Dans les foyers multigénérationnels, certains grands-parents perçoivent le jeu numérique comme de la paresse, tandis que les jeunes parents le perçoivent comme une opportunité de développement. Ces perspectives divergentes peuvent engendrer des tensions et des incohérences, que les enfants sont prompts à exploiter ou à intérioriser .

Malgré ces défis multiformes, il est important de reconnaître que les parents ne sont pas impuissants. Si l'environnement numérique est certes complexe, les principes fondamentaux d'une parentalité efficace restent pertinents. Les enfants ont toujours besoin d'être guidés, de respecter les limites, d'empathie et, surtout, de connexion. La principale différence réside dans la manière dont ces principes sont appliqués. Plutôt que de se contenter de restreindre l'accès, les parents doivent s'impliquer dans la vie numérique de leurs enfants : poser des questions sur leurs jeux préférés , regarder des vidéos ensemble, discuter des dilemmes en ligne et explorer leurs émotions liées à la technologie. Ces conversations renforcent non seulement la confiance, mais apprennent aussi aux enfants à réfléchir de manière critique à leur propre comportement .

Des stratégies pratiques peuvent également contribuer à atténuer le stress quotidien. L'instauration de routines numériques cohérentes, comme des dîners sans écran, des activités technologiques partagées ou des heures de repos, peut créer une structure et réduire les conflits. Adopter des habitudes numériques équilibrées renforce les attentes plus efficacement que les avertissements verbaux. Les parents peuvent également envisager de créer un accord numérique familial, dans lequel les règles sont élaborées conjointement et révisées périodiquement. Cela encourage les enfants à s'approprier leur comportement numérique et à se sentir respectés en tant que participants au processus.

Rechercher le soutien de la communauté peut être un autre outil puissant. Les groupes de parents, les forums en ligne, les partenariats scolaires et les ateliers sur le bien-être numérique peuvent apporter des conseils pratiques et une validation émotionnelle. Il est rassurant d'entendre que d'autres partagent des difficultés similaires et qu'il n'existe pas de solution miracle ; il suffit d'une adaptation continue et de décisions éclairées. Les éducateurs, les pédiatres et les professionnels de la santé mentale peuvent également proposer un accompagnement personnalisé lorsque des problèmes spécifiques surviennent, comme l'addiction aux jeux vidéo, le cyberharcèlement ou l'anxiété liée aux écrans.

Par-dessus tout, les parents doivent faire preuve de compassion envers eux-mêmes. Les exigences de la parentalité numérique sont vastes et souvent invisibles, et pourtant elles sont exercées sans grande reconnaissance ni soutien systémique. Se sentir dépassé n'est pas un signe d'échec, mais le reflet d'une réelle attention. La volonté de réfléchir, d'apprendre et de s'adapter est en soi une marque de parentalité consciencieuse. Il n'existe pas de modèle universel pour élever des enfants dans un monde hyperconnecté, mais certains principes – honnêteté, curiosité, empathie, limites – demeurent constants, même lorsque le contexte évolue.

Le numérique a apporté des avantages extraordinaires, mais aussi des défis tout aussi redoutables. Pour les parents, la tâche ne consiste pas simplement à gérer les appareils, mais à cultiver le discernement, la résilience et des liens profonds face à des stimuli numériques incessants. Cela exige non seulement des règles, mais aussi des relations – des relations dans lesquelles les enfants se sentent vus, entendus et guidés avec intégrité. Dans un monde de connexion constante, c'est cette connexion humaine qui compte le plus. Et c'est grâce à elle que les parents peuvent reprendre la place qui leur revient – non pas en tant que gardiens du numérique, mais en tant que mentors bienveillants aidant leurs enfants à naviguer entre les promesses et les pressions d'un monde connecté.

Reconnaître les signaux d'alarme numériques

À mesure que le numérique s'intègre davantage au quotidien des enfants, la frontière entre un engagement sain et une dépendance malsaine devient de plus en plus difficile à tracer. Les écrans ne sont plus seulement des outils ou des jouets : ils sont à la fois des espaces sociaux, des plateformes d'apprentissage et des lieux de divertissement. Du fait de leur omniprésence et de leurs fonctionnalités, il n'est pas toujours évident de savoir quand l'utilisation des technologies par un enfant passe d'un usage bénéfique à un usage problématique. Pourtant, cette frontière, bien que floue, est essentielle à identifier. Reconnaître les premiers signes indiquant que les habitudes numériques d'un enfant deviennent malsaines est une compétence essentielle pour tout parent, éducateur ou tuteur qui s'efforce de favoriser un développement équilibré dans un monde saturé de technologies.

L'un des premiers signes, et des plus révélateurs, d'un dysfonctionnement est le remplacement des activités essentielles de la vie quotidienne par l'utilisation des écrans. Les enfants ont besoin de sommeil, d'exercice, d'interactions en face à face et de jeux libres pour s'épanouir physiquement, émotionnellement et cognitivement. Lorsque les activités sur écran commencent à occulter ces expériences fondamentales, il convient d'y regarder de plus près. Un enfant qui saute régulièrement des repas, retarde l'heure du coucher ou évite de sortir pour rester connecté n'est peut-être pas simplement enthousiaste, mais peut aussi présenter les premiers signes d'une dépendance excessive au numérique. Ces comportements apparaissent souvent subtilement : une demi-heure de jeu supplémentaire après le dîner, une réticence à ranger la tablette lorsqu'on le lui demande, ou un désintérêt croissant pour les loisirs non numériques. Avec le temps, ces schémas peuvent se transformer en routines difficiles à inverser sans une intervention délibérée.

La réactivité émotionnelle face aux appareils est un autre signal d'alarme important. Si un enfant devient excessivement contrarié, irritable ou renfermé lorsqu'on lui demande d'arrêter d'utiliser un appareil, cela peut indiquer une dépendance excessive aux écrans pour la régulation émotionnelle. Les parents décrivent fréquemment des situations où le simple fait de couper le Wi-Fi ou de confisquer un appareil déclenche une crise émotionnelle. Si une certaine frustration est prévisible – après tout, les enfants aiment ce qu'ils font –, des réactions extrêmes signalent souvent un enchevêtrement plus profond, où l'engagement numérique est devenu un mécanisme d'adaptation à l'ennui, au stress ou à la déprime. Ce phénomène est particulièrement inquiétant, car il suggère que l'enfant n'a pas développé de stratégies alternatives d'autorégulation émotionnelle, s'appuyant plutôt sur les écrans pour se distraire ou se réconforter.

Les changements d'humeur et de comportement liés à l'utilisation des écrans peuvent également fournir des informations importantes. Un enfant constamment plus anxieux, lunatique ou agité après une utilisation prolongée des écrans peut souffrir d'une surcharge cognitive ou émotionnelle. Le contenu qu'il consomme, le rythme de l'information ou la dynamique sociale des plateformes en ligne peuvent surstimuler son système nerveux en développement. Ce phénomène est particulièrement fréquent avec les contenus vidéo rapides, les environnements de jeu compétitifs ou les interactions sur les réseaux sociaux qui suscitent la comparaison, le conflit ou l'exclusion. Lorsque le tempérament d'un enfant change sensiblement lors de l'utilisation des écrans, que ce soit pendant ou après l'utilisation, il est utile d'explorer ce à quoi il s'intéresse et comment cela l'affecte.

Les performances scolaires et la motivation sont d'autres domaines où les signaux d'alarme numériques apparaissent souvent. Un enfant autrefois curieux et impliqué peut commencer à éprouver des difficultés scolaires, montrer des signes de fatigue en classe ou exprimer un désintérêt pour l'apprentissage. Si de nombreux facteurs peuvent contribuer aux changements scolaires, un temps d'écran excessif ou mal géré est souvent en cause. Les enfants qui veillent tard sur des appareils électroniques souffrent souvent d'une concentration et d'une mémorisation réduites pendant la journée. De plus, si les divertissements sur écran sont largement privilégiés par rapport à la lecture, à la résolution de problèmes ou aux tâches de pensée critique, le cerveau s'adapte en conséquence et devient moins réceptif aux activités qui nécessitent une concentration et un effort mental soutenus. L'attrait de la gratification instantanée offert par les médias numériques peut rendre les tâches éducatives traditionnelles peu gratifiantes en comparaison.

Le retrait social, notamment des amitiés hors ligne et des interactions familiales, est un autre indicateur clé. Il est naturel pour les enfants, surtout les adolescents, de valoriser les relations avec leurs pairs et de rechercher l'indépendance vis-à-vis de leurs parents. Cependant, lorsque l'interaction numérique remplace la plupart, voire la totalité, des interactions en face à face, elle peut entraver le développement de compétences interpersonnelles essentielles. Certains enfants commencent à privilégier exclusivement les amitiés en ligne, trouvant du réconfort dans l'anonymat ou le caractère organisé de la communication numérique. D'autres peuvent éviter complètement les situations sociales, préférant la prévisibilité des expériences sur écran à la confusion des interactions réelles. Avec le temps, cela peut éroder l'empathie, les compétences de communication et la résilience émotionnelle – des qualités qui ne se cultivent pas facilement dans l'isolement numérique.

Il existe également des indicateurs cognitifs de surcharge numérique qui peuvent passer inaperçus, mais qui sont tout aussi significatifs. Parmi ceux-ci, on compte une capacité d'attention réduite, une faible rétention de la mémoire et des difficultés à passer d'une tâche à l'autre. Un enfant qui ne peut se concentrer sur une seule activité sans consulter un écran, qui devient agité lorsqu'il n'est pas diverti ou qui a du mal à suivre des instructions en plusieurs étapes peut souffrir de fatigue cognitive induite par le numérique. Ce phénomène survient souvent chez les enfants qui effectuent régulièrement plusieurs tâches à la fois, comme regarder des vidéos tout en faisant leurs devoirs ou envoyer des messages à leurs amis pendant les cours. Bien que le cerveau puisse techniquement passer d'une tâche à l'autre, ce changement rapide réduit la profondeur de traitement, ce qui conduit à une compréhension superficielle et à des résultats d'apprentissage réduits.

Dans certains cas, les signaux d'alarme numériques prennent la forme d'un manque de visibilité ou d'une attitude défensive. Un enfant qui cache systématiquement son écran, ferme rapidement les onglets lorsqu'une personne passe à proximité ou se montre évasif lorsqu'on l'interroge sur ses activités en ligne peut être confronté à des contenus inappropriés ou potentiellement dangereux. Cela peut inclure l'exposition à des contenus violents ou sexuels, des interactions avec des inconnus ou la participation à des comportements en ligne à risque tels que des défis, des gages ou des forums non modérés. Si un certain degré d'intimité est approprié au développement de l'enfant, le maintien du secret, surtout lorsqu'il est associé à des sautes d'humeur ou à des troubles du sommeil, ne doit pas être ignoré. Un dialogue ouvert et non punitif est essentiel dans ces situations pour comprendre ce que l'enfant vit et rétablir la confiance.

Les parents doivent également être attentifs aux signes de comparaison numérique et d'anxiété de performance, notamment liés aux réseaux sociaux. Les enfants et les adolescents sont de plus en plus exposés à des images soigneusement sélectionnées de leurs pairs qui semblent plus heureux, plus attirants, plus populaires ou plus performants. Cela conduit souvent à un jugement de soi intériorisé , à l'insatisfaction, voire à la dépression. Si un enfant commence à exprimer un sentiment persistant d'inadéquation, consulte obsessionnellement son statut sur les réseaux sociaux ou cherche à se rassurer par le biais de mentions « J'aime » ou de commentaires, cela peut refléter une dépendance croissante à la validation externe par le biais des indicateurs numériques. Ces schémas peuvent être psychologiquement destructeurs et sont associés à une faible estime de soi et à une plus grande vulnérabilité aux problèmes de santé mentale.

Il est important de noter que nombre de ces signaux d'alarme ne sont pas isolés. Ils apparaissent souvent en groupe et s'accumulent progressivement, ce qui permet de les considérer comme des phases passagères ou des comportements normaux . L'essentiel est d'observer les tendances au fil du temps plutôt que de réagir à des incidents isolés. Une seule crise liée au temps passé devant un écran est peu susceptible d'indiquer un problème grave, mais des crises répétées, associées à un manque de sommeil, à une plus grande discrétion et à une diminution de l'engagement hors ligne, dressent un tableau différent. Les parents doivent se fier à leur instinct et considérer le bien-être de leur enfant dans sa globalité.

Réagir efficacement à ces signes avant-coureurs requiert une combinaison d'empathie, de limites et d'engagement actif. Blâmer ou humilier un enfant pour ses habitudes d'utilisation des écrans est contre-productif et peut le pousser à la clandestinité. Les parents devraient plutôt chercher à comprendre les besoins émotionnels ou psychologiques que l'activité numérique répond. L'enfant s'ennuie-t-il, se sent-il seul, anxieux ou cherche-t-il à s'intégrer ? En s'attaquant aux causes sous-jacentes plutôt qu'aux seuls symptômes, les interventions deviennent plus bienveillantes et ont plus de chances de réussir.

Par exemple, si un enfant utilise les jeux vidéo pour échapper au stress scolaire, le soutien peut consister à rééquilibrer sa charge de travail ou à explorer des stratégies d'apprentissage réduisant la frustration. Si un adolescent est obsédé par une personne influente en particulier, discuter de ce qu'il admire chez elle peut ouvrir la voie à des discussions sur l'identité, les valeurs et l'expression personnelle. Lorsque le temps passé devant un écran est utilisé pour apaiser les émotions difficiles, les parents peuvent montrer l'exemple et enseigner des stratégies d'adaptation alternatives – pleine conscience, journal intime, activité physique – qui deviennent progressivement plus attrayantes ou efficaces que le simple fait de parcourir du contenu.

Un soutien professionnel peut également s'avérer nécessaire lorsque les signaux d'alerte persistent malgré l'intervention parentale. L'addiction numérique, la dépression, l'anxiété et l'automutilation sont de plus en plus étroitement liées chez les adolescents, et une consultation précoce auprès de professionnels de la santé mentale peut prévenir les conséquences à long terme. De même, les écoles et les organismes communautaires peuvent proposer des ateliers, des séances de conseil ou des programmes de mentorat par les pairs qui normalisent les discussions sur le bien-être numérique et aident les enfants à se sentir moins seuls face à leurs difficultés.

À mesure que l'environnement numérique évolue, notre compréhension de son impact sur les jeunes doit évoluer. Reconnaître les signaux d'alarme numériques ne relève pas de la panique morale ou d'un comportement contrôlant ; il s'agit de protéger les fondements du développement qui permettent aux enfants de devenir des adultes émotionnellement sains, intellectuellement curieux et socialement connectés. Il s'agit de cultiver la conscience, tant chez nous-mêmes que chez nos enfants, afin que l'utilisation des écrans devienne un choix conscient plutôt qu'un comportement compulsif.

La technologie est là pour durer et, à bien des égards, c'est un cadeau. Mais comme tout cadeau, elle doit être utilisée avec sagesse, discernement et prudence. La première étape consiste à remarquer – vraiment remarquer – quand quelque chose ne va pas. En prêtant attention à ces signaux, en posant les bonnes questions et en répondant avec compassion et cohérence, les parents peuvent intervenir avant que des problèmes mineurs ne deviennent majeurs. Ce faisant, ils offrent à leurs enfants non seulement des conseils, mais aussi les outils pour qu'ils puissent, à terme, se guider eux-mêmes.

Préparer le terrain pour une parentalité numérique équilibrée

Dans le monde hyperconnecté d'aujourd'hui, le rôle des parents est de plus en plus étroitement lié à la vie numérique de leurs enfants. Des tout-petits qui naviguent sur des applications de storytelling aux adolescents qui naviguent sur le terrain complexe des réseaux sociaux, les écrans font désormais partie intégrante du quotidien. Le numérique offre un accès sans précédent à l'information, à l'apprentissage, au divertissement et aux connexions. Mais cet accès s'accompagne de responsabilités et, pour les parents, d'un profond sentiment d'incertitude. Il ne suffit plus de restreindre le temps passé devant un écran ou de surveiller l'utilisation des appareils. Le véritable défi consiste à favoriser une relation saine entre les enfants et la technologie, fondée non sur le contrôle, mais sur la conscience, la détermination et la compréhension mutuelle. C'est l'essence même d'une parentalité numérique équilibrée.

Au cœur de ce livre se trouve la philosophie d' *une utilisation consciente et intentionnelle des technologies* . Cette approche reconnaît que la technologie, comme tout outil puissant, peut être constructive ou néfaste selon la manière dont elle est utilisée. Elle rejette à la fois l'optimisme naïf qui considère toute technologie comme un progrès et la tendance, dictée par la peur, à considérer tous les écrans comme néfastes. Elle appelle plutôt à un engagement conscient – parents comme enfants – envers le monde numérique. Cela implique de s'interroger non seulement *sur le* temps passé devant les écrans, mais aussi *sur les raisons* de ce temps, *sur ce* qu'il remplace et *sur* son impact sur le bien-être général de l'enfant.

L'utilisation consciente des technologies commence par la présence. Dans de nombreux foyers, les appareils numériques font office de bruit de fond : toujours allumés, toujours à portée de main, exigeant constamment l'attention. Les enfants mangent en regardant des vidéos, font leurs devoirs avec des notifications en arrière-plan et se détendent en parcourant sans fin des contenus sélectionnés. Un tel environnement numérique fragmente l'attention et évince les moments de calme nécessaires à la créativité, à l'introspection et à l'épanouissement émotionnel. Les parents, eux aussi, sont souvent pris dans le même piège : ils consultent leurs e-mails professionnels à table, consultent les réseaux sociaux lors des sorties en famille ou répondent à des messages tard le soir. Il en résulte non seulement une surstimulation, mais aussi une subtile érosion de la qualité relationnelle. Une conversation interrompue par une notification, un contact visuel remplacé par un coup d'œil à un écran : ces moments s'accumulent et envoient aux enfants des messages puissants, bien qu'involontaires, sur la valeur des relations humaines.

Adopter une approche consciente exige de prendre le temps de réfléchir aux intentions qui sous-tendent nos comportements numériques . Utilisons-nous nos téléphones par habitude, par anxiété ou par ennui ? Nos enfants utilisent-ils les écrans pour explorer, se connecter ou simplement s'évader ? Ce ne sont pas des questions de moralité, mais de clarté. Une utilisation intentionnelle des technologies implique de cultiver cette clarté et de faire des choix en accord avec nos valeurs et nos priorités. Elle encourage les parents à définir ce qu'est une vie numérique saine pour leur famille et à appliquer ces principes dans leurs interactions quotidiennes.

Cette philosophie ne vise pas à atteindre un équilibre numérique parfait, mais plutôt à rechercher l'harmonie. Une famille peut décider que le temps passé devant un écran est acceptable après les devoirs et les tâches ménagères, ou que les appareils restent hors des chambres pendant la nuit. Un autre foyer peut privilégier le visionnage de contenu en commun, discuter ouvertement de ses expériences en ligne ou privilégier la créativité plutôt que l'utilisation passive des écrans. L'objectif n'est pas d'imposer des règles uniformes, mais de développer des attentes communes fondées sur un dialogue ouvert, l'empathie et le respect mutuel.

Une telle intentionnalité invite également à passer d'un contrôle basé sur la peur à un encadrement basé sur la confiance. De nombreux parents, submergés par les gros titres des médias et les anecdotes d'horreur, réagissent en essayant d'éliminer les risques par des interdictions, des restrictions ou une surveillance. Si les limites sont certes nécessaires, surtout pour les jeunes enfants, un contrôle excessif peut se retourner contre eux. Il peut engendrer le secret, le ressentiment ou la dépendance à une autorité extérieure, au lieu de favoriser l'autorégulation interne dont les enfants ont besoin pour s'épanouir dans un monde numérique. Une approche consciente, en revanche, aide les enfants à comprendre *l'* existence de certaines limites et les encourage à participer à leur définition. Cela leur permet de faire des choix responsables, non pas parce qu'ils sont surveillés, mais parce qu'ils ont intériorisé des valeurs et développé leur discernement.

Des exemples concrets illustrent l'application de cette philosophie. Prenons l'exemple d'un enfant de neuf ans qui adore les jeux vidéo, mais qui devient souvent frustré et agité après de longues périodes de jeu. Un parent attentif pourrait observer ce schéma et engager la conversation : « Je remarque que tu sembles contrarié après avoir joué. As-tu remarqué cela aussi ? » Ensemble, ils pourraient convenir d'une limite de temps et réfléchir à d'autres activités pour décompresser le soir. Plutôt que d'imposer des règles unilatéralement, le parent implique l'enfant dans la résolution de problèmes, en modélisant son intelligence émotionnelle et en favorisant son autonomie. L'objectif n'est pas d'éliminer les jeux vidéo, mais d'aider l'enfant à prendre conscience de leur impact et à faire des choix éclairés.

Prenons le cas d'un adolescent qui utilise les réseaux sociaux pour rester en contact avec ses amis, mais qui commence à exprimer des inquiétudes quant à son apparence. Une réponse intentionnelle pourrait consister à explorer la nature sélective du contenu en ligne, à discuter de la différence entre estime de soi et validation numérique, et à renforcer les sources de confiance hors ligne. Cette approche favorise l'esprit critique et la résilience émotionnelle, plutôt que la honte ou la restriction. Elle crée également un espace où l'adolescent se sent vu et entendu, un élément crucial pour instaurer la confiance.

Une parentalité numérique équilibrée prend également en compte l'évolution de l'enfance et de l'adolescence. Ce qui fonctionne pour un enfant de sept ans ne conviendra pas forcément à un adolescent de quatorze ans. À mesure que les enfants grandissent, les stratégies que nous utilisons pour les accompagner doivent évoluer. Les plus jeunes ont besoin d'une structure claire et d'une supervision étroite, tandis que les plus âgés ont besoin de plus de liberté pour prendre des décisions, apprendre de leurs erreurs et développer leur propre identité numérique. Un parent attentif ajuste non seulement les règles, mais aussi les échanges, passant des directives au dialogue, du contrôle au coaching. Ce transfert progressif des responsabilités reflète d'autres aspects du développement, de la gestion financière aux relations amicales, et est essentiel à la construction d'une culture numérique durable.

L'utilisation intentionnelle des technologies implique également d'être attentif au contexte. Tous les temps d'écran ne se valent pas, et ce qui peut être bénéfique dans une situation peut s'avérer néfaste dans une autre. Un enfant utilisant une tablette pour faire des recherches sur un projet scolaire s'engage très différemment d'un enfant regardant passivement une vidéo pendant trois heures. De même, utiliser une application de messagerie pour soutenir un ami dans une période difficile a un impact différent de parcourir sans cesse des mèmes viraux. Une approche consciente examine non seulement l'activité, mais aussi son timing, son objectif et ses conséquences émotionnelles. Elle prend également en compte un équilibre plus large du mode de vie, en veillant à ce que le temps passé devant un écran ne vienne pas perturber le sommeil, l'activité physique, les liens familiaux ou les jeux libres.

La technologie, malgré tous ses risques, offre également d'incroyables opportunités de développement et de connexion. Un enfant intéressé par la faune sauvage pourrait explorer des safaris virtuels, participer à des projets de science citoyenne ou rejoindre des forums en ligne avec d'autres passionnés. Un adolescent passionné de codage peut accéder à des cours gratuits, contribuer à des projets open source ou même développer ses propres applications. Ces activités ne sont pas anodines : elles représentent l'équivalent numérique de loisirs, d'apprentissages et de projets créatifs . Soutenir ces utilisations positives de la technologie exige une ouverture d'esprit et une volonté d'engagement. Les parents qui s'intéressent aux centres d'intérêt numériques de leur enfant, posent des questions curieuses et participent même occasionnellement construisent des liens de compréhension qui portent leurs fruits à long terme.

Pour cultiver cet engagement, les parents doivent peut-être réfléchir à leur propre rapport à la technologie. Il est difficile de promouvoir l'équilibre lorsque nos propres habitudes sont biaisées. Nombre d'adultes se sentent rivés à leurs appareils : ils consultent leurs e-mails tard le soir, font défiler les pages pendant les moments en famille ou utilisent leur téléphone à chaque instant d'inactivité. Les enfants remarquent ces comportements et les intériorisent . En donnant l'exemple d'une utilisation consciente – ranger les appareils pendant les repas, créer des rituels sans écran ou discuter de nos propres difficultés d'équilibre numérique – les parents peuvent montrer que les habitudes technologiques ne sont pas une question de perfection, mais de conscience et d'intention.

Les établissements d'enseignement et les communautés au sens large ont également un rôle à jouer dans le renforcement des principes d'une parentalité numérique équilibrée. Les écoles peuvent proposer des programmes d'éducation aux médias, des ateliers sur le bien-être numérique et des conseils sur l'éthique en ligne. Les communautés peuvent organiser des dialogues, fournir des ressources et créer des espaces permettant aux familles de se connecter hors ligne. Lorsque les enfants voient des messages cohérents dans leur environnement, cela renforce les bases d'un engagement conscient. Cela rappelle également aux parents qu'ils ne sont pas seuls : la parentalité numérique est un effort collectif , et non un combat individuel.

Fondamentalement, cette philosophie ne vise pas à contrôler la technologie, mais à favoriser le développement humain. Elle vise à utiliser la technologie comme un outil et non comme une béquille ; comme un moyen de connexion et non comme un substitut à la présence ; et comme une source d'apprentissage et non comme une échappatoire. Elle appelle à une approche réfléchie, bienveillante et fondée sur des valeurs. Une approche qui reconnaît la complexité, privilégie le dialogue et privilégie les relations aux règles rigides.

Préparer le terrain pour une parentalité numérique équilibrée n'est pas une tâche ponctuelle : c'est un processus continu et évolutif. Cela exige une écoute attentive, une réflexion honnête et une action intentionnelle. Mais c'est aussi profondément gratifiant. Lorsque parents et enfants travaillent ensemble pour naviguer dans le monde numérique avec clarté et attention, ils créent plus que de simples habitudes technologiques saines : ils cultivent la confiance, la résilience et le respect mutuel. Et ces qualités, contrairement aux applications ou aux appareils, sont intemporelles.

Chapitre 2
La science des écrans : comment la technologie affecte le cerveau des enfants

Ces dernières années, les neurosciences ont commencé à éclairer l'interaction complexe entre l'expérience et le développement cérébral, offrant un prisme particulièrement pertinent pour analyser l'enfance à l'ère des écrans. Le monde dans lequel évoluent les enfants d'aujourd'hui n'est pas simplement enrichi par le numérique ; il est intégré au numérique. Là où les médias plus anciens, comme la radio ou la presse écrite, offraient un contenu passif, les environnements numériques actuels sont réactifs, immersifs et algorithmiquement adaptés à chaque utilisateur. Ils ne sont pas simplement consommés : ils s'adaptent, interagissent et réagissent en temps réel. Pour quiconque se préoccupe du développement des jeunes esprits – parents, enseignants, décideurs politiques –, appréhender les implications neurologiques de cette évolution n'est pas un exercice théorique, mais une nécessité immédiate.

L'un des mécanismes centraux de cette histoire est la dopamine, le neurotransmetteur qui façonne la motivation, l'apprentissage et la récompense. Dans les contextes traditionnels, la dopamine est libérée lorsque l'effort mène à l'accomplissement : un puzzle terminé, un problème résolu ou des félicitations. Les médias numériques, en revanche, court-circuitent souvent ce processus. Ils offrent des pics de dopamine sans délai : notifications, réussites, nouveaux contenus infinis, conçus par des algorithmes pour maintenir l'engagement des utilisateurs. Un enfant qui joue à un jeu peut être récompensé non pas une fois, mais continuellement, par des lumières, des sons, des points et des améliorations de statut. Les plateformes sociales diffusent l'approbation au compte-gouttes sous forme de « j'aime », d'émojis ou de commentaires. Dans ces environnements, la gratification ne se mérite pas, elle est fabriquée.

Ainsi s'amorce une boucle . Le jeune cerveau, avide de plaisir et de nouveauté, trouve dans les écrans une source de stimulation immédiate et répétable. Avec le temps, le prix à payer devient évident. Les plaisirs subtils de lire un chapitre, d'attendre que la peinture sèche sur un dessin ou de s'ennuyer – tout cela commence à s'estomper. Les activités du monde réel, qui se déroulent plus lentement et demandent plus d'efforts, peuvent sembler moins gratifiantes. Le cerveau commence à modifier ses attentes. L'attention, cette capacité essentielle à la profondeur et à la concentration soutenue, commence à se fragmenter.

Il n'est pas étonnant que de nombreux parents parlent de la difficulté de « rattraper » leur enfant après le temps passé devant un écran. Après l'utilisation d'un appareil, les enfants peuvent être irritables ou léthargiques, déconcentrés ou impatients. Il ne s'agit pas seulement d'obstination. Ces comportements reflètent souvent des changements neurobiologiques. Le cortex préfrontal – la partie du cerveau responsable de la planification, de la régulation et du contrôle des impulsions – est encore en développement chez les enfants et les adolescents. Submergé par des données numériques répétées et rapides, il peine à mûrir comme il le devrait. Les compétences qui reposent sur la lenteur – réflexion, modulation émotionnelle, patience – commencent à s'atrophier.

Les réseaux sociaux amplifient ces dynamiques de manière particulièrement puissante. Des plateformes comme TikTok, Instagram et Snapchat créent des écosystèmes de performance, où les enfants sont à la fois public et spectacle. Ici, l'identité devient fonction du feedback. Une publication reçoit des dizaines de likes : une validation. Une autre tombe à plat : le doute s'installe. Les adolescents, déjà sensibles aux signaux sociaux et au jugement de leurs pairs, deviennent particulièrement vulnérables. Leur perception de soi en développement leur est reflétée par des algorithmes et des indicateurs.

La pression ne se limite pas à être vu, elle vise à être perçu sous un certain jour. Influenceurs, pairs, célébrités : ces personnalités numériques, soigneusement sélectionnées, placent la barre très haut. Les images que les enfants consomment sont souvent filtrées, mises en scène ou retouchées, mais elles n'en sont pas moins réelles. Une adolescente peut se comparer à l'image parfaite d'un inconnu et ne pas être à la hauteur. Un garçon peut intérioriser des critères irréalistes de réussite ou de masculinité, basés sur ce que les autres choisissent de mettre en avant en ligne. Cette comparaison silencieuse et constante mine l'estime de soi. Et parce qu'elle est ancrée dans les interactions quotidiennes, elle est rarement remarquée avant que ses effets ne deviennent aigus.

Plus insidieusement, la performance du bonheur lui-même devient une exigence. Les enfants sont encouragés – implicitement et parfois explicitement – à se présenter comme toujours joyeux, accomplis et socialement engagés. L'authenticité cède la place à la sélection. La vulnérabilité devient risquée. Et derrière le vernis d'une connectivité perpétuelle, de nombreux enfants déclarent se sentir de plus en plus seuls. Même éteint, l' anxiété persiste : qu'ai-je manqué ? Qui est dehors sans moi ? La peur de l'exclusion, du retard social, ne s'arrête pas au bord de l'écran.

Le sommeil est une autre victime silencieuse de tout cela. Les rythmes naturels du corps – son horloge circadienne – dépendent de signaux comme l'obscurité pour libérer de la mélatonine et se préparer au repos. La lumière bleue des écrans perturbe ce rythme, retardant l'endormissement et réduisant la qualité du sommeil. Les enfants qui utilisent des appareils avant de se coucher peuvent avoir du mal à se détendre, se réveillant groggy et déconcentrés. Mais ce n'est pas seulement une question de lumière. C'est aussi l'activité mentale – faire défiler les pages, envoyer des messages, anticiper les réponses – qui maintient l'esprit dans un état d'alerte partielle. Beaucoup d'enfants dorment avec leurs appareils à proximité, se réveillant pour consulter leurs notifications ou s'endormant en plein milieu. Il en résulte un repos fracturé et un cerveau qui ne s'éteint jamais complètement.

Les jeux vidéo offrent un tableau plus nuancé. Ils mêlent souvent réussite, narration, interaction sociale et compétition, d'une manière profondément significative pour les enfants. Pour certains, le jeu vidéo n'est pas seulement un divertissement : c'est un espace de maîtrise, d'appartenance et d'engagement narratif. Un enfant qui se sent marginalisé à l'école pourrait trouver une équipe en ligne. Un adolescent aux prises avec l'anxiété pourrait découvrir un sentiment de contrôle et de compétence dans l'univers structuré d'un jeu. Ces expériences peuvent être profondément enrichissantes.

En effet, lorsque le jeu est équilibré, il offre des avantages cognitifs et sociaux. Les jeux de stratégie aiguisent les fonctions exécutives ; les formats coopératifs enseignent la communication et le leadership. Les jeux éducatifs peuvent renforcer l'apprentissage grâce à des boucles de rétroaction dynamiques. Mais ces mêmes éléments – récompenses, immersion, validation sociale – rendent également les jeux extrêmement captivants, et donc difficiles à modérer. Les jeux sans finalité naturelle, ou ceux liés à des incitations monétaires , brouillent la frontière entre engagement et compulsion. Les enfants peuvent se retrouver à se lancer dans des séances marathon, attirés par la promesse de la prochaine récompense et réfractaires au rythme plus lent du monde réel.

Bien sûr, l'utilisation des écrans n'est pas toujours néfaste. En réalité, certains outils numériques améliorent l'apprentissage et la créativité d'une manière que peu de méthodes analogiques pourraient offrir. Les applications de codage enseignent la logique. Les laboratoires scientifiques virtuels simulent des expériences trop dangereuses ou coûteuses pour une salle de classe. Les enfants peuvent composer de la musique, créer des animations, construire des mondes numériques. La réalité augmentée peut animer un cours de biologie ; les outils visuels peuvent donner vie à des mathématiques abstraites . Et pour les enfants présentant des troubles d'apprentissage, ces outils ne sont pas seulement bénéfiques, ils sont transformateurs.

Les logiciels de synthèse vocale peuvent aider un enfant dyslexique. Les applications de gestion du temps peuvent aider un enfant atteint de TDAH à rester concentré. Les contenus ludiques peuvent motiver les apprenants découragés par l'enseignement traditionnel. Pour les enfants en situation de handicap physique, les plateformes numériques peuvent offrir un moyen d'expression et de connexion qui transcende les limites physiques.

La question n'est donc pas *de savoir si* les enfants devraient utiliser les écrans, mais *comment* et *pourquoi* . Le défilement passif est différent de la création intentionnelle. L'engagement compulsif diffère profondément de l'exploration guidée par la curiosité. Le contexte, le contenu et l'état émotionnel de l'enfant sont tous importants. Sont-ils énergisés ou épuisés par la suite ? Sont-ils plus ouverts ou plus renfermés ? Plus curieux, ou simplement apathiques ? Ce sont ces indicateurs qui comptent, bien plus que le nombre total d'heures enregistrées.

Aider les enfants à bien utiliser la technologie ne se limite pas à établir des règles. Cela exige une présence. Parents et éducateurs doivent devenir des observateurs attentifs et des collaborateurs ouverts. Les zones sans écran, les couvre-feux numériques et le visionnage en commun sont des structures utiles, mais la volonté de parler est tout aussi essentielle. Que *ressentent les enfants* lorsqu'ils sont en ligne ? Qu'est-ce qui les passionne ? Qu'est-ce qui les perturbe ? Ces conversations favorisent la confiance et, par conséquent, la conscience de soi, ce qu'aucune application de contrôle parental ne peut offrir.

Nous commençons seulement à comprendre toutes les ramifications neurologiques et psychologiques de l'immersion numérique durant l'enfance. Mais les enjeux sont évidents. C'est durant ces années que le cerveau construit les fondations de tout ce qui suit : comment nous apprenons, comment nous interagissons, qui nous croyons être. Les outils numériques peuvent soit soutenir ce développement, soit le faire dérailler. La différence réside dans l'intention et la conscience.

Ce chapitre pose les bases de cette prise de conscience, en rassemblant des recherches en neurosciences, en psychologie et en éducation pour cerner les promesses et les dangers d'une vie sur écran. Il explore le fonctionnement interne des circuits de récompense, l'architecture émotionnelle des réseaux sociaux, le coût neurologique de la surstimulation et les avantages surprenants d'une intégration technologique réfléchie. Plus que tout, il offre un cadre – une façon de penser que les parents et les aidants peuvent appliquer dans le travail quotidien, imparfait et profondément humain, qu'est l'éducation des enfants dans un monde numérique. Non pas avec peur, mais avec perspicacité. Non pas avec contrôle, mais avec connexion.

Dopamine numérique : comment les écrans captivent l'esprit

Tous les parents en ont été témoins : l'enfant qui, les yeux rivés sur sa tablette, refuse de lever les yeux lorsqu'on l'appelle ; la crise de colère qui éclate dès que la télévision est éteinte ; l'adolescent qui insiste pour raccrocher « dans cinq minutes », pour ensuite naviguer sur son téléphone une heure plus tard. Ces comportements , de plus en plus fréquents, peuvent déconcerter et frustrer les parents. Mais il ne s'agit pas simplement d'un manque de discipline ou d'une paresse moderne. À la base, un puissant processus neurochimique façonne non seulement la façon dont les enfants interagissent avec la technologie, mais aussi leur façon d'apprendre, de se concentrer et de réguler leurs émotions. C'est le monde de *la dopamine numérique* .

La dopamine est un neurotransmetteur essentiel au système de récompense du cerveau. Elle joue un rôle clé dans la motivation, le plaisir, l'apprentissage et la formation d'habitudes. Lorsque nous vivons une expérience agréable – un bon repas, un compliment, un défi réussi – la dopamine est libérée dans le cerveau, renforçant ce comportement et augmentant la probabilité de le répéter. D'un point de vue évolutif, ce système a aidé les humains à accomplir des actions bénéfiques, comme le lien social, l'exploration et la résolution de problèmes. Cependant, la technologie moderne a appris à exploiter ce système avec une précision sans précédent.

Les plateformes numériques – des réseaux sociaux aux jeux vidéo en passant par le streaming vidéo – sont méticuleusement conçues pour stimuler la libération de dopamine. Contrairement aux formes traditionnelles de jeu ou d'interaction, qui offrent généralement des récompenses différées ou peu fréquentes, les environnements sur écran offrent un retour constant et instantané. Un enfant appuie sur un bouton et un personnage de dessin animé saute ; il gagne une partie et est submergé d'effets visuels et d'une musique entraînante ; il publie une photo et reçoit une avalanche de likes en quelques minutes. Chacune de ces actions, aussi insignifiantes soient-elles, active le circuit de récompense du cerveau. Avec le temps, le cerveau apprend à associer les écrans au plaisir, au contrôle et à l'accomplissement – et en redemande.

Ce besoin impérieux n'est pas une addiction au sens clinique du terme, mais il partage de nombreuses voies neurologiques. Le système dopaminergique est particulièrement actif chez les enfants et les adolescents, dont le cerveau est encore en développement et plus sensible à la récompense. Le cortex préfrontal, responsable du contrôle des impulsions, de la planification et de la prise de décision à long terme, n'atteint sa pleine maturité qu'au milieu de la vingtaine. Par conséquent, les jeunes sont plus sensibles à la gratification instantanée et moins à même de modérer leur propre utilisation des écrans. Ce décalage développemental crée les conditions idéales pour un comportement numérique compulsif .

Un mécanisme clé en jeu est ce que les psychologues appellent *le renforcement intermittent* . Ce phénomène se produit lorsque les récompenses sont distribuées de manière imprévisible plutôt que selon un calendrier fixe. Les machines à sous en sont l'exemple classique, et de nombreuses plateformes numériques imitent ce modèle. Un enfant jouant à un jeu en ligne peut ignorer quand le prochain prix, bonus ou niveau sera disponible, ce qui le maintient engagé plus longtemps. De même, les notifications des réseaux sociaux arrivent à intervalles irréguliers, ce qui incite les utilisateurs à consulter compulsivement leur téléphone en prévision des nouvelles mises à jour. Cette imprévisibilité maintient le système dopaminergique en état d'alerte, renforçant ainsi la vérification habituelle et l'engagement prolongé.

Les conséquences d'une stimulation numérique chronique sont importantes, notamment sur l'attention. L'attention ne se limite pas à la capacité de concentration : c'est une compétence cognitive fondamentale qui sous-tend la mémoire, l'apprentissage, la résolution de problèmes et l'autorégulation. Lorsque l'attention est constamment fragmentée par des activités sur écran, il devient plus difficile pour les enfants de s'engager dans des tâches qui demandent un effort soutenu. Les activités scolaires traditionnelles, comme lire un livre, résoudre des problèmes mathématiques complexes ou rédiger des dissertations, peuvent paraître ennuyeuses en comparaison. Le cerveau, habitué aux récompenses rapides de l'engagement numérique, a du mal à tolérer l'ennui ou la gratification différée.

Ce changement neurologique est observable dans les schémas comportementaux . Les enfants qui passent beaucoup de temps sur des contenus numériques rapides présentent souvent des signes d'agitation, une perte de patience et des difficultés à accomplir des tâches non numériques. Ils peuvent interrompre les conversations, se désintéresser rapidement ou éviter les défis qui n'offrent pas de retour immédiat. Ces comportements sont parfois confondus avec des troubles du déficit de l'attention, mais ils peuvent en réalité être les symptômes d'un système de récompense surstimulé. Si l'utilisation des écrans n'entraîne pas toujours ces effets, une exposition chronique et non régulée augmente considérablement le risque.

De plus, l'impact de la dopamine numérique ne se limite pas aux fonctions cognitives : il affecte également la régulation émotionnelle. Les écrans pouvant servir de solution miracle à l'inconfort – qu'il s'agisse d'ennui, de tristesse ou d'anxiété – les enfants peuvent commencer à s'appuyer sur des appareils pour gérer leurs émotions. Un enfant contrarié après l'école peut instinctivement se tourner vers une tablette plutôt que d'exprimer ses sentiments ou de s'adonner à des jeux réparateurs. Avec le temps, ce comportement peut entraver le développement de stratégies d'adaptation internes. L'appareil devient une sorte de pacificateur, offrant une distraction plutôt qu'une solution.

Les situations parentales réelles reflètent ces défis au quotidien. Un père peut constater que son enfant de dix ans devient de plus en plus irritable lorsqu'on lui demande d'arrêter de jouer, malgré des règles claires concernant le temps passé devant un écran. Une mère peut surprendre sa fille qui cache son téléphone sous les couvertures le soir, incapable de résister à l'envie de vérifier ses nouveaux messages. Les enseignants signalent que les élèves sont plus distraits, moins réfléchis et plus sujets aux explosions émotionnelles qu'au cours des décennies précédentes. Si de nombreux facteurs contribuent à ces changements, l'impact neurologique de la libération de dopamine due aux écrans constitue une pièce maîtresse du puzzle.

Il est important de noter que rien de tout cela ne signifie que la technologie soit intrinsèquement néfaste. Les mécanismes à l'origine des schémas compulsifs peuvent également être exploités pour l'apprentissage, la créativité et le développement des compétences, s'ils sont bien encadrés. Les applications éducatives utilisant des retours ludiques peuvent aider les enfants à maîtriser des concepts complexes. Les plateformes de pleine conscience peuvent enseigner des techniques de respiration et de concentration. Les applications musicales et artistiques peuvent stimuler la créativité et la persévérance. Le défi consiste à utiliser ces outils avec intention, conscience et équilibre.

Une approche efficace consiste à aider les enfants à prendre conscience des émotions qu'ils ressentent face aux expériences numériques, pendant et après leur utilisation. Un parent pourrait leur demander : « Te sens-tu plus calme ou plus agité après avoir regardé cette vidéo ? » ou « Qu'as-tu aimé et qu'as-tu moins aimé dans ce jeu ? » Ces questions encouragent l'introspection et la métacognition, aidant l'enfant à mieux comprendre ses propres schémas comportementaux . Avec le temps, cette prise de conscience peut conduire à une meilleure autorégulation et à des choix plus sains.

Créer des routines numériques incluant des points d'arrêt naturels contribue également à rééduquer le cerveau. Par exemple, choisir des jeux ou des vidéos avec des points d'arrêt définis, plutôt qu'un défilement interminable ou des parties ouvertes, permet des transitions plus fluides et moins de frictions. Instaurer des moments sans écran, notamment avant le coucher, pendant les repas et au petit matin, donne au cerveau le temps de se rééquilibrer. Le sommeil, l'alimentation, l'exercice et le jeu libre restent des contrepoids essentiels à l'engagement numérique et favorisent le développement des réseaux neuronaux qui régissent l'attention et la régulation.

Le rôle des parents comme modèles numériques ne saurait être surestimé. Les enfants sont de fins observateurs et apprennent non seulement de ce que disent les adultes, mais aussi de leurs actions. Si un parent consulte constamment son téléphone, interrompt les conversations pour répondre aux messages ou utilise les écrans pour se détendre après une période de stress, les enfants intérioriseront ces comportements . À l'inverse, lorsque les parents font preuve d'une utilisation réfléchie des technologies – par exemple en rangeant les appareils pendant les repas, en choisissant des loisirs sans écran ou en exprimant leur curiosité pour les habitudes numériques – ils posent les bases d'un engagement réfléchi et intentionnel.

Les systèmes éducatifs doivent également s'adapter à ces dynamiques neurocognitives. Les classes qui s'appuient fortement sur les écrans sans les équilibrer avec des tâches analogiques risquent d'aggraver les problèmes d'attention. Les écoles peuvent jouer un rôle essentiel en modélisant une utilisation équilibrée des technologies, en promouvant l'éducation aux médias et en intégrant des outils numériques qui renforcent la concentration plutôt que la fragmentation. La collaboration entre les éducateurs et les familles est essentielle pour harmoniser les messages et les stratégies afin de soutenir le développement cognitif et émotionnel des enfants.

La dopamine n'est pas un ennemi. Elle fait partie intégrante de notre système nerveux, nous motivant et nous récompensant dans notre interaction avec le monde. Mais comme toute force puissante, elle requiert un équilibre. Lorsque les environnements numériques surstimulent continuellement ce système, sans périodes de repos ni de réflexion, le cerveau s'adapte de manière parfois contre-productive. Il en résulte un esprit conditionné à rechercher constamment la nouveauté, à réagir impulsivement et à résister à l'inconfort.

Reconnaître cette dynamique permet aux parents d'aborder la gestion des écrans non pas comme une bataille, mais comme une tâche de développement, qui implique d'apprendre aux enfants à comprendre leur propre esprit, à réguler leurs impulsions et à choisir des activités en accord avec leurs valeurs et leur bien-être à long terme. En s'intéressant aux neurosciences de l'engagement numérique, nous allons au-delà des jugements moraux et entrons dans le domaine de l'autonomisation. Les enfants ne sont pas de simples victimes passives de la technologie ; ce sont des participants actifs qui, avec un accompagnement approprié, peuvent apprendre à l'utiliser à bon escient.

Dans un monde où les écrans sont omniprésents, l'objectif n'est pas l'abstinence, mais la prise de conscience. Aider les enfants à apprivoiser l'attrait de la dopamine numérique exige connaissances, empathie et cohérence. Cela exige des parents qu'ils s'engagent non seulement dans les règles et les restrictions, mais aussi dans les relations, les routines et la réflexion. Comprendre comment les écrans captivent l'esprit permet de mieux s'en libérer, non pas par la force, mais en favorisant les qualités mêmes qui font s'épanouir les jeunes esprits : la curiosité, la concentration, la perspicacité émotionnelle et la capacité à choisir judicieusement.

Les médias sociaux et l'estime de soi

Pour la génération actuelle d'enfants et d'adolescents, les réseaux sociaux sont plus qu'une simple forme de divertissement : c'est un environnement culturel où l'identité se façonne, les valeurs s'évaluent et les relations se négocient. Des plateformes comme Instagram, TikTok, Snapchat et, de plus en plus, YouTube sont devenues des miroirs numériques, reflétant et réfractant la façon dont les jeunes se perçoivent eux-mêmes et les autres. Elles offrent un accès instantané aux retours de leurs pairs, une sélection infinie de contenus et une plateforme d'expression personnelle. Pourtant, sous cette apparente autonomisation se cache une préoccupation croissante chez les psychologues, les éducateurs et les parents : comment ces plateformes influencent-elles l'estime de soi et perpétuent-elles une culture de la comparaison susceptible de l'éroder.

Au cœur de cette influence se trouve la façon dont les réseaux sociaux transforment l'identité en acte performatif. Les adolescents, par nature, traversent une phase de développement intense où ils expérimentent leur image de soi, leurs valeurs et leurs rôles sociaux. Historiquement, ce processus s'effectuait à travers des expériences interpersonnelles directes – à l'école, lors d'activités extrascolaires, au sein de la famille et des cercles amicaux. Aujourd'hui, une grande partie de cette construction identitaire se déroule en ligne, façonnée par les likes, les abonnements et une esthétique filtrée. Les réseaux sociaux invitent les jeunes utilisateurs à organiser leur vie en moments forts – des moments de bonheur, de réussite, de beauté et d'acceptation sociale – qui sont ensuite mesurés à l'aune d'un standard de pairs mondial et hautement sélectif.

Cette dynamique performative crée un environnement où l'estime de soi devient étroitement liée à l'approbation numérique. Un selfie bien éclairé qui récolte des dizaines de « j'aime » peut déclencher une vague de validation, tandis qu'une publication peu engageante peut susciter le doute. Ces interactions ne sont pas anodines ; elles activent le système de récompense du cerveau, libérant de la dopamine et renforçant le comportement . Avec le temps, les jeunes peuvent être conditionnés à associer leur valeur à leur visibilité. L'adolescent qui reçoit constamment des affirmations positives en ligne peut développer une estime de soi fragile, dépendante de la validation externe, tandis que celui qui est ignoré ou critiqué en ligne peut intérioriser le rejet comme un reflet de sa valeur.

La comparaison est une caractéristique inévitable des réseaux sociaux, et elle opère à la fois au niveau conscient et inconscient. Parcourir un fil d'actualité rempli d'images soignées de ses pairs en vacances, participant à des fêtes, réussissant ou affichant leur beauté physique peut rendre sa propre vie terne, inadéquate ou incomplète en comparaison. Le phénomène psychologique de *la théorie de la comparaison sociale* – qui suggère que les individus déterminent leur estime de soi en se comparant aux autres – est exacerbé dans les environnements numériques où chacun semble donner le meilleur de lui-même. Les enfants et les adolescents peuvent commencer à croire que les autres sont intrinsèquement plus heureux, plus attirants, plus populaires ou plus talentueux, ce qui nourrit un sentiment de déficit qui mine leur confiance en eux.

Cette perception déformée de la réalité est amplifiée par la conception algorithmique. Les plateformes de médias sociaux ne sont pas des outils passifs ; elles sont conçues pour maximiser l'engagement en proposant aux utilisateurs du contenu adapté à leurs centres d'intérêt, à leurs interactions et à leurs habitudes de navigation. Si cela peut créer une expérience personnalisée et attrayante , cela peut aussi renforcer des idéaux étroits. Un adolescent qui consulte fréquemment des contenus de fitness peut se voir présenter des représentations de plus en plus extrêmes de la minceur ou de la définition musculaire. Un enfant intéressé par la beauté peut être confronté à un flot d'images filtrées et retouchées, présentant des standards esthétiques irréalistes. Ces boucles de rétroaction algorithmiques peuvent limiter l'exposition à des représentations diverses de la réussite, de la beauté et de l'identité, enfermant les jeunes utilisateurs dans une chambre d'écho de perfection organisée.

Les conséquences émotionnelles de ces dynamiques sont évidentes tant dans les études qualitatives que dans les expériences vécues. Les psychologues signalent une augmentation des niveaux d'anxiété, de dépression et d'insatisfaction corporelle chez les enfants et les adolescents qui utilisent beaucoup les réseaux sociaux. Les filles, en particulier, sont vulnérables au développement d'une image corporelle négative en raison d'une exposition constante à des idéaux de beauté inaccessibles. Les garçons, bien que moins souvent évoqués, subissent également des pressions, notamment en matière de force, de statut et de réussite matérielle. Le plus inquiétant est peut-être la précocité de ces schémas. Dès l'âge de neuf ou dix ans, des enfants publient déjà du contenu, recherchent la validation et s'inquiètent de leur apparence en ligne.

Des histoires vécues illustrent parfaitement ces préoccupations. Prenons l'exemple d'un adolescent de 13 ans qui supprime une publication si elle n'atteint pas un certain nombre de « j'aime » en une heure, par peur de se sentir embarrassé socialement. Ou encore d'un adolescent qui passe des heures à reprendre et retoucher ses selfies pour obtenir un look qui corresponde aux attentes de ses pairs. Un autre enfant peut se sentir exclu et inférieur après avoir visionné les photos d'une fête à laquelle il n'était pas invité, même s'il était parfaitement satisfait avant de voir la publication. Ces expériences peuvent paraître anodines aux adultes, mais peuvent être profondément déstabilisantes pour les jeunes utilisateurs en pleine construction de leur identité.

Malgré ces défis, il est important de ne pas diaboliser les réseaux sociaux. Ces plateformes offrent également des opportunités de connexion, de créativité et d'activisme. Pour les jeunes marginalisés , en particulier, les espaces en ligne peuvent offrir un sentiment d'appartenance et une visibilité qu'ils n'ont pas dans leur environnement immédiat. Les jeunes peuvent utiliser les réseaux sociaux pour partager leurs œuvres, exprimer leurs opinions et découvrir le monde. Le problème n'est pas la présence des réseaux sociaux, mais le manque d'outils essentiels pour les utiliser.

Développer ces outils commence par favoriser l'éducation aux médias et la conscience émotionnelle. Il faut apprendre aux enfants à remettre en question ce qu'ils voient en ligne, en reconnaissant que les publications sont sélectionnées, éditées et souvent construites de manière stratégique. Il faut les aider à comprendre qu'une image filtrée ou une vidéo virale ne représente qu'une fraction de la vie d'une personne, et non la réalité. Encourager les enfants à se demander : « Qu'est-ce qui n'est pas montré ici ? » ou « Qu'est-ce que cela me fait ressentir et pourquoi ? » permet de rompre le cycle automatique de la comparaison et d'encourager la réflexion. Ces habitudes renforcent la résilience et réduisent le risque d' intériorisation de normes irréalistes.

Il est tout aussi important de cultiver des sources d'estime de soi hors ligne. Les enfants qui entretiennent des relations solides, pratiquent des loisirs enrichissants et ont un but en dehors du monde numérique sont mieux armés pour résister à l'attrait de la validation des réseaux sociaux. Les activités qui favorisent la maîtrise, la créativité et la contribution – comme le sport, la musique, le bénévolat ou l'art – renforcent un sentiment d'identité stable, résistant aux fluctuations des retours en ligne. Les parents peuvent favoriser ce sentiment en privilégiant le temps en famille, en encourageant la diversité des centres d'intérêt et en valorisant l'effort et la personnalité plutôt que l'apparence ou la popularité.

Un dialogue ouvert est essentiel. Plutôt que de sermonner ou de critiquer , les parents peuvent aborder les conversations sur les réseaux sociaux avec curiosité et empathie. Demander aux enfants ce qu'ils pensent de ce qu'ils voient en ligne, de ce qu'ils aiment, de ce qui les stresse et de la façon dont ils gèrent leurs amitiés numériques renforce la confiance et favorise l'honnêteté. Ces discussions constituent le fondement d'un accompagnement collaboratif plutôt qu'autoritaire. Lorsque les jeunes se sentent écoutés et respectés, ils sont plus susceptibles d' intérioriser les valeurs et les limites de leur comportement numérique .

Les écoles ont également un rôle à jouer. Les programmes qui enseignent la citoyenneté numérique, l'estime de soi et la pensée critique peuvent contrer certains effets néfastes des réseaux sociaux. Les enseignants peuvent intégrer des discussions sur l'identité numérique dans des matières comme l'anglais, l'éducation sociale et éducative (PSHE), ou même les arts et les médias. Mises en situation, analyses Le contenu en ligne et la réflexion sur la dynamique des pairs peuvent aider les étudiants à comprendre les mécanismes de l'influence numérique et à développer des modèles d'engagement plus sains.

En fin de compte, l'objectif n'est pas de protéger les enfants des réseaux sociaux, mais de leur donner les moyens de les utiliser à leur guise. Cela implique de reconnaître que l'estime de soi n'est pas une qualité statique, mais un processus dynamique influencé par les expériences quotidiennes et les récits intérieurs. Les réseaux sociaux sont l'un des nombreux facteurs qui façonnent ce processus et, avec un soutien adéquat, les enfants peuvent y apprendre à naviguer avec confiance et intégrité.

Pour y parvenir, parents et éducateurs doivent être proactifs, présents et disposés à évoluer avec le paysage numérique. Les plateformes continueront d'innover, les tendances évolueront et les pressions se transformeront. Mais les besoins fondamentaux des enfants en matière de développement – appartenance, affirmation, authenticité et compréhension de soi – demeurent constants. Lorsque ces besoins sont satisfaits par des relations authentiques, un engagement significatif et des pratiques réflexives, l'emprise des réseaux sociaux sur l'estime de soi peut être atténuée.

Nous ne pouvons pas contrôler tous les algorithmes ni éliminer toutes les comparaisons, mais nous pouvons créer des environnements où les enfants apprennent que leur valeur ne dépend pas des applaudissements numériques. Nous pouvons les aider à construire des identités fondées sur plus que les apparences, des identités résistantes au jugement extérieur et enrichies par la conscience de soi. Ce faisant, nous leur offrons quelque chose de bien plus durable que les « j'aime » ou les « suivis » : nous leur offrons la conviction qu'ils se suffisent à eux-mêmes, en ligne comme hors ligne.

L'impact sur le sommeil et la santé mentale

La révolution numérique a transformé presque tous les aspects de la vie quotidienne, et pour les enfants et les adolescents, cette transformation est peut-être plus marquée pendant les heures calmes de repos. Ce qui était autrefois un moment de récupération mentale et physique est aujourd'hui souvent compromis par la présence des écrans, des bips et d'une sollicitation cognitive constante. Les outils mêmes qui connectent, divertissent et informent ont également introduit de nouveaux défis, notamment leur impact perturbateur sur la qualité du sommeil et le bien-être mental. Si l'attrait des appareils est compréhensible, les conséquences neurologiques et psychologiques de leur utilisation incontrôlée deviennent impossibles à ignorer.

Le sommeil est fondamental pour le développement de l'enfant. Il joue un rôle essentiel dans la consolidation de la mémoire, la régulation émotionnelle, le système immunitaire et les performances cognitives. Pendant le sommeil, le cerveau est loin d'être inactif ; il subit des processus complexes qui permettent l'apprentissage, la croissance et la réparation. Pourtant, quel que soit le foyer et quel que soit l'âge, le sommeil est de plus en plus menacé, non pas par les sollicitations extérieures traditionnelles, mais par les appareils électroniques que les enfants emportent avec eux dans leur chambre et, plus inquiétant encore, dans leur lit.

L'un des principaux responsables est la lumière bleue. Émise par les écrans des smartphones, tablettes, ordinateurs portables et téléviseurs, elle perturbe le rythme circadien en inhibant la production de mélatonine. La mélatonine, souvent appelée « hormone du sommeil », est essentielle pour signaler au cerveau qu'il est temps de se reposer. L'exposition à la lumière bleue le soir perturbe le cerveau, lui faisant croire qu'il fait encore jour. Par conséquent, les enfants qui utilisent des écrans une ou deux heures avant le coucher peuvent avoir plus de mal à s'endormir, avoir un sommeil plus léger et plus fragmenté, et se réveiller moins reposés.

Cet effet n'est pas négligeable. Les troubles chroniques du sommeil peuvent s'accumuler rapidement, entraînant un déficit affectant presque tous les domaines du fonctionnement. Un enfant qui se couche régulièrement plus tard, ne serait-ce que d'une heure, en raison de son utilisation du numérique, peut souffrir de baisse de concentration, d'irritabilité et d'un ralentissement du traitement cognitif le lendemain. Au fil des semaines et des mois, ce manque de sommeil peut impacter les résultats scolaires, la stabilité de l'humeur et la santé physique. Les recherches montrent systématiquement qu'un manque de sommeil chez les enfants est associé à des risques accrus d'anxiété, de dépression, d'obésité et d'affaiblissement du système immunitaire.

Mais la lumière bleue n'est qu'un aspect du problème. Le contenu consommé avant le coucher a également une influence profonde sur la capacité de l'esprit à se détendre. Regarder des vidéos au rythme effréné, jouer à des jeux vidéo compétitifs ou s'engager dans des conversations émotionnellement chargées sur les réseaux sociaux peuvent tous augmenter le niveau d'éveil, tant mental que physiologique. Stimulé par de telles stimulations, le cerveau reste en état d'alerte accru. Même une fois l'appareil éteint, les séquelles mentales persistent. Les enfants peuvent rester éveillés à ressasser une défaite au jeu, à s'inquiéter d'un SMS resté sans réponse ou à revivre les moments forts de la vie apparemment parfaite d'un autre. L'esprit ne passe pas sans heurts de l'intensité numérique à un sommeil réparateur ; il a besoin de temps pour se rééquilibrer.

Le problème est aggravé par la conception de nombreuses plateformes numériques, conçues non pas pour l'achèvement, mais pour la continuité. Les fonctions de lecture automatique, le défilement infini et la diffusion de contenu pilotée par des algorithmes garantissent qu'il y a toujours une vidéo, une mise à jour, une notification à consulter. Cette conception crée un sentiment d'urgence et de compulsivité. Les enfants peuvent vouloir passer dix minutes sur un appareil, pour finalement se rendre compte qu'ils ont perdu une heure, voire plus. Cette érosion des limites non seulement retarde l'heure du coucher, mais contribue également à une expérience fragmentée du temps et de l'attention tout au long de la journée.

Les notifications, souvent perçues comme des distractions mineures, perturbent de manière disproportionnée le repos et la clarté mentale. La simple anticipation d'un message ou d'une mise à jour peut suffire à déclencher anxiété et agitation. Lorsque les téléphones sont gardés à portée de main la nuit, les enfants peuvent se réveiller au son des alertes, se sentir obligés de répondre ou simplement dormir plus légèrement par anticipation. Cet état de connectivité perpétuelle empêche le cerveau d'entrer dans des cycles de sommeil profond et réparateur. Avec le temps, il favorise ce que les psychologues appellent « l'hypervigilance » : une réponse de stress de faible intensité où le corps reste semi-alerte à d'éventuels stimuli sociaux ou informationnels, même au repos.

Ces troubles du sommeil ont des effets en cascade sur la santé mentale. Sommeil et bien-être émotionnel sont intimement liés ; l'un ne peut être compromis sans affecter l'autre. Les enfants qui dorment mal sont plus susceptibles de connaître des sautes d'humeur, des difficultés à gérer la frustration et une moindre résilience au stress. Ils peuvent également être plus sujets au repli sur soi, à une baisse de l'estime de soi et à des distorsions cognitives – des schémas de pensée négatifs qui renforcent le sentiment de désespoir ou d'inadéquation. Chez les adolescents, déjà confrontés à des bouleversements hormonaux et émotionnels complexes, un mauvais sommeil peut exacerber le sentiment d'aliénation et contribuer à l'apparition de symptômes dépressifs ou anxieux.

Les conséquences de la surstimulation numérique sur la santé mentale vont au-delà du sommeil. La connectivité constante et l'exposition à des contenus en ligne créent un environnement psychologique caractérisé par la comparaison, le jugement et la surcharge d'informations. Les enfants sont bombardés d' images idéalisées , d'interactions avec leurs pairs et d'événements mondiaux à un volume et à une vitesse que le cerveau humain n'est pas, du point de vue de son évolution, équipé pour traiter. Cette exposition continue peut entraîner ce que les chercheurs appellent la « fatigue numérique », un état d'épuisement mental résultant d'un temps d'écran et d'une sollicitation cognitive excessifs. Les symptômes peuvent inclure irritabilité, apathie, difficultés de concentration et sentiment d'être submergé émotionnellement.

Les réseaux sociaux, en particulier, contribuent à ces effets en introduisant une anxiété de performance et un besoin de surveillance sociale permanent. Les enfants se sentent obligés de réagir rapidement, de préserver leur identité numérique et de se tenir informés des activités de leurs amis et des influenceurs. Cela crée un sentiment chronique d'urgence et d'inadéquation, ainsi qu'une réticence à se déconnecter par peur de manquer quelque chose. Même des activités apparemment anodines, comme aimer une publication ou répondre à un message, deviennent émotionnellement chargées. Le stress cumulé de cette vigilance numérique peut miner silencieusement le bien-être mental, même lorsqu'un enfant semble simplement se « détendre » avec un appareil.

Des exemples concrets illustrent clairement ces dynamiques. Prenons l'exemple d'un enfant de douze ans qui se plaint de maux de tête et de troubles de la concentration à l'école, dont le problème sous-jacent est imputé à des sessions de jeu nocturnes. Ou encore d'une adolescente qui devient de plus en plus renfermée et anxieuse après des mois de sommeil fragmenté et d'utilisation excessive des réseaux sociaux, et qui peine à expliquer pourquoi elle se sent si dépassée. Ces histoires sont de plus en plus fréquentes et font écho aux préoccupations exprimées par les parents, les enseignants et les professionnels de la santé mentale. L'impact ne se limite pas à chaque enfant : il influence la dynamique familiale, l'environnement scolaire et les résultats de santé à long terme.

Alors, que peut-on faire ? S'attaquer à l'impact de la surstimulation numérique sur le sommeil et la santé mentale exige à la fois sensibilisation et action. Il faut d'abord reconnaître l'interdépendance de ces domaines : comment la surstimulation compromet le repos, comment un mauvais sommeil affecte l'humeur et comment ces deux aspects façonnent l'expérience du monde de l'enfant. Instaurer des routines régulières, notamment au coucher, peut restaurer une partie du rythme perdu. Limiter l'utilisation des écrans l'heure précédant le coucher, retirer les appareils électroniques des chambres et pratiquer des activités apaisantes comme la lecture, la tenue d'un journal ou des exercices de pleine conscience peut aider à préparer le cerveau au repos.

un comportement numérique équilibré . Lorsque les parents accordent la priorité à leur sommeil, fixent des limites à l'utilisation des appareils et parlent ouvertement de l'importance du repos, ils envoient des messages forts que les enfants assimilent. Des conversations qui présentent le sommeil non pas comme une corvée, mais comme une forme de bien-être peuvent faire évoluer les mentalités et favoriser des habitudes plus saines. De même, apprendre aux enfants à identifier les signes de fatigue numérique – brouillard mental, irritabilité, manque d'intérêt pour les activités hors ligne – peut les encourager à faire des pauses et à rechercher des alternatives réparatrices.

Le soutien en santé mentale doit également faire partie de la solution. Les écoles, les professionnels de santé et les organismes communautaires peuvent jouer un rôle crucial dans le dépistage des troubles du sommeil, la psychoéducation et la promotion de la culture numérique. Lorsque les enfants comprennent comment leur cerveau réagit à la lumière, à la stimulation et à la connectivité, ils sont mieux armés pour prendre des décisions éclairées. Des environnements favorables qui valident leurs expériences, plutôt que de se contenter d'imposer des règles, créent la confiance nécessaire à un changement durable.

La technologie n'est pas intrinsèquement l'ennemie du sommeil ou du bien-être. En effet, de nombreux outils numériques, tels que les applications de méditation guidée, les filtres anti-lumière bleue ou les suivis du sommeil, peuvent favoriser des habitudes plus saines lorsqu'ils sont utilisés avec discernement. L'objectif n'est pas d'éliminer les écrans, mais de créer des limites intentionnelles qui protègent les rythmes naturels du cerveau et favorisent la récupération. Ceci est essentiel non seulement au fonctionnement cognitif, mais aussi au développement de la résilience émotionnelle, de la créativité et de la conscience de soi, qui sous-tendent une santé mentale durable.

En fin de compte, le débat sur le sommeil et le bien-être numérique porte sur l'importance que nous accordons au repos, à la connexion et à l'équilibre intérieur dans un monde qui privilégie la stimulation et la rapidité. Pour que les enfants s'épanouissent, ils ont besoin de plus que d'informations et d'accès : ils ont besoin de protéger les espaces calmes de leur esprit. En restaurant ces espaces, nous leur offrons non seulement un meilleur sommeil, mais aussi une base plus stable pour explorer, s'engager et grandir avec clarté et confiance.

Le jeu et le système de récompense

Les jeux vidéo occupent désormais une place prépondérante dans la vie numérique des enfants. Loin de se limiter aux bornes d'arcade ou aux loisirs du week-end, le jeu vidéo est devenu une activité omniprésente, ancrée dans le tissu de l'enfance et de l'adolescence. Avec l'essor des environnements multijoueurs en ligne, des applications mobiles et des jeux immersifs en monde ouvert, l'expérience de jeu est plus engageante, sociale et accessible que jamais. Mais cette croissance s'accompagne de préoccupations croissantes : utilisation excessive, perturbation des routines et changements de comportement chez les jeunes joueurs. Pour comprendre l'attrait des jeux vidéo et favoriser un engagement sain, il faut d'abord examiner les mécanismes psychologiques qui sous-tendent leur conception, notamment les systèmes de récompense qui les rendent si captivants.

Fondamentalement, les jeux vidéo sont des boucles de rétroaction sophistiquées. Ils présentent un défi, offrent les outils pour le relever, puis récompensent la réussite par des progrès, des points, un statut ou des améliorations esthétiques. Ce cycle d'efforts et de récompenses reflète les principes fondamentaux de la psychologie comportementale . Tout comme les animaux de laboratoire apprennent à appuyer sur un levier pour obtenir des granulés de nourriture, le cerveau humain, en particulier celui en développement, réagit puissamment au renforcement. Ce qui distingue les jeux vidéo de la plupart des autres expériences de l'enfance, cependant, c'est la précision et l'immédiateté avec lesquelles ils délivrent ce renforcement.

Les concepteurs de jeux utilisent diverses stratégies de récompense pour maintenir l'engagement des joueurs. La plus basique est la récompense fixe : terminer un niveau, gagner un badge. Mais les récompenses variables sont bien plus convaincantes : des prix ou des progrès offerts de manière imprévisible, un peu comme une machine à sous. L'incertitude de ces résultats les rend plus stimulants psychologiquement, activant plus intensément les voies dopaminergiques du cerveau. Cette réaction neurochimique est particulièrement puissante chez les enfants et les adolescents, dont le cortex préfrontal – la région responsable du contrôle des impulsions, de la prévoyance et de la prise de décision – est encore en construction.

Les jeux offrent également des formes de gratification à plusieurs niveaux. Il existe des récompenses à court terme, comme des pièces, des skins ou des XP (points d'expérience), et des objectifs à long terme, comme débloquer de nouvelles cartes ou accomplir des quêtes. Certains jeux intègrent le renforcement social, permettant aux joueurs de faire équipe, de partager des exploits ou de grimper dans les classements. Ces fonctionnalités activent non seulement les centres du plaisir, mais aussi les centres sociaux. Un enfant peut revenir à un jeu non seulement pour son contenu, mais aussi pour la communauté qu'il favorise : des pairs qui jouent ensemble, échangent des stratégies et valident leur position dans l'univers du jeu.

La nature immersive des jeux amplifie leur emprise psychologique. Grâce à des graphismes dynamiques, des récits captivants et des environnements réactifs, les enfants s'immergent dans des mondes parallèles où leurs actions ont des conséquences immédiates et visibles. Ces expériences procurent un sentiment d'autonomie et de maîtrise souvent plus difficile à atteindre dans la vie réelle. Pour un enfant en difficulté sociale ou scolaire, un jeu peut devenir un refuge : un lieu où il se sent compétent, maître de lui et récompensé pour ses efforts. Les enjeux sont peut-être virtuels, mais l'impact émotionnel est réel.

L'engagement dans les jeux n'est pas toujours source d'inquiétude. En réalité, de nombreux jeux offrent des avantages cognitifs et éducatifs. Les jeux de stratégie exigent planification, raisonnement spatial et adaptabilité. Les jeux de rôle impliquent souvent la narration, la résolution de problèmes et la prise de décisions éthiques. Même les jeux d'action rapides peuvent améliorer l'attention visuelle et la coordination œil-main. Les jeux collaboratifs peuvent renforcer le travail d'équipe et les compétences en communication. Le défi n'est donc pas d'éradiquer le jeu, mais de discerner quand il contribue au développement et quand il commence à l'entraver.

Des problèmes surviennent lorsque l'équilibre entre le jeu et les autres aspects de la vie est rompu. Les enfants qui jouent de manière compulsive peuvent négliger leurs devoirs, éviter l'activité physique ou se couper des relations hors ligne. Ils peuvent ressentir des sautes d'humeur, de l'irritabilité lorsqu'ils sont interrompus ou des insomnies dues aux sessions nocturnes. Ces problèmes sont souvent le signe que le jeu est passé du statut récréatif au statut réglementaire, c'est-à-dire qu'il est passé d'une source de joie à un moyen d'échapper au stress, à l'ennui ou aux émotions négatives.

Des exemples concrets révèlent la complexité de cette dynamique. Un enfant de 10 ans peut commencer à jouer à un jeu populaire pour tisser des liens avec ses camarades de classe, mais se retrouver préoccupé par sa progression et anxieux lorsqu'il est déconnecté. Un adolescent peut utiliser les jeux vidéo pour décompresser après l'école, mais prolonger progressivement le temps de jeu jusqu'au petit matin, ce qui affecte son sommeil et ses résultats scolaires. Il ne s'agit pas de défauts moraux ou de défauts de caractère. Il s'agit d'adaptations comportementales aux environnements numériques, savamment conçues pour maintenir l'attention et susciter l'engagement.

Les parents hésitent souvent à gérer les jeux vidéo à la maison. Certains se contentent d'imposer des restrictions strictes, espérant que des limites strictes freineront l'attrait. D'autres, se sentant dépassés, adoptent une approche passive. Aucun de ces extrêmes n'est idéal. De saines habitudes de jeu se cultivent mieux par l'accompagnement, le dialogue et la structure – des approches qui respectent les centres d'intérêt de l'enfant tout en veillant à ce que sa vie numérique n'entrave pas son développement global.

Un point de départ consiste à comprendre les jeux eux-mêmes. Plutôt que de considérer tous les jeux comme une perte de temps, les parents peuvent s'intéresser à ce que jouent leurs enfants, à ce qui les passionne et aux compétences qu'ils utilisent. Cela favorise non seulement la communication, mais permet également de prendre des décisions nuancées quant aux jeux appropriés et à leur intégration dans la routine quotidienne. Par exemple, un parent pourrait apprendre que le jeu préféré de son enfant implique des stratégies d'équipe complexes et des défis limités dans le temps, ce qui facilite la négociation de plages horaires de jeu adaptées aux responsabilités numériques et hors ligne.

Il est essentiel de créer un cadre autour du jeu. Cela implique de fixer des limites de temps raisonnables, d'établir des zones et des horaires sans appareils (notamment avant le coucher) et d'encourager des pauses régulières pendant les périodes de jeu prolongées. Ces limites contribuent à renforcer l'importance de l'équilibre et à montrer que, si le jeu est une activité valorisée, il doit coexister avec le sommeil, les études, l'activité physique et l'engagement social. Lorsque ces routines sont élaborées de manière collaborative, avec la participation de l'enfant, elles ont plus de chances d'être respectées et maintenues.

Il est crucial d'apprendre aux enfants à réfléchir à leurs propres habitudes de jeu. Les aider à distinguer les moments où ils jouent pour le plaisir et ceux où ils jouent pour éviter autre chose favorise la conscience de soi. Des questions telles que « Comment te sens-tu après avoir joué ? » ou « Qu'aimerais-tu faire d'autre de ton temps libre cette semaine ? » peuvent les guider vers une utilisation plus intentionnelle. Au fil du temps, ces conversations peuvent les aider à développer l'autorégulation nécessaire pour prendre de bonnes décisions de manière autonome, des compétences qui leur seront utiles à l'âge adulte.

Les professionnels de la santé mentale soulignent l'importance de ne pas se limiter à la quantité de temps passé devant un écran, mais à sa *qualité* . Un enfant qui joue une heure par jour tout en maintenant un sommeil réparateur, un équilibre émotionnel et des liens sociaux solides utilise probablement les jeux de manière saine. À l'inverse, un enfant qui passe autant de temps à jouer, mais qui présente des signes d'instabilité émotionnelle, de repli sur soi ou de déclin scolaire, peut avoir besoin d'aide pour réévaluer ses habitudes numériques. Autrement dit, le contexte est primordial.

Certaines familles ont intérêt à établir un accord sur les jeux vidéo : un ensemble d'attentes communes, écrites ou verbales, précisant quand et comment les jeux sont autorisés, quelles sont les conséquences d'une surconsommation et comment obtenir des récompenses grâce à un comportement responsable . Ainsi, les jeux vidéo, autrefois source de tension, deviennent un terrain de compréhension et de responsabilité mutuelles.

Les éducateurs et les responsables communautaires ont également un rôle à jouer. Les écoles peuvent intégrer des discussions sur le bien-être numérique dans leurs programmes scolaires, en mettant en avant la conception psychologique des jeux et en aidant les élèves à identifier leurs propres habitudes d'utilisation. Des ateliers ou des assemblées animés par des pairs, qui explorent le jeu de manière ouverte et sans jugement , peuvent réduire la stigmatisation et encourager une réflexion sincère. Lorsque les enfants sont invités à réfléchir de manière critique à leur environnement numérique, ils sont plus susceptibles de s'y engager de manière réfléchie.

L'industrie du jeu vidéo doit elle aussi prendre part au débat. Si de nombreux développeurs créent des jeux adaptés à l'âge, éducatifs ou conçus de manière éthique, d'autres continuent de s'appuyer sur des modèles de monétisation qui privilégient la fidélisation des utilisateurs au détriment de leur bien-être. Les achats intégrés, les loot boxes et les boucles de contenu infinies peuvent exploiter les vulnérabilités psychologiques des jeunes utilisateurs. Plaider pour une plus grande transparence, une conception adaptée aux enfants et des normes réglementaires est une étape importante vers un paysage numérique plus sain.

En fin de compte, la psychologie des jeux vidéo n'est ni totalement problématique ni totalement bénigne. Elle reflète une compréhension profonde des motivations humaines : notre désir de maîtrise, de connexion, de défi et de récompense. Ces désirs ne sont pas des défauts à corriger, mais des opportunités à exploiter. Exploité avec discernement et attention, le jeu vidéo peut constituer un élément significatif de l'enfance. Mais s'il n'est pas maîtrisé, il peut empiéter sur les capacités mêmes qu'il est susceptible de développer – concentration, créativité, empathie.

Parents, éducateurs et décideurs politiques doivent dépasser la peur et s'orienter vers la maîtrise. En comprenant les mécanismes de récompense qui alimentent les jeux, en reconnaissant les signes de surutilisation et en engageant avec les enfants des conversations réfléchies et adaptées à leur âge, nous pouvons faire passer le jeu vidéo d'une source de conflit à un moteur de développement. L'objectif n'est pas d'éliminer le jeu vidéo, mais de faire en sorte qu'il devienne un élément – plutôt qu'un élément central – d'une vie épanouie et émotionnellement saine.

En guidant les enfants à apprécier les jeux sans se laisser dominer par eux, nous leur apprenons non seulement à jouer, mais aussi à vivre en équilibre. Dans un monde conçu pour la distraction, c'est une leçon précieuse.

Avantages cognitifs de la technologie

Dans le discours sur les enfants et le numérique, l'attention s'est naturellement portée sur les risques : dépendance aux écrans, pression des réseaux sociaux, troubles du sommeil et baisse de la capacité d'attention. Cependant, pour aborder le sujet de manière responsable, il est essentiel de prendre en compte l'autre aspect de l'équation. La technologie, utilisée avec intention et discernement, a le potentiel non seulement de divertir ou de distraire, mais aussi d'enrichir et d'élargir les capacités cognitives humaines. Pour les jeunes esprits en particulier, certains outils numériques peuvent être profondément stimulants : ils améliorent la capacité de résolution de problèmes, libèrent le potentiel créatif et favorisent une approche dynamique et personnalisée de l'apprentissage.

L'attrait cognitif de la technologie réside dans son interactivité. Contrairement aux médias passifs comme la télévision, de nombreuses plateformes numériques nécessitent un engagement actif. Qu'il s'agisse de manipuler des formes dans une application de géométrie, de coder une courte animation ou de collaborer à une expérience scientifique virtuelle, les enfants sont encouragés à faire des choix, à tester des résultats et à affiner leur compréhension par l'expérience directe. Ce modèle interactif reflète les processus cognitifs impliqués dans la pensée critique : hypothèse , expérimentation, réflexion et adaptation.

La résolution de problèmes, par exemple, est au cœur d'innombrables expériences numériques. Jeux de réflexion, applications logiques, défis de codage et environnements de simulation exigent tous des enfants qu'ils réfléchissent de manière séquentielle, identifient des modèles et évaluent plusieurs voies vers une solution. Ces activités cultivent la flexibilité, la résilience et la persévérance, des composantes essentielles de ce que les psychologues appellent les fonctions exécutives. Même les jeux populaires à composantes éducatives, comme ceux qui intègrent les mathématiques au jeu ou qui nécessitent la coordination de plusieurs variables pour progresser, renforcent la planification, la prévision et le comportement axé sur les objectifs .

Les plateformes d'apprentissage numérique permettent également d'adapter le contenu au niveau de compréhension de l'utilisateur, offrant ainsi un enseignement différencié qui s'adapte aux performances en temps réel. Cette forme d' apprentissage personnalisé est difficile à mettre en œuvre dans les classes traditionnelles, où un seul enseignant peut être responsable d'un groupe d'apprenants diversifié. La technologie permet un retour immédiat, propose de nouveaux défis lorsqu'un concept est maîtrisé et revisite les sujets en cas de difficulté. Cette réactivité crée un environnement où la frustration est minimisée et la dynamique maintenue, condition essentielle au développement de la confiance cognitive.

Prenons l'exemple d'un enfant apprenant à coder grâce à une plateforme ludique. Contrairement à l'enseignement traditionnel, où le retour d'information est différé et abstrait, les environnements numériques permettent des réponses immédiates de type cause-effet. Si une ligne de code ne fonctionne pas, le programme ne s'exécute pas ; sinon, l'enfant voit sa création prendre vie. Cette boucle de rétroaction en temps réel encourage l'expérimentation et l'apprentissage itératif, des qualités essentielles à la recherche scientifique et à l'innovation. Au fil du temps, ces petits moments de réussite s'accumulent, renforçant un état d'esprit de compétence et de curiosité.

La créativité s'épanouit également dans des espaces numériques bien conçus. La technologie a considérablement élargi la palette d'expression des jeunes. Grâce aux programmes d'art numérique , les enfants peuvent explorer la forme, la couleur et la composition sans contraintes matérielles ni nettoyage. Les applications musicales permettent de superposer les sons, d'expérimenter le rythme et de composer des morceaux originaux sans avoir besoin d'instruments ni de cours. Les plateformes de narration favorisent le développement des compétences narratives, l'enregistrement vocal et le séquençage visuel, permettant aux enfants de devenir à la fois auteurs et illustrateurs de leurs propres livres numériques.

L'atout majeur de la créativité numérique réside dans sa démocratisation . Les enfants qui ne se considèrent pas comme des artistes au sens traditionnel du terme trouvent souvent confiance dans l'accessibilité des outils numériques. Un enfant aux prises avec des difficultés de motricité fine trouvera peut-être du plaisir à créer des illustrations détaillées à l'aide d'un stylet de tablette. Un autre, complexé par son écriture, s'épanouira en créant des histoires avec narration audio et scènes animées. La technologie offre des voies alternatives à l'expression créative, valorisant les intelligences diverses et comblant les lacunes de la pédagogie traditionnelle.

La dimension sociale de la créativité est également amplifiée. Les enfants peuvent collaborer sur des projets numériques au-delà des frontières géographiques, relever des défis créatifs avec leurs pairs ou partager leurs travaux avec un public réel. Ces interactions enrichissent le processus créatif, favorisant non seulement le développement cognitif, mais aussi le sentiment d'avoir un but et d'être connectés. Par exemple, un groupe d'élèves concevant une ville virtuelle dans un jeu de simulation doit coordonner ses idées, déléguer des responsabilités et négocier des visions divergentes, développant ainsi non seulement le raisonnement spatial et la planification, mais aussi l'empathie et la communication.

L'apprentissage, au sens large, est un autre domaine où la technologie a fait des progrès considérables. Au-delà de la salle de classe, les plateformes numériques offrent un accès encyclopédique au savoir, des tutoriels, des simulations et des environnements d'apprentissage expérientiel. Un enfant curieux d'astronomie peut explorer les planètes en trois dimensions, zoomer sur les anneaux de Saturne ou visionner des images accélérées de la rotation de la Terre. Un historien en herbe peut effectuer des visites virtuelles de villes anciennes, examiner des documents primaires numérisés ou construire des frises chronologiques pour mieux comprendre les relations de cause à effet. Ces expériences multimodales améliorent la compréhension en faisant appel à de multiples sens et styles d'apprentissage.

De plus, la technologie peut favoriser la métacognition, c'est-à-dire la capacité à réfléchir sur sa propre pensée. Les tableaux de bord d'apprentissage numériques, par exemple, permettent aux élèves de suivre leurs progrès au fil du temps, d'identifier les axes d'amélioration et de se fixer des objectifs. Les plateformes ludiques peuvent utiliser des badges, des niveaux et des défis pour rendre la progression visible et motivante. Lorsque les enfants comprennent comment ils apprennent, ils deviennent plus stratégiques dans leur approche des problèmes, plus résilients face à l'échec et plus proactifs dans la recherche d'aide ou de ressources. Cet état d'esprit autodirigé est un élément essentiel de l'apprentissage tout au long de la vie.

Les applications concrètes abondent. Un enfant de 10 ans utilisant une application de dessin numérique apprend non seulement la forme et la symétrie, mais aussi l'itération et la révision. Un groupe d'élèves concevant un véhicule solaire à l'aide d'outils de prototypage virtuel assimile les principes scientifiques par l'application, et non par la mémorisation . Un enfant suivant un cours de cuisine en ligne est exposé à la mesure, au séquençage et à la diversité culturelle, tout en s'engageant dans une tâche pratique favorisant l'autonomie. Ces gains ne sont pas négligeables. Ils représentent le transfert de compétences cognitives du jeu numérique vers la pratique.

La technologie soutient également les apprenants qui pourraient autrement rencontrer des difficultés dans des environnements traditionnels. Pour les enfants présentant des difficultés d'apprentissage, comme la dyslexie, le TDAH ou des troubles du traitement auditif, les outils numériques peuvent leur permettre d'égaliser les chances. Les logiciels de synthèse vocale, les livres audio, les programmes visuels et les programmes de lecture interactifs offrent des supports sur mesure qui réduisent la frustration et renforcent l'engagement. Lorsque ces enfants réussissent, leur confiance en eux et leur volonté de persévérer augmentent. Ce changement dans la perception de soi est aussi important que tout progrès scolaire : il pose les bases d'un développement cognitif durable.

Cela dit, les bénéfices cognitifs de la technologie ne se manifestent pas automatiquement. Ils dépendent d'une conception réfléchie, d'une utilisation ciblée et d'un accompagnement approprié. Toutes les applications se voulant éducatives ne sont pas réellement bénéfiques, et le temps passé devant un écran ne se valent pas. Une consommation passive, des tâches répétitives ou un contenu mal conçu peuvent être cognitivement engourdissants plutôt qu'enrichissants. Ce qui compte, c'est la manière dont la technologie est utilisée : elle encourage l'engagement actif, incite l'utilisateur à réfléchir et favorise une interaction significative avec les concepts et les idées.

Les parents et les éducateurs jouent un rôle crucial dans la médiation de cette utilisation. En sélectionnant des outils de qualité, en favorisant l'engagement réflexif et en contextualisant les activités numériques dans le cadre d'objectifs d'apprentissage plus larges, les adultes peuvent maximiser les bénéfices tout en atténuant les inconvénients. Encourager les enfants à exprimer clairement ce qu'ils font, pourquoi c'est important et comment cela se connecte à d'autres connaissances approfondit le traitement cognitif et crée un pont entre l'apprentissage numérique et hors ligne.

De plus, les conversations sur la technologie ne doivent pas se limiter aux restrictions et aux limites de temps d'écran. Elles doivent inclure un dialogue sur le contenu, l'objectif et l'impact de l'engagement numérique. Des questions telles que « Qu'as-tu appris aujourd'hui sur cette application ? », « Comment as-tu résolu ce défi ? » ou « Que ferais-tu différemment la prochaine fois ? » invitent les enfants à réfléchir plus profondément à leurs actions et à leurs choix. Ces habitudes réflexives favorisent le développement métacognitif et favorisent un locus de contrôle interne, facteurs clés de réussite scolaire et personnelle.

Les bénéfices cognitifs de la technologie ne sont pas hypothétiques : ils sont observables, mesurables et de mieux en mieux documentés par la recherche en éducation. Mais ils ne sont pas inéluctables. Ils nécessitent une harmonisation intentionnelle entre conception, pédagogie et éducation. Lorsque la technologie est utilisée comme outil d'exploration plutôt que de distraction, de création plutôt que de consommation, elle devient un catalyseur du développement intellectuel.

Dans un monde où la culture numérique est aussi fondamentale que la lecture et le calcul, donner aux enfants la capacité de penser de manière critique, de résoudre des problèmes de manière créative et d'apprendre de manière autonome grâce aux technologies n'est pas un enrichissement optionnel : c'est un élément essentiel de l'éducation moderne. En exploitant le potentiel cognitif des outils numériques, tout en veillant à leur qualité, à leur équilibre et à leur finalité, nous pouvons faire en sorte que nos enfants ne soient pas de simples utilisateurs des technologies, mais des apprenants autonomes qui les utilisent pour approfondir leur réflexion, développer leur imagination et interagir avec le monde de manière éclairée et significative.

Chapitre 3
Repenser le temps passé devant un écran : au-delà des limites de temps

Depuis un certain temps déjà, le discours sur les enfants et le temps passé devant les écrans plane sur nous comme un brouillard tenace – épais, omniprésent et difficile à dissiper. Le refrain habituel est familier : parents, enseignants et professionnels de santé s'en remettent à une formule éprouvée : limiter le temps, c'est limiter les dégâts. À une époque plus simple, il fallait des solutions simples. Mais à mesure que les écrans s'immiscent discrètement dans la vie quotidienne – éducation, amitiés, imagination, et même rituels familiaux –, cette prescription bien ficelée commence à paraître, disons, insuffisante. Un minuteur peut offrir une structure, mais il ne nous dit pas grand-chose sur ce qui compte vraiment : non seulement la durée, mais aussi son importance et la compagnie.

L'expression « moins de temps passé devant un écran » est une sorte de raccourci moral, n'est-ce pas ? Elle sous-entend que les écrans sont intrinsèquement suspects, et que toute réduction est un bien indéniable. C'est un récit commode, mais terriblement réducteur. Imaginez, par exemple, un enfant et un parent regardant ensemble un court métrage émouvant, peut-être même en train de pleurer ou de rire côte à côte. Comparez maintenant cela à une heure solitaire passée à parcourir en ligne des clips aléatoires et oubliables. Même écran, résultat radicalement différent. Ou comparez la concentration requise pour composer une chanson numérique ou concevoir une ville virtuelle à la répétition abrutissante d'une énième compilation de canulars. La disparité des impacts cognitifs et émotionnels est flagrante. Le temps seul ne nous dit presque rien.

Il serait donc judicieux de changer de perspective : de la quantité à la qualité. Du « combien ? » au « quel type ? » Cela commence par tracer une ligne claire, quoique parfois floue, entre l'utilisation passive et active de l'écran. L'utilisation passive se produit lorsque l'attention se dissout dans le bruit de fond, lorsque l'écran n'est qu'un tapis roulant de stimulations. Défiler, cliquer, répéter. L'utilisation active, en revanche, exige réflexion, énergie, intention. Il peut s'agir de résoudre une énigme, d'écrire un récit, d'apprendre à animer ou de rechercher les causes d'une éruption volcanique. Et même si la frontière peut être floue – certaines activités chevauchent les deux –, reconnaître cette distinction nous aide à développer des habitudes plus réfléchies.

L'effet sur le développement du cerveau ? Divergent, comme on pouvait s'y attendre. Le temps passé passivement devant un écran, surtout lorsqu'il devient un état par défaut, peut altérer la concentration et miner la motivation. Les enfants en ressortent ennuyés et insatisfaits. Un engagement actif, quant à lui, les rend souvent énergiques , curieux, voire fiers de ce qu'ils ont accompli. C'est pourquoi la question la plus pertinente pour un parent n'est pas « Combien d'heures ? », mais « Qu'est-ce que ce temps a représenté ? » Le changement d'orientation est subtil, mais il ouvre la voie à la curiosité, et pas seulement au contrôle.

Ce recadrage a des répercussions. Au lieu de se contenter de surveiller les autres, tels des sentinelles numériques, les adultes peuvent adopter un rôle plus participatif. Regarder une vidéo ensemble, participer à un jeu, collaborer sur un projet créatif : ce ne sont pas des corvées, ce sont des invitations. Ils transforment le temps passé devant un écran, d'une distraction solitaire, en un moment partagé et relationnel. Imaginez un parent mettant une vidéo sur pause à mi-parcours pour décortiquer les motivations d'un personnage, ou transformant une application scientifique en une discussion sur le changement climatique. Ce ne sont pas seulement des moments d'apprentissage, ce sont des moments de connexion.

Et ils font autre chose, discrètement mais profondément : ils contribuent à cultiver la culture numérique. Pas seulement au sens technique, même si cela en fait partie. Mais dans un sens plus profond et plus critique : apprendre à interroger ce que l'on consomme, à comprendre comment les choix de conception influencent le comportement , à repérer la manipulation déguisée en divertissement. Lorsqu'un enfant réfléchit à ce qui l'accroche ou à la raison pour laquelle il fait confiance à un site plutôt qu'à un autre, il apprend à naviguer dans un monde saturé d'influences numériques. Ce sont des compétences essentielles, et non des options.

Certaines familles trouvent utile d'orienter leur utilisation des écrans selon la règle dite des 80/20. En gros, 80 % du temps passé devant un écran devrait être nourrissant – éduquer, connecter, créer – tandis que les 20 % restants peuvent être consacrés au pur divertissement. Il ne s'agit pas d'une règle absolue, mais plutôt d'une question de sensibilité. Une ligne directrice qui dit : « Oui, tu peux regarder ce dessin animé – après avoir terminé ton projet. » Elle encourage la modération sans pour autant gâcher le plaisir. Bien menée, elle apprend aux enfants à aborder leurs choix d'écran avec intention, et non pas seulement par instinct.

Cette philosophie tient également compte d'un fait assez simple : les écrans font désormais partie intégrante de l'éducation. Recherche, devoirs, discussions en ligne : tout cela fait partie du paysage académique. Qualifier tout temps passé devant un écran de suspect revient à confondre apprentissage et paresse. Il faut se garder de sous-entendre que tous les engagements numériques sont égaux, ou tout aussi frivoles. Apprendre aux enfants à distinguer une utilisation productive d'un écran inactif est un message bien plus stimulant que de simplement régler un minuteur et de s'en aller.

Cela dit, la structure reste importante. Les enfants, surtout les plus jeunes, ont besoin de cadres. Pas tant de règles absolues que de rythmes imposés en douceur qui les aident à équilibrer leurs besoins concurrents : repos, activité, concentration, jeu. Mais ces rythmes doivent paraître raisonnables, et non arbitraires. Un adolescent qui prépare des examens peut légitimement avoir besoin de passer des heures en ligne. Un enfant en primaire ? Probablement pas. Inclure les enfants dans ces conversations – « Quel est le temps raisonnable pour ce jeu ? » ou « Comment allons-nous nous assurer que cela n'interfère pas avec le dîner ou le sommeil ? » – encourage la prise de décision, et pas seulement l'obéissance.

Il est également important de se rappeler que tous les enfants n'atteignent pas l'autorégulation de la même manière, ni au même rythme. Les plus jeunes, qui apprennent encore à contrôler leurs impulsions, pourraient bénéficier de minuteurs, d'horaires visibles ou de routines cohérentes. Les plus âgés, qui entrent dans l'adolescence, auront besoin de plus de temps pour réfléchir. Pour eux, il s'agit moins de règles que de réflexion. « Pourquoi penses-tu que tu t'es senti si fatigué après ça ? » peut ouvrir des portes qu'une règle ne leur ouvrira jamais.

La personnalisation est essentielle. Une famille peut décider que le mardi soir est consacré aux puzzles et aux jeux de société, écrans éteints. Une autre peut garder les appareils électroniques uniquement dans le salon pour préserver son sommeil. Une autre encore peut prendre l'habitude de regarder un nouveau documentaire ensemble chaque week-end. Il ne s'agit pas de systèmes rigides, mais de cadres vivants, adaptés à la dynamique et aux valeurs familiales.

Naturellement, rien de tout cela n'est figé. Les enfants changent. Les technologies évoluent. Ce qui convient à un enfant de sept ans peut ne plus convenir à dix-sept. Une plateforme omniprésente aujourd'hui pourrait disparaître demain. Ce qui compte, c'est l'adaptabilité : la volonté de revisiter la conversation, de mettre à jour les règles, d'apprendre aux côtés de son enfant plutôt que de le devancer. Être parent dans un monde numérique n'est pas une question de maîtrise ; c'est une question d'élasticité.

Le soutien extérieur est également utile. Les écoles peuvent intégrer l'éducation aux médias dans les programmes scolaires, non seulement pour apprendre à utiliser les outils, mais aussi à les remettre en question. Les médecins et les thérapeutes peuvent s'enquérir du contenu des écrans, et pas seulement du temps passé devant, lorsqu'ils vérifient le bien-être des enfants. Les organisations communautaires peuvent normaliser ces conversations, proposer des ateliers et animer des cercles de parents. La sagesse partagée est une force.

En fin de compte, repenser le temps passé devant les écrans n'est pas un acte de restriction, mais de reconquête. Il s'agit de dépasser le langage de la peur et d'entrer dans un espace d'engagement réfléchi. Les écrans sont là pour rester, et ils ne devraient pas l'être. Ils offrent une multitude de possibilités inimaginables il y a une génération. Mais ils nécessitent une gestion responsable. Livrés à eux-mêmes, au sens propre comme au sens figuré, les enfants peuvent s'égarer. Guidés avec sagesse, ils peuvent s'épanouir.

En ancrant notre éducation dans des valeurs plutôt que dans la suspicion, en étant présents plutôt que simplement fermés, nous aidons nos enfants à construire une vie numérique intentionnelle, riche et profondément humaine. L'objectif n'est pas de passer zéro écran, mais de leur donner du sens. C'est peut-être plus que tout cela que nous les préparons, non seulement au monde tel qu'il est, mais aussi à celui qu'ils contribueront à façonner.

Pourquoi « moins de temps passé devant un écran » n'est pas toujours la solution

Pendant des années, le discours dominant sur les enfants et le numérique s'est articulé autour d'une question essentielle : jusqu'où est-ce que c'est trop ? Le temps d'écran, souvent présenté comme un concept monolithique, a été surveillé, chronométré, restreint et sanctionné dans les foyers du monde entier. De nombreux parents bien intentionnés se sont sentis presque moralement obligés de minimiser le temps passé par leurs enfants devant les écrans, associant une exposition moindre à de meilleurs résultats. Pourtant, à mesure que notre compréhension du rôle multiforme de la technologie dans la vie des enfants s'approfondit, il apparaît de plus en plus clairement que cette approche binaire – moins c'est bien, plus c'est mal – ne parvient pas à saisir les nuances de l'engagement numérique. En réalité, tous les temps d'écran ne se valent pas, et une focalisation sur la seule quantité risque de négliger des aspects plus cruciaux de l'impact des écrans sur le développement, l'apprentissage et le bien-être.

Pour comprendre les limites d'un modèle purement temporel, il est utile d'examiner les diverses fonctions des écrans. Ce ne sont pas seulement des outils de divertissement, même si celui-ci en constitue assurément une part importante. Ce sont aussi des plateformes d'apprentissage, d'expression créative, de communication, d'exploration et de résolution de problèmes. Un enfant peut passer une heure en visioconférence avec un grand-parent, une autre heure à réaliser un projet scientifique à l'aide d'une simulation numérique, et une troisième heure à regarder des documentaires sur la nature ou à apprendre à dessiner grâce à un tutoriel YouTube. Bien que ce total puisse dépasser la limite quotidienne recommandée, la valeur de chacune de ces activités est considérable. À l'inverse, un enfant qui passe quinze minutes à parcourir sans cesse les réseaux sociaux ou à regarder des vidéos générées par des algorithmes peut atteindre le « quota » de temps d'écran sans en tirer de bénéfices développementaux importants.

L'enjeu ne se limite donc pas au temps qu'un enfant passe devant un écran, mais à ce qu'il fait et pourquoi. La qualité doit primer sur la quantité. Ce changement de perspective s'inscrit dans une compréhension plus large de la façon dont les enfants apprennent et grandissent. L'engagement, la curiosité, l'autonomie et la pertinence sont bien plus prédictifs de résultats développementaux positifs que le strict respect de limites de temps arbitraires. Un enfant qui s'engage dans des activités numériques enrichissantes – qu'il s'agisse d'apprendre une nouvelle langue via une application, de créer des œuvres d'art numériques ou de collaborer à un projet de codage – active des facultés cognitives et émotionnelles clés. Ces expériences peuvent être riches, enrichissantes et éducatives, à condition qu'elles soient intentionnelles et équilibrées.

Des exemples concrets illustrent cette complexité. Un enfant de douze ans passe quatre-vingt-dix minutes chaque soir à concevoir et programmer un jeu mobile simple. Même si cela peut paraître excessif à première vue, l'enfant apprend la logique, la résolution de problèmes et la pensée itérative. Il exprime également sa créativité et développe des compétences techniques qui pourraient lui être utiles sur le plan scolaire et professionnel. Un autre enfant passe autant de temps à parcourir de courtes vidéos, exposé à répétition à un contenu fragmenté qui demande peu d'attention et offre peu de moments de réflexion significative. Tous deux utilisent des écrans, mais les résultats cognitifs et émotionnels sont très différents.

Cette disparité soulève la question : pourquoi le modèle basé sur le temps perdure-t-il ? L'une des raisons est qu'il offre une mesure simple pour un problème complexe. Compter les heures est plus facile qu'évaluer la qualité, en particulier pour les parents dépassés par le rythme des changements technologiques ou qui ne savent pas comment évaluer le contenu numérique. Les limites de temps sont perçues comme une forme de contrôle dans un contexte où de nombreux adultes se sentent impuissants. Cependant, cette illusion de contrôle peut se retourner contre eux. Les enfants peuvent se sentir injustement limités, ce qui peut entraîner des conflits, des secrets ou des crises de boulimie lorsqu'ils ne sont pas supervisés. De plus, une concentration excessive sur le temps peut occulter des conversations plus importantes sur le contenu, les valeurs et les réactions émotionnelles aux expériences numériques.

Un autre facteur est le discours anxiogène entourant la technologie. Les gros titres sur la dépendance, les retards de développement et les troubles de l'attention créent de l'anxiété et encouragent la prise de décision réactive. Si certaines inquiétudes sont légitimes, notamment concernant l'usage compulsif, l'exposition à des contenus préjudiciables ou les troubles du sommeil, il est préférable de les aborder par l'éducation et le dialogue plutôt que par des restrictions généralisées. Un enfant qui comprend l'impact des écrans sur son cerveau, son humeur et ses relations est plus susceptible de s'autoréguler qu'un enfant à qui on dit simplement « ça suffit ».

L'alternative aux limites rigides est une approche plus nuancée et collaborative, fondée sur la sensibilisation, la communication et des valeurs partagées. Les parents peuvent commencer par se demander non pas quelle est l'intensité, mais *quel type* d'utilisation des écrans a lieu. Est-elle passive ou active ? Créative ou consommatrice ? Solitaire ou sociale ? Est-elle en phase avec le stade de développement et les intérêts personnels de l'enfant ? Ces questions permettent de mieux comprendre la place des habitudes numériques dans le contexte plus large de la vie d'un enfant. Elles ouvrent également la voie à des discussions sur le but et l'intentionnalité. Pourquoi utilisons-nous les écrans ? Qu'est-ce qui nous plaît dans ces écrans ? Qu'est-ce qui nous épuise ? Ces questions réflexives favorisent la métacognition et l'intelligence émotionnelle.

Fondamentalement, cette approche reconnaît également que l'utilisation des écrans n'est pas indépendante de la vie, mais qu'elle y est intégrée. Elle est étroitement liée à l'éducation, au développement social, à la santé mentale et à la dynamique familiale. Les enfants utilisent les écrans pour communiquer avec leurs amis, terminer leurs devoirs, explorer leurs loisirs et se détendre. Plutôt que de tracer une ligne rigide entre « temps d'écran » et « vie réelle », les parents peuvent aider leurs enfants à intégrer la technologie dans une routine équilibrée, incluant également le sommeil, l'activité physique, les interactions en face à face et les temps libres. Lorsque les écrans sont considérés comme faisant partie intégrante d'un rythme quotidien global, leur rôle devient plus facile à gérer et moins polarisant .

Des stratégies pratiques peuvent accompagner ce changement. Les parents pourraient envisager de co-créer avec leurs enfants des plans d'utilisation des médias, adaptés à leurs intérêts, besoins et valeurs individuels. Ce processus collaboratif favorise la responsabilité et le respect mutuel. Il offre également une certaine flexibilité : un temps d'écran plus long peut être approprié pendant les vacances scolaires ou pour des projets spécifiques, tandis que des limites plus strictes peuvent être nécessaires pendant la préparation aux examens ou si l'utilisation du numérique commence à nuire au bien-être. L'accent doit être mis sur l'équilibre et la réflexion, et non sur la punition ou la perfection.

Participer à la vie numérique des enfants est un autre outil puissant. Lorsque les parents prennent le temps de comprendre et de rejoindre occasionnellement leurs enfants dans des jeux, des applications ou des communautés en ligne, ils acquièrent une compréhension précieuse de leurs valeurs et de leur façon de penser. Cette expérience partagée peut renforcer les liens et offrir des occasions naturelles de s'orienter. Elle aide également les parents à dépasser les stéréotypes et les idées reçues sur l'engagement numérique. Tous les jeux ne sont pas violents, toutes les vidéos ne sont pas stupides et toutes les interactions en ligne ne sont pas superficielles. Le monde numérique, comme le monde réel, est riche en nuances.

Les éducateurs et les professionnels de la santé mentale adoptent de plus en plus ce cadre plus nuancé. Nombre d'entre eux privilégient désormais la culture numérique, la résilience et l'intentionnalité, plutôt que les restrictions générales. Il s'agit notamment d'apprendre aux enfants à évaluer le contenu, à gérer leurs émotions en ligne et à reconnaître les effets de l'utilisation des écrans sur leur humeur, leur sommeil ou leurs relations. Il ne s'agit pas d'apprentissages ponctuels, mais de compétences continues, cultivées par une exposition répétée et un dialogue ouvert. Lorsque les adultes adoptent eux-mêmes une utilisation réfléchie et consciente des technologies – en s'arrêtant pour observer leurs propres habitudes, en reconnaissant lorsqu'ils passent trop de temps sur un appareil et en montrant comment ils s'adaptent – ils démontrent que ces compétences s'inscrivent dans un processus permanent.

La discussion doit également s'étendre au-delà de ce que les écrans privent et à ce qu'ils peuvent apporter. La technologie peut être un puissant allié pour l'apprentissage, la créativité, l'accessibilité et même la justice sociale. Elle peut offrir des plateformes pour les voix marginalisées , des outils pour les enfants présentant des difficultés d'apprentissage et des pistes d'exploration inimaginables il y a une génération. Se concentrer exclusivement sur la restriction revient à passer à côté de ces possibilités. Nous devons plutôt cultiver le discernement : la capacité à choisir judicieusement, à savoir quand s'engager et quand prendre du recul, et à comprendre la différence entre stimulation et enrichissement.

Il y aura bien sûr des moments où l'utilisation des écrans devra être limitée. Si un enfant est chroniquement fatigué, évite ses responsabilités ou montre des signes d'irritabilité ou d'isolement liés à son utilisation des écrans, des limites sont nécessaires. Mais même dans ce cas, l'objectif doit être de comprendre les besoins sous-jacents auxquels l'écran répond. L'enfant s'ennuie-t-il ? Se sent-il seul ? Anxieux ? Indifférent ? S'attaquer à ces causes profondes sera bien plus efficace que de simplement retirer l'appareil.

En fin de compte, l'enjeu n'est pas une question de contrôle, mais de connexion – connexion à soi-même, aux autres et aux valeurs qui sous-tendent nos choix. Lorsque les parents passent d'une approche fondée sur la peur à une approche fondée sur les valeurs, ils créent un espace propice à l'épanouissement, à la confiance et au respect mutuel. Les enfants ne sont pas des récepteurs passifs de la technologie ; ce sont des participants actifs qui, avec les bons outils et le soutien nécessaire, peuvent apprendre à l'utiliser avec sagesse et intégrité.

Repenser la question du temps passé devant les écrans ne signifie pas abandonner les limites. C'est plutôt une invitation à en créer des éclairées, flexibles et ancrées dans l'essentiel. En nous concentrant sur le contenu, le contexte et la conversation, nous allons au-delà du chronomètre et acquérons une compréhension plus pertinente de la façon dont les enfants vivent, apprennent et s'épanouissent dans un monde numérique.

Temps d'écran passif vs. actif

Le temps passé devant un écran ne se valent pas tous. Dans le discours actuel sur les enfants et la technologie, on a tendance à considérer l'utilisation des écrans comme une activité homogène, à quantifier, à chronométrer et à limiter. Cependant, cette perspective néglige l'une des distinctions les plus importantes dans la manière dont les écrans sont réellement utilisés : la différence entre engagement passif et engagement actif. Comprendre cette distinction n'est pas seulement théorique : elle est cruciale pour les parents, les éducateurs et les soignants qui cherchent à promouvoir de saines habitudes numériques à une époque où les écrans sont intégrés à presque tous les aspects de la vie quotidienne.

Le temps d'écran passif désigne les activités qui nécessitent un effort cognitif, une interaction ou un investissement émotionnel minimal. Il s'agit notamment d'activités telles que regarder des vidéos en lecture automatique, parcourir sans cesse les réseaux sociaux ou parcourir des plateformes de vidéos courtes. Ces comportements sont en grande partie de nature consommatrice. L'utilisateur est un récepteur plutôt qu'un participant, absorbant le contenu sans être obligé de réagir, de réfléchir ou de créer. Si ces activités peuvent offrir une distraction ou une détente temporaire, elles laissent souvent l'individu démotivé ou fatigué, surtout lorsqu'elles sont consommées avec excès.

En revanche, le temps d'écran actif implique un engagement ciblé. Il comprend des activités où l'utilisateur est amené à réfléchir, créer, résoudre des problèmes ou interagir de manière significative avec les autres. Par exemple, coder, concevoir des œuvres d'art numérique, monter un projet vidéo, faire des recherches sur un sujet scolaire, participer à un jeu éducatif ou participer à une discussion en ligne approfondie. Ces activités stimulent souvent l'esprit critique, nourrissent la créativité et favorisent le développement des compétences. Plutôt que de se laisser aller, l'utilisateur est mentalement présent et stimulé intellectuellement.

Cette distinction est particulièrement pertinente pour les enfants et les adolescents, dont le cerveau est encore en développement et qui sont très sensibles au contenu et au contexte des expériences numériques. Le temps d'écran passif, surtout lorsqu'il est prolongé ou non modéré, a été associé à une diminution de la capacité d'attention, à des troubles du sommeil et à une augmentation des sentiments d'ennui ou d'anxiété. Ces effets ne résultent pas simplement de l'exposition aux écrans, mais de la manière dont le contenu est consommé. Un enfant qui regarde des vidéos YouTube pendant des heures sans objectif précis se livre à une activité fondamentalement différente de celle d'un enfant qui utilise une plateforme numérique pour apprendre des techniques d'animation ou résoudre des énigmes mathématiques.

Des exemples concrets illustrent clairement ce contraste. Prenons l'exemple d'un enfant de dix ans qui passe une heure à parcourir des vidéos au hasard sur son appareil mobile, passant d'un clip à l'autre sans parvenir à mémoriser ni à suivre le fil des thèmes. À la fin de la séance, l'enfant peut avoir du mal à se souvenir de ce qu'il a regardé, se sentir surstimulé mais insatisfait, et montrer des signes d'irritabilité lorsqu'on lui demande d'arrêter. Comparez maintenant ce phénomène avec celui d'un autre enfant qui passe la même heure à construire une maquette virtuelle de ville durable à l'aide d'un outil de simulation pédagogique. Cet enfant met activement en pratique ses connaissances en géographie, en infrastructures et en sciences de l'environnement, tout en exerçant sa créativité et sa capacité à prendre des décisions. L'écran est le même, mais l'expérience est totalement différente.

Cela ne signifie pas que tout temps d'écran passif est intrinsèquement négatif ou devrait être éliminé. Tout comme les adultes aiment regarder une série télévisée ou naviguer sur les réseaux sociaux pour se détendre, les enfants méritent eux aussi des moments de détente et des divertissements légers. Le problème survient lorsque l'utilisation passive domine les habitudes numériques d'un enfant, au détriment d' expériences plus enrichissantes. Une dépendance excessive à la consommation passive peut entraîner une baisse de motivation pour les activités hors ligne, un repli sur soi ou une incapacité à se concentrer sur des tâches qui nécessitent une attention soutenue.

De plus, la consommation passive est souvent conçue pour créer une dépendance. Les algorithmes des réseaux sociaux et des plateformes vidéo sont conçus pour diffuser un flux incessant de contenus captivants, chargés d'émotions ou inédits, exploitant le système de récompense du cerveau et encourageant une utilisation prolongée. Chez les enfants qui n'ont pas encore développé de solides capacités d'autorégulation, ces plateformes peuvent facilement contourner les signaux internes d'ennui, de fatigue ou de surstimulation. Il en résulte non seulement une perte de temps, mais aussi une déconnexion des états intérieurs et des responsabilités extérieures.

C'est ici que le rôle de l'intentionnalité devient central. Aider les enfants à différencier le temps d'écran passif du temps d'écran actif est la première étape vers des habitudes numériques plus saines. Les conversations peuvent être axées non pas sur la question de savoir si l'utilisation des écrans est « bonne » ou « mauvaise », mais sur ce qu'ils ressentent, ce qu'ils en retirent et comment elle s'inscrit dans leurs objectifs et centres d'intérêt plus larges. Une simple question comme : « Qu'as-tu créé, appris ou partagé aujourd'hui sur ton appareil ? » invite à la réflexion et favorise la prise de conscience.

Les parents peuvent également illustrer cette distinction en démontrant leur propre engagement envers les écrans de manière ciblée. Par exemple, montrer à un enfant comment rechercher une recette, concevoir une présentation ou utiliser une carte numérique implique l'utilisation d'écrans, mais dans un contexte constructif, intentionnel et relationnel. Lorsque les enfants voient les adultes utiliser la technologie comme un outil de création et de communication, plutôt que comme une échappatoire passive, ils sont plus susceptibles d' intérioriser ces valeurs.

Le secteur de l'éducation offre un autre domaine où l'utilisation active des écrans peut être intégrée de manière significative. Des plateformes d'apprentissage numérique bien conçues favorisent l'autonomie des élèves, s'adaptent aux styles d'apprentissage individuels et fournissent un retour immédiat favorisant la métacognition. Cependant, toutes les applications éducatives ne se valent pas. Certaines se contentent de numériser des fiches d'exercices et de renforcer l'apprentissage par cœur, tandis que d'autres incitent les élèves à explorer et à résoudre des problèmes de manière significative. L'essentiel est d'évaluer si l'outil favorise l'interaction, la créativité et l'esprit critique. Un enfant qui utilise une application de mathématiques lui permettant de construire et de manipuler des problèmes s'implique différemment d'un enfant qui regarde passivement des tutoriels vidéo sans appliquer les concepts.

Cette distinction est également évidente dans le monde du jeu vidéo. Si les jeux vidéo sont souvent critiqués pour encourager un temps d'écran excessif, de nombreux jeux impliquent en réalité un engagement très actif. Les jeux de stratégie font appel à la planification, à la mémoire et au raisonnement logique. Les jeux bac à sable comme Minecraft encouragent la construction, la narration et le raisonnement spatial. Joués de manière consciente et modérée, ces jeux peuvent offrir une plateforme de collaboration, de créativité et même d'apprentissage scolaire. La question n'est pas de savoir si un enfant joue à des jeux, mais à quels jeux, à quelle fréquence et avec quel degré de réflexion.

Les familles peuvent favoriser une participation plus active en créant un environnement numérique équilibré qui encourage la curiosité, l'exploration et la créativité. Cela implique de consacrer du temps à des projets numériques collaboratifs, comme le montage d'une vidéo familiale, la création d'un blog ou d'œuvres d'art numériques. Il s'agit également de définir des attentes claires mais flexibles concernant l'utilisation des écrans, en se concentrant non seulement sur les limites de temps, mais aussi sur la nature et l'objectif de chaque séance.

Il est également important de reconnaître que le temps passé devant un écran n'est pas toujours perçu comme sérieux ou académique. Un enfant qui expérimente avec des outils d'animation ou compose un morceau numérique peut sembler « juste jouer », pourtant ces expériences sont riches en potentiel cognitif et créatif. Le défi pour les adultes est de regarder au-delà des apparences et de s'interroger plus profondément sur ce qui se passe cognitivement et émotionnellement pendant l'utilisation d'un écran. L'enfant construit-il quelque chose de nouveau ? Résout-il un problème ? Explore-t-il un centre d'intérêt ? Réfléchit-il aux commentaires ? Ce sont les signes d'un engagement significatif.

À l'inverse, les signes d'un temps d'écran déséquilibré ou trop passif peuvent inclure de l'agitation, de l'irritabilité après utilisation, une réticence à se désengager ou une baisse d'intérêt pour les activités hors ligne. Dans ce cas, l'objectif n'est pas de supprimer complètement les écrans, mais de recalibrer leur utilisation. Remplacer ou compléter les activités passives par des activités plus interactives peut progressivement modifier les habitudes et restaurer un sentiment d'autonomie.

Il est également essentiel de garder à l'esprit que les enfants diffèrent par leurs intérêts, leur tempérament et leur stade de développement. Ce qui constitue un engagement actif pour un enfant peut ne pas convenir à un autre. Certains s'épanouiront dans des jeux visuellement riches et dynamiques, tandis que d'autres privilégieront des tâches de conception méthodiques ou des recherches textuelles. La tâche du parent ou de l'éducateur n'est pas de prescrire une forme d'engagement « correcte », mais d'aider les enfants à découvrir les types d'activités numériques qui les aident à se sentir concentrés, stimulés et épanouis.

En fin de compte, la question n'est pas de savoir si les enfants devraient utiliser les écrans, mais comment ils peuvent les utiliser de manière à enrichir leur vie plutôt qu'à la dégrader. En dépassant les limites temporelles et en se concentrant plutôt sur la qualité et l'intentionnalité de l'utilisation des écrans, nous permettons aux enfants de construire une relation réfléchie, équilibrée et significative avec la technologie. Cela ne nécessite pas une surveillance parfaite ni un contrôle total ; cela exige présence, dialogue et volonté de considérer les écrans non pas comme des ennemis, mais comme des outils dont la valeur dépend entièrement de la manière dont ils sont utilisés.

Co-visionnage et co-jeu : interagir avec les enfants dans l'espace numérique

La vie numérique des enfants d'aujourd'hui n'est plus marginale dans leur éducation : elle en est au cœur. Des plateformes de jeux et contenus vidéo aux applications éducatives et aux réseaux sociaux, les jeunes sont immergés dans un monde d'écrans riche en stimulations, interactions et influences. Face à l'évolution de ce paysage, le défi pour les parents n'est plus seulement de superviser ou de limiter le temps d'écran de leur enfant, mais d' y *participer* de manière significative. Le visionnage et le jeu en commun, où les parents participent activement aux expériences numériques de leur enfant, offrent une alternative efficace à la surveillance ou à la distanciation. Plutôt que de rester en marge de l'univers numérique de l'enfant, ces pratiques invitent les parents à y entrer, créant des opportunités de connexion, d'accompagnement et de compréhension mutuelle.

Historiquement, le co-visionnage était associé à la télévision : les parents s'asseyaient avec leurs enfants pour regarder un film ou leur programme préféré. programme , peut-être pour discuter de thèmes ou rire de blagues partagées. L'ère numérique élargit considérablement ce concept. Aujourd'hui, le co-visionnage peut consister à regarder ensemble des vidéos YouTube, à explorer un documentaire éducatif ou même à participer à des tutoriels en direct. Le co-play, quant à lui, consiste pour les parents à rejoindre leurs enfants dans des activités numériques interactives, qu'il s'agisse de relever les défis d'un jeu de plateforme, de construire des structures virtuelles dans un environnement bac à sable ou d'accomplir des quêtes dans une aventure narrative. Ces interactions sont bien plus que des loisirs : ce sont des points de contact relationnels qui contribuent à combler les fossés générationnels et à développer la culture numérique au sein de la famille.

Pour de nombreux parents, l'idée d'entrer dans le monde numérique de leur enfant peut être intimidante. Le rythme des changements est inexorable, et des plateformes hier inconnues sont aujourd'hui au cœur de la vie sociale d'un enfant. Mais cette incertitude ne doit pas décourager la participation. En fait, c'est précisément cette complexité qui rend la collaboration si précieuse. Lorsque les parents prennent le temps de demander : « À quel jeu joues-tu ? » ou « Qu'est-ce que tu aimes dans cette vidéo ? », ils manifestent leur intérêt et leur respect pour les expériences de leur enfant. Cette curiosité pose les bases d'un dialogue ouvert et d'une confiance mutuelle, deux ingrédients essentiels à un développement numérique sain.

L'un des avantages les plus immédiats du visionnage et du jeu en commun est l'occasion de développer l'esprit critique et le discernement numérique. Les enfants, surtout les plus jeunes, développent encore leur capacité à évaluer le contenu, à distinguer la fiction de la réalité et à interpréter les messages diffusés par les médias. Un parent qui regarde à côté peut poser des questions instructives : « Que pensez-vous que ce personnage ressentait ? », « Cette vidéo vous semble-t-elle réaliste ? » ou « Qu'auriez-vous fait différemment dans cette situation ? » Ces conversations, bien qu'informelles, cultivent la pensée analytique et la littératie émotionnelle. Elles apprennent aux enfants que le contenu des écrans ne doit pas être absorbé passivement, mais interprété activement.

La participation permet également aux parents de contextualiser le contenu numérique au sein des valeurs familiales. Par exemple, un parent peut regarder une série de vidéos TikTok avec son adolescent et en profiter pour discuter de l'image corporelle, de l'influence des pairs ou du consumérisme. Ou encore, une famille peut jouer à un jeu en ligne et l'utiliser pour explorer les thèmes de la coopération, de l'équité et de la persévérance. Il ne s'agit pas de cours magistraux, mais d'expériences partagées qui donnent vie aux valeurs. Plutôt que de diaboliser les écrans ou de tenter de protéger les enfants de tous les risques en ligne, le co-engagement permet aux parents de les guider avec nuance et empathie.

Un autre avantage clé du jeu en commun est sa capacité à faire passer la dynamique de l'autorité à celle de l'alliance. Les enfants et les adolescents sont souvent plus réceptifs aux conseils lorsqu'ils se sentent compris. Lorsqu'un parent joue à un jeu avec son enfant, il comprend non seulement les mécanismes et l'attrait de ce jeu, mais il démontre également sa volonté de le rencontrer selon ses propres conditions. Le parent devient alors non pas un exécuteur distant des règles, mais un partenaire de confiance. Ce changement est particulièrement précieux à l'adolescence, lorsque les jeunes recherchent l'autonomie mais ont encore besoin d'être accompagnés pour naviguer dans des espaces numériques complexes.

Prenons l'exemple d'un père qui rejoint régulièrement sa fille dans un jeu populaire en monde ouvert. Au début, il est sceptique quant au temps qu'elle passe en ligne, mais en jouant ensemble, il commence à percevoir la réflexion stratégique, la collaboration et la créativité qu'implique cette activité. Leur activité partagée devient un tremplin pour la conversation, non seulement sur le jeu, mais aussi sur l'amitié, l'étiquette en ligne et la gestion du temps d'écran. Cette expérience favorise la compréhension mutuelle. La fille se sent écoutée et soutenue, tandis que le père apprend à mieux guider sans aliéner.

Le visionnage et le jeu en commun créent également des opportunités de mentorat numérique. Dans un monde où les enfants sont exposés à un volume impressionnant de messages médiatiques, ils ont besoin de modèles adultes pour les aider à s'y retrouver. En s'engageant ensemble, les parents peuvent montrer comment marquer une pause et réfléchir avant de cliquer, comment gérer les conflits en ligne ou comment équilibrer divertissement et contenu éducatif. Il ne s'agit pas de leçons abstraites, mais de pratiques vécues, enseignées non pas par des cours magistraux, mais par l'exemple. Un parent qui dit : « Faisons une pause et allons un peu dehors » est un modèle d'autorégulation. Un parent qui réfléchit à voix haute à sa distraction après avoir regardé trop de courtes vidéos est un modèle de conscience de soi numérique.

Bien sûr, les avantages de la co-implication vont au-delà de l'enseignement et du mentorat : ils renforcent également les liens affectifs. Les expériences numériques partagées peuvent être profondément enrichissantes, surtout lorsqu'elles correspondent aux centres d'intérêt de l'enfant. Un parent qui célèbre la réussite virtuelle de son enfant, qui rit devant une vidéo partagée ou qui apprend une nouvelle compétence de jeu de son enfant crée un sentiment de connexion qui transcende l'écran. Ces interactions confirment l'importance du monde de l'enfant et l'importance pour le parent d'en faire partie.

Des considérations pratiques peuvent aider les familles à intégrer le visionnage et le jeu en commun à leurs routines. Prévoir des moments numériques réguliers ensemble, comme une soirée jeux en famille ou une séance de visionnage vidéo partagée, peut rendre ces pratiques durables. La flexibilité est essentielle ; chaque moment ne doit pas nécessairement être une occasion d'apprentissage. Parfois, la simple présence suffit. L'objectif n'est pas de contrôler l'expérience, mais d'y participer de manière à favoriser la confiance, l'apprentissage et le plaisir mutuel.

Il est également important de reconnaître que tous les parents ne se sentent pas naturellement à l'aise dans les espaces numériques, surtout si leurs habitudes d'utilisation des écrans diffèrent grandement de celles de leurs enfants. Pourtant, l'engagement ne nécessite pas de compétences techniques. Il exige présence, curiosité et volonté d'apprendre. Les parents qui admettent : « Je ne sais pas comment ça marche, peux-tu me montrer ? » invitent leurs enfants à jouer un rôle pédagogique, renversant ainsi les hiérarchies traditionnelles et renforçant leur confiance en eux. Ce renversement des rôles peut être particulièrement enrichissant pour les enfants, qui se sentent souvent plus compétents dans les environnements numériques que leurs parents.

Le visionnage et le jeu en commun jouent également un rôle protecteur. Lorsque les parents connaissent les contenus consommés par leurs enfants, ils sont mieux placés pour reconnaître les signaux d'alarme, qu'il s'agisse d'une exposition à des contenus inappropriés, de signes de cyberharcèlement ou de schémas d'utilisation compulsifs émergents. Plus important encore, les enfants habitués à discuter ouvertement de leur vie numérique sont plus susceptibles d'en parler à leurs parents en cas de problème. La confiance, une fois établie, agit comme un rempart contre l'isolement et le secret qui peuvent caractériser une utilisation numérique problématique.

Les écoles et les organismes communautaires peuvent renforcer ces principes en proposant des ateliers d'éducation numérique incluant des activités parents-enfants, en recommandant du contenu de qualité à visionner ensemble ou en encourageant les projets numériques en famille. Les enseignants peuvent inviter les parents à collaborer sur des travaux technologiques scolaires, comblant ainsi le fossé entre les expériences numériques à la maison et en classe. Lorsque les familles et l'école travaillent ensemble, les enfants reçoivent des messages cohérents sur un engagement technologique réfléchi et équilibré.

Le discours culturel global doit également évoluer. Trop souvent, l'interaction parentale avec les écrans est présentée comme une forme de permissivité ou de contrôle. Elle est rarement présentée comme une stratégie de développement relationnel ou une opportunité de développement. Pourtant, les faits sont clairs : lorsque les parents intègrent le monde numérique avec leurs enfants

– non pas comme des gardiens, mais comme des guides –, ils favorisent la résilience numérique, le lien affectif et la conscience éthique. Ces résultats comptent bien plus que le nombre d'heures passées devant un écran.

En fin de compte, le visionnage et le jeu en commun sont une question de présence : être présent, non seulement physiquement, mais aussi émotionnellement et intellectuellement. Il s'agit d'écouter, d'apprendre et de rire ensemble. Il s'agit de reconnaître que le monde numérique n'est pas une intrusion dans l'enfance, mais une caractéristique de celle-ci, et que la parentalité dans une société saturée d'écrans exige un engagement, et non une éviction. Grâce à ces expériences partagées, les écrans deviennent non seulement des sources de distraction ou de conflit, mais des fenêtres sur l'esprit et le cœur de nos enfants. Et de ce point de vue, la parentalité devient non pas une bataille pour le temps d'écran, mais un partenariat dans la vie numérique.

La règle 80/20 pour la consommation numérique

Alors que le numérique s'intègre de plus en plus à tous les aspects de la vie des enfants, de l'apprentissage et des interactions sociales aux loisirs et à la créativité, parents et éducateurs sont confrontés au défi complexe d'aider les jeunes à développer une relation saine avec les écrans. Le modèle traditionnel, qui impose des limites de temps strictes, s'est souvent révélé inadéquat, ne tenant pas compte de la qualité et de l'objectif des activités sur écran. Une approche plus souple, axée sur les valeurs, apparaît comme une alternative convaincante, inspirée d'un principe bien connu de l'économie comportementale et de la théorie de la productivité : la règle des 80/20.

Appliquée à la consommation numérique, la règle 80/20 propose un cadre général selon lequel environ 80 % du temps d'écran d'un enfant est consacré à des activités éducatives, créatives ou enrichissantes, tandis que les 20 % restants sont réservés au divertissement et aux loisirs passifs. Cet équilibre n'est pas une formule rigide, mais une philosophie directrice, qui déplace l'attention du chronomètre vers un engagement intentionnel et significatif avec la technologie.

Ce qui rend ce modèle particulièrement efficace, c'est son adaptabilité. Les enfants diffèrent par leur âge, leur tempérament, leurs centres d'intérêt et leur stade de développement, et les activités numériques qui stimulent la croissance de l'un peuvent en ennuyer ou en frustrer un autre. La règle 80/20 respecte ces différences en autorisant la variation et la négociation. Elle ne diabolise pas le divertissement et ne valorise pas l'éducation au point de la rendre dénuée de joie. Au contraire, elle affirme que le plaisir et le jeu ont toute leur place dans la vie numérique, à condition qu'ils soient équilibrés par des opportunités d'apprentissage, d'expression et de développement cognitif.

Pour appliquer ce cadre de manière pertinente, il est nécessaire de définir ce qui constitue une utilisation éducative ou créative des écrans. L'utilisation éducative comprend non seulement les plateformes d'apprentissage formelles (applications mathématiques , outils d'apprentissage des langues ou recherches pour les devoirs), mais aussi les contenus qui stimulent la curiosité, l'esprit critique ou le développement de compétences pratiques. Un enfant qui regarde un documentaire scientifique, expérimente la peinture numérique ou construit des structures dans un jeu de simulation basé sur la physique interagit avec les écrans d'une manière qui stimule la pensée de haut niveau et élargit sa compréhension du monde.

L'utilisation créative, bien que souvent liée à l'éducation, met l'accent sur l'expression personnelle et l'innovation. Cela peut prendre la forme de composition musicale avec des outils numériques, de conception de niveaux dans un moteur de jeu ou de collaboration avec des pairs sur un projet de narration numérique. Ces activités cultivent l'autonomie, la patience et l'imagination – des compétences non seulement précieuses à l'école, mais essentielles pour évoluer dans un monde de plus en plus façonné par la technologie et l'innovation.

Le divertissement, qui occupe les 20 % restants de ce modèle, englobe les jeux, les vidéos et autres médias consommés principalement pour la détente ou le plaisir. Il est important de noter que cette catégorie n'est pas dénuée de mérite. Les médias passifs, utilisés avec modération, peuvent aider les enfants à se détendre, à gérer leur stress et à se connecter aux récits culturels qui font partie intégrante de leur socialisation avec leurs pairs . La règle 80/20 met en garde contre le divertissement en soi, mais contre sa prédominance : lorsque le temps passé devant un écran est consacré à une consommation passive ou répétitive, les possibilités de développement, d'exploration et d'engagement profond sont réduites.

Des exemples concrets illustrent comment ce cadre peut être appliqué au sein des familles. Prenons l'exemple d'un enfant de douze ans qui passe une heure après l'école à monter un court métrage à l'aide d'un logiciel de vidéo numérique. Il scénarise l'intrigue, ajuste les pistes audio et apprend les techniques de montage de base. Cette activité est exigeante sur le plan cognitif, requiert une concentration soutenue et produit un résultat créatif concret. Une fois son projet terminé, il passe quinze minutes à regarder une vidéo humoristique sur sa plateforme préférée – une transition en douceur entre l'effort et la facilité. Dans cet exemple, l'équilibre est clairement orienté vers l'enrichissement, avec une petite part réservée au divertissement.

Comparez cela à un enfant qui passe deux heures à naviguer sur les réseaux sociaux, à regarder des flux de jeux vidéo et à cliquer d'une courte vidéo à l'autre. Ce temps peut passer vite, mais les effets se traduisent généralement par une attention fragmentée, un engourdissement émotionnel et une baisse de motivation pour les activités hors ligne. La différence ne réside pas seulement dans le contenu, mais aussi dans l'engagement cognitif. La règle 80/20 offre un prisme permettant aux parents et aux enfants d'évaluer leurs habitudes numériques et d'apporter des ajustements qui favorisent leur bien-être à long terme.

L'intérêt de ce modèle réside dans sa personnalisation . Il peut être ajusté en fonction de l'âge et du contexte. Pour les plus jeunes, la structure peut impliquer une planification plus explicite et un accompagnement parental. Pour les adolescents plus âgés, elle peut évoluer vers un objectif autorégulé, soutenu par des conversations réflexives et une responsabilisation mutuelle. Les parents peuvent demander : « Comment te sens-tu après avoir utilisé cette application ? » ou « Qu'as-tu appris ou créé aujourd'hui grâce à ton temps d'écran ? » Ces questions déplacent la conversation du contrôle vers la conscience, encourageant les enfants à évaluer l'impact de leurs propres habitudes.

La règle 80/20 peut également être visualisée pour aider les enfants à la comprendre et à l'appliquer. Certaines familles utilisent des journaux multimédias ou des agendas numériques, permettant aux enfants de suivre leur utilisation des écrans et de déterminer dans quelle mesure elle est en adéquation avec leurs objectifs personnels et éducatifs. Cette approche renforce l'idée que le temps passé devant un écran n'est pas intrinsèquement négatif, mais plutôt un outil à utiliser à bon escient. Lorsque les enfants reconnaissent que leur jeu ou émission préféré s'inscrit dans un contexte numérique plus large, ils sont plus susceptibles d'accepter les limites sans résistance ni culpabilité.

Les enseignants peuvent eux aussi tirer profit de ce cadre. En intégrant des technologies engageantes et utiles en classe – exercices de codage, sorties virtuelles ou projets de recherche collaborative – les écoles peuvent démontrer l'intérêt d'un apprentissage numérique actif. Lorsque les enfants comprennent que les écrans ne sont pas seulement un moyen d'évasion, mais aussi un moyen d'exploration, ils développent des identités numériques plus sophistiquées. Les enseignants peuvent également partager ce cadre avec les familles lors des réunions scolaires ou par le biais de bulletins d'information, instaurant ainsi une cohérence entre les approches familiales et scolaires en matière d'utilisation des écrans.

Les professionnels de la santé mentale préconisent de plus en plus un engagement numérique équilibré, d'autant plus qu'ils constatent une augmentation des cas de fatigue numérique et de dysrégulation émotionnelle liés à une utilisation passive excessive des médias. La règle 80/20 s'inscrit dans cette recherche et promeut un mode de vie où les écrans sont utilisés comme un enrichissement plutôt qu'un épuisement. Elle reconnaît que les contenus stimulant la dopamine – courtes vidéos, flux algorithmiques ou jeux à récompense instantanée – ont leur place, mais ne devraient pas constituer le mode d'engagement par défaut. Encourager les enfants à construire, à s'interroger et à réfléchir par le biais du numérique favorise la résilience, la concentration et un lien plus profond avec leurs centres d'intérêt.

Il est important de noter que le ratio 80/20 n'est pas une exigence stricte, mais une ligne directrice. Certains jours peuvent être davantage axés sur le divertissement, notamment pendant les vacances ou après une semaine difficile. D'autres peuvent être très structurés et axés sur l'apprentissage, notamment lorsque les échéances approchent ou que les projets suscitent un engagement profond. Ce qui compte, c'est la tendance générale. De même que nous n'évaluons pas la nutrition en fonction d'un seul repas, mais d'habitudes alimentaires plus larges, nous devons également évaluer le temps passé devant un écran en termes d'impact cumulatif.

Il est également utile d'appliquer ce cadre aux adultes, notamment dans le contexte familial. Les enfants apprennent non seulement de ce que nous leur disons, mais aussi de ce que nous leur imitons. Un parent qui utilise ses propres appareils principalement pour naviguer sur Internet ou jouer, mais qui insiste pour que son enfant n'utilise les écrans que pour ses devoirs, envoie un message contradictoire. En partageant des expériences numériques, en cocréant du contenu et en discutant d'articles ou de documentaires en ligne, les adultes peuvent incarner l'équilibre qu'ils souhaitent instaurer . Cette approche partagée favorise l'empathie, réduit l'hypocrisie et renforce les relations intergénérationnelles.

La règle 80/20 pour la consommation numérique offre une alternative efficace aux modèles restrictifs ou punitifs de gestion des écrans. Elle remplace le conflit par la collaboration et la culpabilité par l'intentionnalité. En se concentrant sur les effets des écrans *plutôt* que sur leur durée d'utilisation, ce cadre favorise une approche plus riche et plus humaine de la parentalité numérique, qui honore à la fois la promesse éducative et l'attrait récréatif de la technologie.

Plus qu'un ratio, c'est une philosophie : les écrans ne doivent pas être craints ni abusés, mais utilisés avec discernement. Lorsque les enfants apprennent à équilibrer divertissement et exploration, à alterner consommation et création, ils développent non seulement de meilleures habitudes numériques, mais aussi une personnalité plus forte et plus réfléchie. La règle 80/20 permet aux familles de créer des cultures numériques ancrées dans la curiosité, la connexion et l'engagement réfléchi, préparant les enfants non seulement à utiliser la technologie, mais aussi à s'y épanouir.

Conseils pratiques pour définir des limites saines en matière d'écran

Dans un monde saturé de technologies, fixer des limites saines face aux écrans est l'une des responsabilités les plus pressantes, mais aussi les plus nuancées, des parents modernes. Il ne suffit plus d'imposer des règles temporelles ou de retirer les appareils pour les discipliner. Le monde numérique n'est pas un domaine à part entière : il est intégré à tous les aspects de la vie des enfants, de l'apprentissage aux amitiés, en passant par le divertissement et la créativité. Par conséquent, les limites doivent évoluer, passant de restrictions générales à des stratégies réfléchies et adaptées au stade de développement, au tempérament et au contexte familial de l'enfant.

Pour établir des limites efficaces, il faut commencer par reconnaître que tous les enfants n'interagissent pas de la même manière avec les écrans. Certains sont naturellement autorégulateurs et peuvent facilement passer des appareils aux tâches hors ligne sans protester. D'autres souffrent d'une utilisation compulsive, d'une réactivité émotionnelle en cas de déconnexion ou de difficultés à revenir à des activités non numériques. Comprendre la relation unique d'un enfant avec la technologie permet d'établir des limites qui favorisent, et non freinent, son développement.

Pour les plus jeunes enfants, la structure et la cohérence sont particulièrement importantes. À cet âge, les routines offrent un sentiment de sécurité et de prévisibilité. Plutôt que de se concentrer sur des quotas de temps quotidiens, les familles peuvent intégrer l'utilisation des écrans à un rythme complémentaire aux autres activités essentielles. Par exemple, les écrans peuvent être autorisés après les jeux en plein air ou les lectures partagées, mais pas avant l'école ni à l'approche du coucher. Ces rythmes facilitent l'acceptation des limites par les enfants, car ils s'inscrivent dans une routine plus large, plutôt que comme des interruptions arbitraires.

Les jeunes enfants bénéficient également de signaux physiques qui les aident à gérer les transitions. Un minuteur visuel, par exemple, peut aider un enfant de cinq ans à comprendre quand le temps passé devant un écran touche à sa fin. Dire « Encore cinq minutes, et ensuite, il sera temps de faire la vaisselle pour le dîner » leur donne le temps de s'adapter et réduit les risques de conflit. Il est essentiel que les limites soient cohérentes, mais pas inflexibles. Si un enfant est profondément absorbé par une application créative ou approche de la fin d'un jeu narratif, le laisser terminer peut renforcer la valeur de l'engagement et de la concentration.

À mesure que les enfants grandissent, les limites doivent évoluer. Les préadolescents recherchent souvent plus d'autonomie et peuvent commencer à négocier, voire à remettre en question, les règles. Plutôt que de renforcer le contrôle, c'est le moment idéal pour les impliquer dans la définition des limites. Leur demander ce qu'ils considèrent comme un temps d'écran raisonnable, les activités qu'ils souhaitent privilégier et comment ils peuvent s'assurer que la vie numérique n'interfère pas avec leurs responsabilités encourage l'appropriation et la responsabilisation. Lorsque les enfants participent à l'élaboration des règles, ils sont plus susceptibles de les respecter.

Des exemples concrets illustrent l'efficacité de cette approche participative. Une famille, constatant que son fils de dix ans avait du mal à s'endormir après des sessions de jeu tardives, a pris le temps de discuter avec lui de sa routine du soir. Ensemble, ils ont convenu d'une période de détente, avec extinction des écrans une heure avant le coucher. Le garçon, impliqué dans la décision, s'est plié plus volontiers que lorsque ses parents lui avaient imposé des restrictions auparavant. Il a également appris à reconnaître l'impact de l'utilisation des écrans sur son corps et son humeur, une étape essentielle pour développer l'autorégulation.

Les adolescents présentent des défis différents. Leur vie numérique est souvent étroitement liée à la dynamique sociale, aux obligations scolaires et à la construction identitaire naissante. Pour eux, les limites doivent être négociées avec respect et encadrées par des valeurs plutôt que par de simples règles. Les discussions peuvent porter sur la façon dont l'utilisation des écrans favorise – ou entrave – leurs objectifs, qu'il s'agisse d'entretenir des amitiés, de maîtriser leurs devoirs ou d'améliorer leur sommeil et leur lucidité. Les parents peuvent poser des questions instructives : « Que ressentez-vous après avoir utilisé cette application ? » ou « À quoi aimeriez-vous consacrer plus de temps si vous aviez moins de distractions numériques ? »

Il est également utile pour les familles de définir des zones et des horaires sans écran applicables à tous, et pas seulement aux enfants. Des espaces communs comme la table à manger, les chambres ou la voiture peuvent être délimités pour encourager la présence, la conversation et le repos. Ces engagements partagés évitent aux enfants de se sentir isolés et renforcent l'idée que l'équilibre entre écrans et écrans est une compétence qui dure toute la vie, et non une simple règle d'enfance. Lorsque les enfants voient les adultes ranger leur téléphone pendant les repas ou privilégier les livres aux appareils électroniques au coucher, ils sont plus susceptibles d' intérioriser ces comportements .

Pour les enfants présentant des sensibilités particulières, comme ceux atteints de TDAH, de troubles du spectre autistique ou d'anxiété, les limites peuvent nécessiter plus de précision et de soutien. Certains peuvent devenir hyperconcentrés sur le contenu numérique et avoir du mal à s'en détacher. D'autres peuvent utiliser les écrans pour se calmer, rendant les transitions loin des appareils particulièrement difficiles. Dans ces cas, un programme sur mesure comprenant des pauses sensorielles, des transitions progressives et des horaires visuels peut être utile. Les parents pourraient dire : « Après cette vidéo, on fera des étirements ensemble, puis tu pourras choisir ta prochaine activité », permettant ainsi un atterrissage en douceur plutôt qu'un arrêt brutal.

Quel que soit l'âge, la définition des limites doit être ancrée dans la communication et l'empathie. Si un enfant réagit avec colère ou défiance lorsqu'on lui demande d'éteindre un appareil, il est important d'explorer les raisons de cette réaction. Est-il occupé à quelque chose d'important ? Utilise-t-il l'écran pour échapper à un facteur de stress ? Est-il fatigué, affamé ou dépassé ? Aborder le contexte émotionnel, plutôt que le simple comportement , conduit à des résultats plus constructifs et préserve la relation parent-enfant.

Certaines familles trouvent leur bonheur en utilisant des accords numériques : des contrats écrits ou verbaux définissant les attentes en matière d'utilisation des écrans. Ces accords peuvent inclure des limites de temps quotidiennes, des directives sur le contenu et des sanctions en cas de surutilisation, mais aussi des récompenses pour des habitudes équilibrées et la reconnaissance des efforts. Loin d'être punitifs, ces accords sont des outils collaboratifs qui favorisent la clarté et l'équité. Ils fournissent également un cadre pour réviser les règles en fonction de l'évolution des besoins, que ce soit en raison des vacances scolaires, des périodes d'examens ou de l'évolution des centres d'intérêt.

La technologie elle-même peut aider à fixer des limites. De nombreux appareils et applications intègrent désormais un contrôle parental permettant de limiter l'utilisation, les durées d'accès et les types de contenu. Si ces outils ne doivent jamais remplacer les conversations, ils peuvent servir de support utile. Par exemple, un parent peut programmer un appareil pour qu'il se verrouille automatiquement à l'heure du coucher, signalant ainsi la fin de l'utilisation de l'écran pour la journée. Associés à un dialogue ouvert, ces outils peuvent réduire les conflits en transférant la responsabilité de l'application des règles des parents à la plateforme.

Au cœur d'une gestion efficace des écrans se trouve le principe d'équilibre. Les enfants, comme les adultes, ont besoin de temps pour se reposer, bouger, imaginer, se connecter socialement et se sentir seuls. Les écrans peuvent favoriser ou entraver ces besoins selon leur utilisation. Plutôt que de viser la perfection, les familles peuvent s'efforcer d'adopter des habitudes qui reflètent leurs valeurs et favorisent leur bien-être général. Certains jours peuvent être plus intenses devant les écrans, notamment par mauvais temps ou après une maladie. D'autres peuvent être plus actifs, sociaux ou créatifs. Ce qui compte, c'est le rythme général, et non les écarts occasionnels.

Il est également important de rappeler que les limites imposées par les écrans ne se limitent pas à la gestion des risques : elles permettent également de développer les capacités. Lorsque les enfants apprennent à naviguer consciemment dans les outils numériques, à marquer une pause et à réfléchir avant de cliquer, et à équilibrer consommation et création, ils développent des compétences qui leur seront utiles toute leur vie. Les limites ne sont pas des murs ; ce sont des guides qui aident les enfants à évoluer dans le monde numérique avec conscience, autonomie et bienveillance.

En fin de compte, fixer des limites saines face aux écrans ne consiste pas à contrôler les enfants, mais à les soutenir. Il s'agit de créer un environnement où les écrans font partie intégrante de la vie, sans en être le centre . Il s'agit de reconnaître que l'engagement numérique peut être positif, voire puissant, lorsqu'il est ciblé et mesuré. Il s'agit également de bâtir une culture familiale où l'utilisation des écrans est en phase avec les valeurs, les rythmes et les relations qui comptent le plus. Lorsque les limites sont ancrées dans l'empathie, l'adaptabilité et le respect mutuel, elles deviennent non seulement des règles à suivre, mais aussi des compétences à transmettre, permettant aux enfants non seulement de maîtriser la technologie, mais aussi de s'y épanouir.

Chapitre 4 : Former des penseurs critiques dans un monde numérique

À une époque où l'information afflue sans cesse, la nécessité de former des esprits critiques n'a jamais été aussi pressante. Ce n'est plus un luxe, c'est une nécessité. Le monde numérique, malgré ses promesses éducatives infinies, pose des défis auxquels les générations précédentes n'étaient tout simplement pas confrontées. Les enfants d'aujourd'hui grandissent avec un accès sans précédent à la connaissance mondiale, à des récits contradictoires et à des visions du monde contradictoires. Cet accès peut être passionnant, voire stimulant, mais seulement si les jeunes esprits sont dotés des outils pour le décortiquer. Le discernement n'est pas inné. Il doit être enseigné, nourri et pratiqué .

Le véritable travail ne consiste donc pas seulement à protéger les enfants des recoins les plus sombres d'Internet, mais à leur donner les compétences nécessaires pour explorer, analyser et, en fin de compte, décider par eux-mêmes. Ce qui suit examine de plus près comment les adultes – parents, enseignants, mentors – peuvent aider les enfants à développer leur culture numérique et leur scepticisme médiatique . Il ne s'agit pas seulement de compétences pour survivre en ligne ; elles façonnent la façon dont les jeunes pensent, appréhendent le monde et s'y expriment.

La surabondance d'informations qui assaille un enfant dès qu'il prend un appareil en main peut être vertigineuse. En quelques minutes, il peut tomber sur un « fait » scientifique douteux, un mème clivant , l'approbation d'un influenceur ou une étrange théorie du complot. Dépourvus des outils nécessaires pour évaluer de manière critique ce qui lui est présenté, ils deviennent des proies faciles, non seulement pour la désinformation, mais aussi pour l'influence subtile de la répétition et de la suggestion émotionnelle. Apprendre aux enfants à marquer une pause et à interroger ce qu'ils voient est la première défense efficace . C'est aussi le passage d'une réception passive à une interaction active avec le contenu numérique.

Il est important de noter que cultiver le scepticisme médiatique ne signifie pas engendrer des cyniques. Il ne s'agit pas de rejeter d'emblée les faits, mais de développer le réflexe de questionner et de vérifier. Lorsqu'un enfant tombe sur une vidéo chargée d'émotion ou une affirmation débordante d'assurance en ligne, nous voulons qu'il s'arrête et se demande : Qui a produit cela ? Que cherche-t-il à transmettre ? Qu'est-ce qui le soutient ? Quels autres angles d'attaque pourraient exister ? Ces petites questions habituelles sont les fondements de la pensée critique. Et une fois ancrées, elles peuvent transformer toute la posture numérique d'un enfant, de réactive à réflexive.

Prenons un scénario familier : un adolescent tombe sur une vidéo soigneusement montée mettant en garde contre un ingrédient soi-disant « dangereux » présent dans les aliments courants. Les images sont dramatiques et le ton pressant. Plutôt que de la diffuser par inquiétude, un spectateur plus critique pourrait se demander qui l'a publiée, quelles pourraient être ses motivations et si des sources fiables corroborent cette affirmation. Ce type d'approche cognitive n'est pas le fruit du hasard. Il faut la montrer, l'encourager et la revisiter, encore et encore.

Détecter la désinformation, comme nous le savons, est un élément essentiel de cette équation. Internet regorge de titres déformés, d'images trompeuses et de vidéos soigneusement conçues qui attisent nos peurs au lieu de faire appel à notre raison. Les enfants doivent apprendre à voir au-delà de ce qui est superficiel. Des outils comme la recherche d'images inversée, les plateformes de vérification des faits et les extensions de navigateur qui signalent les contenus douteux peuvent être introduits progressivement. Mais ces outils sont tout simplement inutiles sans l'état d'esprit nécessaire pour les utiliser correctement. Les enfants doivent comprendre pourquoi les fausses nouvelles se propagent – comment elles exploitent les déclencheurs émotionnels et les préjugés existants – et comment repérer quand ils sont poussés à bout ou trop loin.

Ici, les adultes disposent d'un outil pédagogique particulièrement puissant : leurs propres habitudes. Raconter son processus de pensée en temps réel – « C'est une affirmation assez audacieuse ; je me demande s'il y a des données derrière. Voyons cela ensemble » –

offre aux enfants un aperçu du fonctionnement de la pensée. Cela transforme le scepticisme , d'une fonction privée et interne, en une pratique partagée. Cela montre que poser des questions n'est ni impoli ni agressif : c'est comme ça que commence la compréhension.

Une autre dimension, souvent négligée mais pourtant cruciale, est le rôle des algorithmes dans l'expérience numérique des enfants. Le contenu qu'ils voient est tout sauf neutre. Les algorithmes leur fournissent du contenu basé sur les clics, partages, recherches et défilements précédents. Le résultat ? Une boucle de rétroaction qui renforce les préférences existantes, créant une sorte de rétrécissement invisible de la perspective. Ce qui commence comme un clic curieux peut se transformer en une caisse de résonance où seules certaines opinions sont renvoyées, encore et encore.

Ce rétrécissement a des conséquences. Lorsqu'un enfant est confronté de manière répétée au même type de message – qu'il soit politique, culturel ou personnel –, il est moins enclin à en remettre la validité et plus enclin à l'accepter comme relevant du bon sens. C'est là qu'intervient la littératie algorithmique. Les enfants doivent comprendre que ce qu'ils voient est organisé et non exhaustif. Leur apprendre le fonctionnement de ces mécanismes invisibles – ce qu'ils amplifient, ce qu'ils occultent – introduit une conscience médiatique que peu d'adultes ont eux-mêmes reçue.

Inutile de faire la morale pour faire passer le message. Si un enfant remarque un afflux de vidéos de cuisine après en avoir regardé quelques-unes, c'est le début : « C'est intéressant que l'application vous en montre davantage. Pourquoi, à votre avis ? Et quels types de vidéos pourrait-elle omettre ? » Ce genre de conversations ne se contente pas de sensibiliser les enfants : elles les incitent à réfléchir comme des enquêteurs dans leur propre univers médiatique.

Bien sûr, l'engagement numérique ne doit pas se réduire à la seule vigilance. La véritable opportunité réside dans le passage de la simple consommation à la création significative. Au lieu de naviguer sans but ou de regarder passivement, on peut encourager les enfants à créer quelque chose. Un site web sur la vie marine, un podcast sur leur série de livres préférée , ou même une participation active et respectueuse à une communauté en ligne sont autant de formes d'engagement actif. Elles inculquent aux enfants un sentiment d'autonomie et d'auteur numérique, bien différent du rôle habituel de spectateur.

Le lien entre l'exploration en ligne et l'action hors ligne est particulièrement puissant. Imaginons qu'un enfant soit fasciné par le changement climatique après avoir regardé quelques documentaires. Au lieu de s'arrêter là, il pourrait concevoir une infographie pour le tableau d'affichage de son école ou lancer une campagne pour réduire l'utilisation du plastique à la maison. Soudain, le numérique n'est plus seulement une source d'information, mais un tremplin pour un impact concret.

Et qu'est-ce qui alimente tout cela ? La curiosité. Cette impulsion incessante à vouloir mieux comprendre, à se demander pourquoi, à se lancer dans de nouvelles questions. C'est le cœur de la pensée critique – et pourtant, curieusement, une grande partie de la conception numérique actuelle l'étouffe. Les algorithmes récompensent ce qui est familier. La gratification instantanée décourage les recherches plus approfondies. Pour nourrir la curiosité, nous devons donner aux enfants la permission de s'attarder dans l'incertitude, de suivre des digressions, de s'interroger à voix haute.

Incarner cette curiosité est plus efficace que n'importe quel cours. Un parent pourrait dire : « J'ai lu quelque chose d'étrange aujourd'hui et j'y réfléchis encore », ou demander : « Qu'as-tu vu en ligne qui t'a fait réfléchir ? » Ces moments apparemment anodins montrent aux enfants que la vie numérique n'est pas une question de certitude, mais de découverte.

Mais tout cela repose sur une relation particulière entre l'adulte et l'enfant, fondée sur la confiance et un dialogue permanent, et non sur la surveillance. Les enfants sont plus enclins à réfléchir de manière critique lorsqu'ils sentent que leurs pensées sont les bienvenues, même lorsqu'elles sont confuses ou à moitié formulées. Cela exige de la patience de la part de l'adulte : écouter sans corriger immédiatement, résister à l'envie de « rectifier » trop vite sa pensée. C'est l'orientation, et non la gouvernance, qui donne le ton.

Les écoles ont elles aussi leur part de responsabilité. L'éducation aux médias ne doit pas être cantonnée à des cours spécifiques ; elle a sa place dans tout le programme scolaire. Analyser des publicités en anglais, déconstruire le discours politique en histoire, comparer la couverture médiatique en géographie : toutes ces activités apprennent aux élèves à réfléchir clairement et de manière éthique aux médias qu'ils consomment. Et lorsqu'ils sont invités à produire eux-mêmes des médias – qu'il s'agisse d'un court-métrage, d'un blog ou d'un podcast –, ils commencent à apprécier les principes d'exactitude, de clarté et de responsabilité de l'intérieur.

En fin de compte, former des esprits critiques dans un monde numérique ne consiste pas à enrober les enfants de papier bulle métaphorique ou à limiter leur exposition. Il s'agit de leur donner les outils intellectuels pour aborder la complexité avec confiance. De reconnaître que toutes les informations ne se valent pas. De comprendre que leurs croyances sont façonnées – parfois subtilement, parfois ouvertement – par les médias qu'ils consultent. Et de se sentir habilités non seulement à remettre en question, mais aussi à choisir et à contribuer avec intégrité.

En encourageant la curiosité, en enseignant le discernement et en instaurant un dialogue franc, nous n'aidons pas seulement les enfants à survivre en ligne. Nous les aidons à devenir des citoyens réfléchis et résilients. L'avenir sera inévitablement numérique, mais il appartiendra à ceux qui savent réfléchir en profondeur, questionner avec sagesse et agir avec conviction. Cet avenir commence par les questions que nous sommes prêts à poser aujourd'hui.

Apprendre aux enfants à remettre en question ce qu'ils voient en ligne

Dans un paysage numérique saturé d'images, de vidéos, de gros titres, d'opinions et de contenus persuasifs, aider les enfants à développer leur capacité à remettre en question ce qu'ils rencontrent en ligne n'est plus une option, c'est essentiel. Internet est devenu le principal moyen par lequel de nombreux jeunes accèdent à l'information, se forgent une opinion et interagissent avec le monde. Pourtant, cette ressource apparemment illimitée recèle un éventail de contenus allant du crédible et informatif au manipulateur et au mensonge flagrant. Apprendre aux enfants à naviguer sur ce terrain avec discernement ne se limite pas à leur apprendre la prudence. Il faut développer systématiquement la culture numérique et le scepticisme médiatique dès le plus jeune âge.

La culture numérique va bien au-delà de la simple maîtrise d'appareils ou d'applications. Elle englobe la capacité à trouver, évaluer et utiliser l'information numérique de manière critique et responsable. Au cœur de cette culture réside un état d'esprit curieux, qui ne prend pas le contenu numérique au pied de la lettre, mais s'interroge sur sa source, son intention et sa fiabilité. De même, le scepticisme médiatique ne repose pas sur la méfiance en soi, mais sur le développement d'une saine attitude de questionnement. Lorsque les enfants apprennent à se demander « Qui a fait ça ? », « Pourquoi ça a été fait ? » et « Que manque-t-il à cette image ? », ils commencent à reprendre le contrôle d'un environnement médiatique conçu pour orienter leur attention et leurs croyances.

Le défi réside dans le fait que le monde en ligne ne récompense pas naturellement le scepticisme . En réalité, de nombreuses plateformes sont conçues pour encourager la consommation rapide, les réactions émotionnelles et le partage automatique. Les algorithmes alimentent les utilisateurs avec du contenu qui correspond à leur comportement antérieur , créant une illusion de cohérence et de vérité. Les titres sont écrits pour provoquer, et non pour informer. Les vidéos se lancent automatiquement avant même que l'on ait le temps de réfléchir. Internet privilégie l'immédiateté, et non la délibération. Dans ce contexte, aider les enfants à ralentir et à poser des questions réfléchies devient un acte d'autonomisation.

L'une des méthodes les plus efficaces pour initier ces compétences est l'exposition guidée. Plutôt que de protéger les enfants des contenus douteux, les parents et les éducateurs peuvent utiliser des exemples concrets pour leur enseigner l'évaluation critique. Une publication virale contenant une affirmation douteuse sur la santé, une vidéo tendance avec des montages trompeurs ou un article d'actualité sensationnaliste sans sources citées peuvent tous être des moments propices à l'apprentissage. S'asseoir avec un enfant et examiner ensemble ce type de contenu – discuter de la manière de remonter à la source originale, d'évaluer la crédibilité de l'auteur et de repérer la manipulation émotionnelle – permet d'acquérir des compétences pratiques que l'enseignement abstrait ne peut égaler.

Par exemple, un parent pourrait tomber sur un titre publié sur les réseaux sociaux affirmant qu'une nouvelle étude a démontré que le chocolat améliore les résultats scolaires. Plutôt que d'accepter ou de rejeter immédiatement cette affirmation, il pourrait demander à son enfant de l'aider à enquêter : « Où cette étude est-elle publiée ? Qui l'a financée ? Le titre correspond-il aux résultats réels ? » Une telle conversation transforme une lecture passive en une mini-investigation, qui apprend à l'enfant à passer de l'impression superficielle à une recherche plus approfondie.

Il est également important d'initier les enfants à la notion de préjugés, non seulement chez les producteurs de médias, mais aussi chez eux-mêmes. Chaque spectateur apporte ses propres préjugés et réactions émotionnelles qui influencent son interprétation du contenu. Aider les enfants à reconnaître leurs propres préjugés est un aspect avancé mais important de la culture numérique. Cela peut commencer par des questions telles que : « Pourquoi pensez-vous être d'accord avec cette publication ? » ou « Comment une personne d'un autre milieu percevrait-elle cela ? » Ces questions favorisent l'empathie et l'esprit critique, et préparent les enfants à interagir de manière constructive dans des environnements informationnels diversifiés.

Le scepticisme médiatique implique également de comprendre les techniques de persuasion numérique. Les enfants doivent apprendre comment les visuels, la musique, le langage et le rythme sont utilisés pour créer des effets particuliers. Une vidéo chargée d'émotion, par exemple, peut utiliser des ralentis, de la musique et des montages sélectifs pour susciter l'indignation ou la pitié, indépendamment de l'exactitude des faits. Apprendre aux enfants à reconnaître ces techniques – non pas à être insensibles à l'émotion, mais à reconnaître quand elle est utilisée de manière stratégique – leur permet de mieux contrôler leurs réactions.

Les écoles ont un rôle important à jouer dans ce processus éducatif. Intégrer l'analyse des médias aux cours de littératie, d'histoire ou de sciences peut approfondir la compréhension de la construction de l'information par les élèves. Par exemple, comparer les reportages de différents médias sur un même événement permet aux élèves de comprendre comment le langage et le cadrage façonnent la perception du public. L'analyse des techniques publicitaires dans un cours d'études des médias peut révéler comment les produits sont vendus non pas par des arguments rationnels, mais par association, par peur de passer à côté ou par des images idéalisées . Ces exercices développent des capacités d'analyse qui dépassent largement le cadre scolaire.

Il est tout aussi important de créer un environnement familial qui valorise le questionnement. Lorsqu'on encourage les enfants à se demander pourquoi, à remettre en question les hypothèses avec respect et à exprimer leurs doutes sans crainte d'être rejetés, ils apprennent que l'incertitude n'est pas une faiblesse, mais un signe d'engagement réfléchi. Les parents qui adoptent eux-mêmes cette attitude – qui s'interrogent ouvertement, corrigent leurs erreurs et se montrent prêts à changer d'avis – montrent que la recherche de la vérité est un processus dynamique qui dure toute la vie.

Mais favoriser la culture numérique ne se limite pas à évaluer des contenus individuels. Il s'agit aussi de comprendre l'écosystème plus large dans lequel l'information circule. Il faut apprendre aux enfants comment l'information se propage en ligne, comment fonctionnent les algorithmes et comment la viralité est souvent fonction de l'émotion plutôt que de la vérité. Une histoire populaire n'est pas forcément fiable, et une publication partagée n'est pas synonyme de fait avéré. Lorsque les enfants comprennent les mécanismes qui se cachent derrière ce qui apparaît sur leurs écrans, ils sont mieux armés pour résister à la manipulation.

La dimension sociale de l'information numérique est également importante. Les enfants accèdent souvent à du contenu via leurs réseaux de pairs, où la dynamique de groupe peut influencer leurs croyances et leurs comportements . Si tous les membres d'un groupe d'amis partagent un même particulier ou suivent un influenceur, ils peuvent ressentir une pression pour se conformer ou accepter sans réserve. Apprendre aux enfants à distinguer popularité et fiabilité les aide à gérer ces pressions sociales avec plus d'assurance. Cela les prépare également à devenir des leaders numériques, des individus qui établissent des normes de réflexion et de responsabilité au sein de leurs communautés en ligne.

L'objectif n'est pas de former des cyniques numériques, mais des citoyens numériques curieux, perspicaces et engagés. Cela implique de trouver un équilibre entre scepticisme et ouverture d'esprit. Les enfants doivent être capables d'interroger une affirmation sans la rejeter par réflexe, de laisser place à la complexité plutôt que de se réfugier dans la certitude. Il s'agit de leur apprendre qu'il est acceptable de dire « je ne sais pas » et de se renseigner avant de se forger une opinion.

La technologie peut faciliter ce processus lorsqu'elle est utilisée de manière stratégique. De nombreuses plateformes éducatives proposent désormais des modules d'éducation aux médias, des exercices de vérification des faits et des simulations interactives qui exposent les mécanismes de la désinformation. Intégrés à un cadre plus large de discussion et de réflexion, ces outils peuvent renforcer les compétences et les attitudes nécessaires à un engagement numérique critique.

En fin de compte, apprendre aux enfants à remettre en question ce qu'ils voient en ligne, c'est les préparer à penser par eux-mêmes dans un monde qui essaie constamment de penser à leur place. Il s'agit de les préparer non seulement à survivre à l'ère numérique, mais aussi à y contribuer de manière significative, en posant de meilleures questions, en cherchant des réponses plus approfondies et en partageant l'information de manière responsable. Il ne s'agit pas d'une leçon ponctuelle, mais d'un dialogue continu, qui évolue avec la technologie et s'approfondit à mesure que les enfants grandissent.

Le rôle des adultes dans ce processus n'est pas d'avoir toutes les réponses, mais de servir de modèle à la recherche. Il s'agit d'accompagner les enfants dans leur apprentissage de la lecture, de l'évaluation du réel et de la vérité, tout en naviguant dans le bruit. Ce faisant, nous formons non seulement des natifs du numérique, mais aussi des penseurs numériques, capables d'aborder le monde avec intelligence et intégrité.

Détecter la désinformation et les fausses nouvelles

Dans un monde où l'information circule plus vite qu'elle ne peut être vérifiée, distinguer le vrai du faux est une compétence fondamentale pour tout individu maîtrisant le numérique. Pour les enfants qui grandissent dans cet environnement saturé de médias, le défi est particulièrement aigu. Ils ne sont pas de simples récepteurs passifs de contenu ; ils y participent activement : ils regardent, partagent, aiment et commentent, souvent avant même d'avoir eu le temps d'assimiler pleinement ce qu'ils voient. Les risques de désinformation sont loin d'être abstraits : les faussetés sur la santé, l'histoire, la science et l'actualité peuvent influencer les croyances, alimenter la peur ou les préjugés, et fausser la compréhension du monde réel. Apprendre aux enfants à repérer la désinformation n'est pas seulement une mesure de sécurité ; c'est un aspect essentiel pour les préparer à penser clairement, à agir de manière responsable et à participer de manière éthique à une société numérique.

Internet n'est pas conçu pour privilégier la vérité. Il est structuré pour privilégier l'engagement. Qu'il s'agisse d'une affirmation choquante, d'un mème viral ou d'un titre sensationnel, le contenu numérique réussit lorsqu'il capte l'attention et provoque une réaction. La désinformation prospère dans ce contexte, car elle exploite souvent les éléments mêmes qui motivent l'interaction en ligne : l'émotion, l'immédiateté et la possibilité de partage. Une fausse information sur la mort d'une célébrité, par exemple, peut se propager sur toutes les plateformes en quelques minutes, alimentée par l'inquiétude et la curiosité. Lorsqu'une correction est publiée, le mal est déjà fait : le mensonge s'est enraciné dans la conscience publique.

Les enfants sont particulièrement vulnérables à ce type de contenu, car ils sont encore en train de développer les outils cognitifs nécessaires à une évaluation critique. Leur compréhension de l'autorité, des preuves et de la plausibilité est en cours de formation. De plus, ils accèdent souvent à ce contenu via les réseaux sociaux, dont la source n'est pas un média ou un enseignant, mais un ami, un influenceur ou un flux d'actualités géré par des algorithmes. La familiarité du messager peut conférer une crédibilité excessive au message, même lorsque celui-ci est manifestement faux.

Aider les enfants à appréhender cette complexité commence par cultiver un scepticisme sain – non pas une méfiance absolue envers tout ce qu'ils voient, mais une habitude de questionnement. Lorsqu'un enfant découvre une affirmation extraordinaire en ligne, son instinct ne devrait pas être de la croire ou de la rejeter immédiatement, mais d'enquêter. L'encourager à se demander : « D'où vient cette information ? », « Que sais-je de la source ? » et « Est-ce que cela peut être vérifié par une autorité crédible ? » pose les bases du discernement.

Une technique pratique consiste à apprendre aux enfants à « lire latéralement ». Contrairement à la lecture traditionnelle, qui progresse de haut en bas, la lecture latérale implique d'ouvrir plusieurs onglets, de consulter d'autres sites web et de comparer les sources en temps réel. Face à une affirmation inconnue, les enfants peuvent apprendre à sortir de la page d'origine et à consulter les informations d'autres médias ou vérificateurs de faits réputés. Cette méthode, largement utilisée par les journalistes et les chercheurs en numérique, expose les enfants à un contexte plus large et les aide à déterminer si une affirmation est isolée ou largement acceptée.

Les outils de vérification des faits peuvent faciliter ce processus. Des sites web comme Snopes, Full Fact et PolitiFact gèrent de vastes bases de données d'histoires et d'affirmations démenties. Encourager les enfants à utiliser ces ressources, peut-être en en faisant une activité partagée, peut démystifier le processus de vérification. Par exemple, si un enfant voit une publication affirmant que boire de l'eau chaude guérit la COVID-19, une recherche rapide sur un site de vérification des faits peut révéler qu'il s'agit d'un mythe tenace et dénué de fondement scientifique. Suivre ce processus ensemble permet non seulement de corriger la désinformation, mais aussi de renforcer l'idée que la vérité est une quête active, et non une transmission passive.

Un autre outil puissant est le test CRAP, un cadre utilisé pour évaluer la fiabilité des sources en examinant leur actualité, leur fiabilité, leur autorité et leur finalité. Si cet acronyme peut amuser les plus jeunes, son application peut s'avérer très sérieuse. L'information est-elle à jour ? Les sources sont-elles citées et vérifiables ? Qui est l'auteur et quelles sont ses qualifications ? Quel est l'objectif du contenu : informer, divertir, persuader ou provoquer ? Apprendre aux enfants à appliquer ces questions les aide à dépasser les impressions superficielles et à approfondir leur évaluation.

La culture visuelle est tout aussi importante. La désinformation ne se limite pas au texte ; elle apparaît souvent dans des images, des mèmes ou des vidéos manipulés. Une photo retouchée numériquement peut paraître convaincante au premier abord, surtout lorsqu'elle est accompagnée de légendes émouvantes. Il faut encourager les enfants à s'interroger non seulement sur ce que montre une image, mais aussi sur sa *signification* . Qui a créé cette image ? A-t-elle été retouchée ? Correspond-elle à des faits connus ? Des outils comme la recherche d'images inversée peuvent aider à vérifier si une image est apparue dans d'autres contextes ou a été utilisée de manière trompeuse.

Les études de cas peuvent être particulièrement efficaces pour concrétiser ces concepts. Prenons par exemple le cas tristement célèbre d'une image truquée diffusée lors d'une catastrophe naturelle, montrant des requins nageant dans des rues inondées. De nombreux spectateurs l'ont acceptée comme réelle, car elle était dramatique et partagée par leurs pairs. Explorer de tels exemples avec les enfants – en leur montrant comment retracer l'image, examiner les métadonnées et identifier les incohérences – peut être à la fois instructif et stimulant. Cela les aide également à comprendre que tout ce qui devient viral n'est pas forcément fiable.

Les enfants ont également intérêt à comprendre la psychologie de la désinformation : pourquoi les gens la créent, pourquoi d'autres y croient et pourquoi elle se propage. La désinformation est souvent conçue pour susciter des émotions fortes – colère, peur, indignation ou admiration – car ces émotions augmentent la probabilité d'être partagée. Discuter de cette dynamique avec les enfants les aide à comprendre comment ils peuvent eux aussi être influencés. Se demander : « Que ressentez-vous face à cette publication et pourquoi ? » ouvre un espace de réflexion qui relie la conscience émotionnelle à la pensée critique.

Pour aider les enfants à repérer la désinformation, il faut aussi leur parler de l'écosystème numérique au sens large. Les algorithmes ne se contentent pas de diffuser du contenu de manière aléatoire ; ils organisent les flux en fonction des interactions précédentes. Si un enfant clique sur des vidéos complotistes, son flux risque de se contenter de proposer des contenus similaires, renforçant ainsi les perspectives biaisées. Enseigner aux enfants les biais algorithmiques – non pas comme une abstraction technique, mais comme une influence réelle sur ce qu'ils voient – les aide à contextualiser leur exposition à l'information et à rechercher la diversité des opinions.

Il est tout aussi important de discuter des conséquences de la désinformation. Les enfants ne se rendent pas toujours compte des répercussions du partage de fausses informations. Une rumeur sur un camarade de classe, une arnaque virale concernant un vaccin ou une publication trompeuse sur un événement mondial peuvent causer de réels dommages. Lorsque les enfants comprennent que leurs actions numériques ont des conséquences hors ligne, ils sont plus susceptibles de s'arrêter avant de partager. Envisager cela non pas comme une règle à respecter, mais comme une responsabilité envers les autres, stimule leur sens naissant de l'éthique et de la communauté.

Les parents peuvent renforcer ces leçons en adoptant eux-mêmes un comportement critique . Raconter à voix haute des processus de pensée – « Cela semble suspect. Je vais vérifier une autre source » ou « Ce titre est vraiment dramatique. Je me demande ce que dit l'article en entier » – montre aux enfants que l'évaluation critique fait partie intégrante de l'utilisation quotidienne des médias. Cela normalise également le doute comme une réponse saine et intelligente à une surabondance d'informations.

Les écoles peuvent également intégrer la sensibilisation à la désinformation dans toutes les matières. En sciences, les élèves peuvent évaluer la crédibilité des allégations de santé. En histoire, ils peuvent comparer les sources primaires et secondaires. En études des médias, ils peuvent analyser comment les récits sont façonnés par la perspective. Ces exercices développent une culture de la recherche qui transcende les disciplines et prépare les élèves à un engagement concret.

Ce qui sous-tend tous ces efforts, c'est le respect de l'intelligence de l'enfant. Plutôt que de le protéger de la désinformation ou de lui dicter ses convictions, nous faisons confiance à sa capacité à apprendre à évaluer. Cette confiance n'est pas naïve ; elle est stratégique. Elle reconnaît que les enfants, comme les adultes, sont capables de réflexion critique lorsqu'on leur donne les bons outils, les bons conseils et les occasions de s'exercer .

En fin de compte, apprendre aux enfants à repérer la désinformation ne se limite pas à les protéger des mensonges. Il s'agit de cultiver leur indépendance intellectuelle, leur conscience émotionnelle et leur responsabilité civique. Il s'agit de les aider à devenir non seulement des consommateurs avisés d'informations, mais aussi des acteurs réfléchis d'une réalité partagée. En grandissant, ils seront confrontés à des formes d'influence numérique de plus en plus complexes et subtiles. Les compétences qu'ils acquièrent dès maintenant – savoir questionner, vérifier et penser au-delà des gros titres – leur seront utiles non seulement en ligne, mais dans toutes les facettes de leur vie personnelle, scolaire et professionnelle. Et en mûrissant, ces jeunes penseurs contribueront à une culture où la vérité n'est ni présumée ni imposée, mais recherchée avec soin, rigueur et engagement pour le bien commun.

Comprendre les algorithmes et les chambres d'écho

L'une des forces les plus invisibles et pourtant les plus puissantes qui façonnent la compréhension du monde de nos enfants aujourd'hui est l'algorithme. Chaque fois qu'un enfant regarde une vidéo, clique sur une publication, recherche un sujet ou s'attarde sur une image, des algorithmes travaillent silencieusement : ils apprennent, prédisent et organisent ce qui apparaîtra ensuite sur son écran. Ces lignes de code ne sont pas de simples outils techniques ; elles sont les architectes de l'expérience numérique, sélectionnant le contenu visible et celui qui reste caché. Pour les enfants, qui apprennent encore à penser de manière critique et à développer leur propre point de vue, cette influence invisible peut influencer considérablement leur façon de se forger une opinion, de percevoir la vérité et d'interagir avec les autres.

Les algorithmes, à leur niveau le plus élémentaire, sont des ensembles d'instructions conçus pour résoudre des problèmes ou automatiser la prise de décision. Sur les plateformes de réseaux sociaux, les moteurs de recherche et les services de streaming, ils déterminent le contenu présenté à chaque utilisateur. Si l'objectif de la conception algorithmique est souvent anodin – améliorer l'expérience utilisateur, accroître la pertinence et maintenir l'engagement –, les conséquences de cette sélection sont considérables. Les enfants n'interagissent pas avec une vision neutre et exhaustive d'Internet. Ils interagissent plutôt avec un flux hautement personnalisé , façonné par leurs précédents clics, leurs abonnés, leurs contenus regardés et la durée de leur interaction avec certains types de contenus.

Cette personnalisation du contenu peut créer ce que l'on appelle une chambre d'écho : un environnement numérique où l'utilisateur est principalement confronté à des informations qui correspondent à ses croyances, centres d'intérêt ou préférences. Au fil du temps, cela renforce une vision du monde particulière et limite l'exposition à des perspectives alternatives. Chez les adultes, ces chambres d'écho peuvent consolider des opinions politiques, des préjugés culturels ou des positions idéologiques. Chez les enfants, les effets sont encore plus subtils et potentiellement formateurs. Un enfant qui regarde régulièrement des vidéos promouvant un style de vie, un discours social ou une opinion particulière peut finir par croire qu'il s'agit de la norme universelle, sans se rendre compte que son expérience numérique est façonnée en coulisses.

Comprendre le fonctionnement des algorithmes – et ce qu'ils ne font pas – est la première étape pour aider les enfants à interagir de manière plus réfléchie avec les contenus numériques. Les algorithmes ne sont ni intrinsèquement intelligents ni moraux. Ils ne font pas la distinction entre le vrai et le faux, la qualité et le clickbait, l'éducation et la manipulation. Ils sont conçus pour optimiser l'engagement, ce qui signifie qu'ils mettent en avant ce qui retient les utilisateurs sur une plateforme. Cela peut inclure des histoires inspirantes, mais aussi des titres sensationnels, du contenu chargé d'émotion ou des opinions controversées – tout ce qui suscite une réaction. Chez les enfants émotionnellement influençables, le résultat peut être une perception faussée de la réalité, alimentée par la répétition et l'intensité plutôt que par l'équilibre et la précision.

Prenons l'exemple d'un enfant de douze ans intéressé par le fitness. Il commence à regarder des vidéos d'entraînement, que l'algorithme de la plateforme interprète ensuite comme une préférence. Rapidement, son fil d'actualité est saturé non seulement de conseils fitness, mais aussi potentiellement de contenu promouvant des normes corporelles irréalistes, des régimes extrêmes ou des comparaisons toxiques, surtout si ces vidéos gagnent en popularité auprès d'utilisateurs appartenant à des groupes démographiques similaires. Ce qui était au départ un intérêt sain peut être subtilement déformé par un algorithme qui privilégie la popularité aux nuances. Sans sensibilisation ni accompagnement, l'enfant risque d'absorber des messages non seulement trompeurs, mais potentiellement néfastes pour son bien-être mental et physique.

De même, prenons le cas d'un adolescent qui explore des sujets politiques en ligne. Il recherche des informations sur un événement d'actualité et clique sur une vidéo qui s'inscrit dans une perspective idéologique. L'algorithme amplifie ensuite les contenus similaires et, avec le temps, l'adolescent est moins susceptible de rencontrer des opinions opposées. Cette répétition crée l'illusion d'un consensus : tout le monde que je vois est d'accord avec cela, donc cela doit être vrai. De plus, l'exposition à des contenus plus extrêmes se fait souvent progressivement, les algorithmes poussant les utilisateurs vers des contenus de plus en plus provocateurs afin de maintenir leur intérêt. Ce phénomène, parfois appelé « radicalisation par algorithme », n'est pas réservé aux sujets marginaux ; il peut également se produire dans le discours dominant, affectant la façon dont les jeunes appréhendent les réalités sociales, culturelles et politiques.

Aider les enfants à comprendre le rôle des algorithmes dans leur expérience en ligne est un acte d'autonomisation numérique. Plutôt que de considérer les algorithmes comme mystiques ou opaques, les adultes peuvent les expliquer de manière accessible et adaptée à leur âge. Une approche consiste à établir des analogies avec des expériences quotidiennes. Par exemple, tout comme un commerçant peut recommander des produits en fonction de vos derniers achats, une plateforme numérique recommande du contenu en fonction de vos interactions passées. La différence réside dans le fait que, dans l'espace numérique, ce « commerçant » suit chaque défilement, clic, pause et réaction, et utilise ces données pour prédire avec une précision croissante ce qui vous incitera à regarder.

Cette compréhension invite les enfants à réfléchir à leurs propres habitudes. Que voient-ils le plus souvent sur leur fil d'actualité ? Qu'en ressentent-ils ? Qu'ont-ils *récemment* vu et qui leur ont plu ou appris ? Encourager ce type de méta-conscience peut aider les enfants à sortir du flux de contenu et à examiner la structure qui le diffuse. Cela ne signifie pas qu'ils cesseront d'utiliser les plateformes numériques, mais qu'ils pourront commencer à les utiliser de manière plus consciente.

Cela souligne également l'importance de rechercher activement la diversité dans les expériences numériques. Les enfants doivent être encouragés à suivre des voix diverses, à explorer de nouvelles perspectives et à remettre en question l'homogénéité de leurs flux. Parents et éducateurs peuvent montrer l'exemple en partageant une variété d'articles, de vidéos et de points de vue, montrant ainsi comment aborder avec respect des idées différentes des siennes. Lorsque les enfants sont exposés à un large éventail de contenus, ils sont moins susceptibles de développer une pensée polarisée et plus à même d'apprécier la complexité des enjeux du monde réel.

Une autre stratégie pratique consiste à apprendre aux enfants à marquer une pause avant de partager du contenu, surtout s'il suscite une forte réaction émotionnelle. Les algorithmes sont conçus pour récompenser le contenu qui suscite un engagement rapide, mais la pensée critique exige une réflexion lente. Poser des questions telles que : « Cela provient-il d'une source fiable ? », « Pourrait-il y avoir une autre version de cette histoire ? » ou « Pourquoi quelqu'un voudrait-il me faire croire cela ? » permet de rompre avec l'impulsion automatique d'aimer, de partager ou de republier. Ces questions sont des outils simples mais puissants pour développer la résilience numérique.

Comprendre les algorithmes ouvre également la voie à d'importantes discussions sur l'autonomie et la capacité d'agir. Si un enfant réalise que son expérience en ligne est façonnée par des forces indépendantes de sa volonté, il peut d'abord se sentir impuissant. Mais en considérant cela comme une opportunité – « Maintenant que tu comprends comment cela fonctionne, tu peux faire de meilleurs choix » –, cette impuissance se transforme en appropriation. Les enfants peuvent apprendre à réinitialiser leurs algorithmes en consultant différents types de contenus, en effaçant leur historique de visionnage ou en utilisant des plateformes proposant des systèmes de recommandation plus transparents.

Les écoles peuvent renforcer cet apprentissage en intégrant la culture algorithmique aux programmes de citoyenneté numérique. Les cours peuvent inclure des environnements simulés montrant comment différents comportements d'utilisateurs produisent différents flux de contenu, ou des projets où les élèves analysent l'influence de leur historique de recherche sur leurs suggestions numériques. Ces activités concrétisent l'abstrait, aidant les élèves à comprendre la relation de cause à effet entre leurs actions et leur environnement en ligne.

Il est également essentiel d'aborder la dimension émotionnelle des chambres d'écho. L'attrait du contenu personnalisé réside en partie dans son côté valorisant. Lorsque les enfants voient des vidéos, des publications ou des articles qui correspondent à leurs valeurs, leurs goûts ou leur humour , cela crée un sentiment d'appartenance et de validation. Ce n'est pas intrinsèquement négatif, mais cela peut devenir problématique lorsqu'il les protège de l'inconfort ou des points de vue divergents. Apprendre aux enfants à tolérer, voire à accueillir, la dissonance cognitive – le sentiment de maintenir plusieurs idées en tension – les aide à grandir intellectuellement et émotionnellement. Cela les prépare également aux interactions réelles, rarement aussi bien organisées que leurs flux numériques.

En fin de compte, l'objectif n'est pas de transformer les enfants en sceptiques numériques se méfiant de chaque publication ou vidéo, mais de les aider à naviguer avec discernement dans un environnement médiatique complexe. Comprendre les algorithmes et les chambres d'écho leur donne la perspicacité nécessaire pour questionner, la confiance nécessaire pour explorer et la sagesse nécessaire pour reconnaître quand leurs perspectives se rétrécissent. Cela favorise un équilibre entre familiarité et nouveauté, affirmation et défi, intérêt personnel et responsabilité publique.

En tant qu'adultes, nous ne pouvons pas démanteler l'architecture algorithmique d'Internet du jour au lendemain, mais nous pouvons aider les enfants à y voir clair. Nous pouvons leur apprendre que ce qu'ils voient en ligne n'est pas une image complète, mais une sélection rigoureuse, adaptée à leurs comportements passés . Nous pouvons leur montrer comment rompre ce cycle en faisant des choix réfléchis, en recherchant la différence et en réfléchissant de manière critique à ce qu'ils consomment. Ce faisant, nous les préparons non seulement à survivre dans un monde numérique, mais aussi à le façonner – clic, question et conversation réfléchis à la fois.

Encourager un engagement numérique significatif

Dans un monde de plus en plus marqué par l'interaction numérique, la façon dont les enfants interagissent avec la technologie façonne non seulement leur apprentissage, mais aussi leur façon de penser, de communiquer et d'interagir avec le monde qui les entoure. Alors que les écrans s'intègrent à presque tous les aspects de la vie moderne, la distinction entre consommation passive et apprentissage actif devient cruciale. Il ne suffit plus de gérer le temps passé devant les écrans par de simples limites. Ce qui compte vraiment, c'est la façon dont ils utilisent ce temps : qu'ils parcourent passivement des flux infinis de contenus sélectionnés par des algorithmes ou qu'ils utilisent activement la technologie de manière à stimuler la curiosité, la créativité et l'esprit critique.

La consommation numérique passive implique généralement une interaction répétitive et non structurée avec des médias conçus pour capter l'attention plutôt que pour inspirer la réflexion. Cela inclut des activités telles que le visionnage insensé de compilations vidéo, la navigation incessante sur les réseaux sociaux ou le passage d'une distraction à une autre sans but précis. Si ces activités peuvent offrir des moments de loisir et de détente mentale, elles ne parviennent souvent pas à offrir l'engagement profond nécessaire au développement intellectuel ou à l'épanouissement personnel. À terme, une utilisation passive excessive peut même altérer la capacité d'attention, réduire la motivation et diminuer la capacité de concentration soutenue – une tendance préoccupante, en particulier pendant les années formatrices du développement cognitif et émotionnel.

En revanche, un engagement numérique significatif se caractérise par l'intentionnalité, l'interaction et la réflexion. Il transforme les écrans, sources de distraction, en outils de découverte. Les enfants qui utilisent la technologie pour créer, explorer, collaborer ou résoudre des problèmes ne se contentent pas d'utiliser des outils numériques : ils s'y impliquent activement, développant des compétences et des connaissances qui vont bien au-delà de l'écran lui-même. Qu'il s'agisse de composer de la musique avec un synthétiseur numérique , de construire un monde virtuel dans un jeu de type « bac à sable » ou de participer à un cours en ligne sur l'exploration spatiale, l'accent est mis sur l'action, et non sur le simple fait de regarder.

La clé pour favoriser ce type d'engagement réside dans un changement de mentalité et d'environnement. Il faut amener les enfants à considérer la technologie non seulement comme un divertissement, mais aussi comme une plateforme d'apprentissage et d'expression personnelle. Il ne s'agit pas de priver les écrans de tout plaisir ou de toute spontanéité. Il s'agit plutôt d'élargir leur répertoire numérique pour y inclure des contenus et des activités qui encouragent la réflexion, éveillent la curiosité et développent les compétences.

Une stratégie efficace consiste à intégrer les outils numériques à ses centres d'intérêt personnels. Un enfant fasciné par les animaux pourrait utiliser une tablette pour filmer et monter un documentaire sur la faune locale. Un autre, attiré par la narration, pourrait explorer la fiction interactive ou concevoir un jeu d'aventures. Lorsque la technologie s'accorde avec la motivation intrinsèque, elle devient un vecteur d'engagement plus profond. L'enfant ne se contente pas d'utiliser un appareil : il l'oriente vers un objectif, s'investit dans un processus et réfléchit à un résultat. Cette capacité d'action est cruciale. Elle cultive un sentiment d'appartenance que la consommation passive ne peut tout simplement pas procurer.

Des exemples concrets illustrent la puissance de cette approche. Prenons l'exemple d'une enfant de neuf ans qui se plonge dans une plateforme en ligne pour apprendre à coder. D'abord attirée par la perspective de créer des animations simples, elle commence à expérimenter avec des scripts de plus en plus complexes, à rechercher des tutoriels et, finalement, à créer un quiz interactif pour ses camarades. Ce qui a commencé comme un temps d'écran évolue vers un projet interdisciplinaire impliquant logique, design, littératie et feedback entre pairs. Il est important de noter que l'écran n'est pas une fin en soi : c'est le support par lequel l'apprentissage, la connexion et la créativité se développent.

Les parents et les éducateurs jouent un rôle essentiel pour faciliter ces changements. Les conversations sur l'utilisation du numérique doivent être axées non seulement sur les limites, mais aussi sur les objectifs. Demander aux enfants ce qu'ils font en ligne, ce qu'ils ont appris ou ce dont ils sont fiers crée un climat d'intérêt et de responsabilisation. Cela montre que leurs activités numériques sont importantes et qu'un engagement réfléchi est attendu et valorisé. Au lieu d'imposer des règles imposées, les adultes peuvent collaborer avec les enfants pour définir des objectifs, évaluer les résultats et ajuster leurs habitudes si nécessaire. Cette approche co-constructive favorise l'autonomie tout en garantissant un soutien.

Une autre intervention utile consiste à cultiver la curiosité numérique par l'exemple. Lorsque les adultes utilisent la technologie pour faire des recherches, construire un projet ou explorer une nouvelle compétence, et ce, ouvertement, ils démontrent que les écrans sont des outils d'apprentissage tout au long de la vie. Un parent qui expérimente une application d'apprentissage des langues, un enseignant qui utilise un outil de cartographie pour concevoir une sortie scolaire virtuelle ou un accompagnateur qui crée un album photo numérique avec un enfant sont autant de modèles de ce à quoi peut ressembler une utilisation active et enrichissante des écrans. Ces exemples sont à la fois une source d'inspiration et une source d'inspiration pour les enfants, qui peuvent ainsi utiliser la technologie de manière tout aussi constructive.

Les écoles ont également un rôle essentiel à jouer pour promouvoir un engagement numérique significatif. Les établissements scolaires devraient aller au-delà de la simple numérisation des manuels scolaires ou de la ludification des fiches d'exercices. Ils devraient plutôt exploiter la capacité de la technologie à personnaliser l'apprentissage, à favoriser la recherche et à connecter les élèves à des publics authentiques. Par exemple, les élèves pourraient utiliser les plateformes numériques pour collaborer sur un projet de recherche sur le climat avec leurs pairs d'un autre pays, alliant ainsi science, communication et sensibilisation culturelle au sein d'une même initiative. L'accent n'est pas mis sur l'écran comme une nouveauté, mais comme un pont vers des applications concrètes.

Il est essentiel de veiller à ce que l'engagement numérique ne soit pas trop structuré ni dirigé par des adultes. Les enfants ont besoin d'espace pour expérimenter, prendre des risques créatifs et poursuivre leurs propres questions. Un environnement numérique sain favorise à la fois l'apprentissage guidé et l'exploration libre. Par exemple, un enfant peut commencer par une tâche – comme apprendre à créer une vidéo image par image – puis se lancer dans la composition de ses propres effets sonores, l'écriture de scénarios ou l'exploration de techniques d'animation. Ce type d'engagement émergent favorise un investissement plus profond et un lien plus durable avec l'apprentissage.

Équilibrer les interactions structurées et non structurées favorise également le développement de l'autorégulation. Les enfants qui ont la possibilité de poursuivre leurs intérêts dans des limites réfléchies apprennent à gérer leur temps, à évaluer leurs progrès et à réfléchir à leurs choix. Cette capacité constitue une protection bien plus efficace contre la surutilisation du numérique que la simple contrainte extérieure. Lorsque les enfants sont habilités à se fixer leurs propres objectifs et à mesurer leur réussite, ils sont plus susceptibles d'utiliser la technologie avec intention plutôt qu'avec habitude.

Bien sûr, favoriser un engagement numérique significatif nécessite également l'accès à des ressources de qualité. Toutes les applications, jeux et plateformes ne se valent pas. Les adultes doivent faire preuve de discernement et rechercher des contenus adaptés à l'âge, stimulants et conçus avec intégrité pédagogique. Les ressources qui invitent à l'exploration libre, favorisent la maîtrise par le biais de commentaires et encouragent la collaboration sont généralement plus bénéfiques que celles qui reposent sur des récompenses extrinsèques ou des tâches répétitives. Évaluer les outils numériques à travers ce qu'ils demandent à l'enfant, *et* non seulement ce qu'ils lui proposent, peut aider à filtrer les expériences superficielles.

Il est également important de prêter attention à la dimension émotionnelle de l'engagement numérique. Une utilisation judicieuse ne se limite pas toujours à un usage scolaire. Elle peut inclure des activités qui apportent de la joie, favorisent les liens ou procurent du réconfort. Un enfant qui appelle un ami en vidéo pour co-créer une œuvre d'art numérique, ou qui utilise une application de méditation pour pratiquer la pleine conscience, utilise la technologie de manière à favoriser son bien-être émotionnel. Ces expériences sont importantes. Elles nous rappellent que l'apprentissage numérique ne se limite pas aux connaissances et aux compétences : il englobe également les relations, l'identité et la résilience.

Encourager les enfants à réfléchir à leurs habitudes numériques est un autre aspect clé de ce travail. Lorsqu'on les invite à évaluer ce que leur procure le temps passé devant un écran – énergisés ou épuisés, connectés ou isolés –, ils commencent à développer une conscience métacognitive. Tenir un simple journal de bord, discuter des hauts et des bas numériques au dîner ou se fixer des intentions hebdomadaires d'utilisation numérique sont des pratiques simples mais efficaces. Elles transforment le temps passé devant un écran, non plus comme une simple occurrence, mais comme une activité activement façonnée.

À mesure que le paysage numérique évolue, nos attentes doivent évoluer. L'objectif n'est pas d'éliminer les écrans ni de craindre leur présence, mais de veiller à ce que leur utilisation enrichisse la vie des enfants plutôt que de la dégrader. Cela exige un changement de perspective : passer de la gestion de la technologie à l'encadrement de son utilisation ; de l'imposition du contrôle à la stimulation de la curiosité. Il s'agit de reconnaître qu'un engagement significatif n'est pas un luxe, mais une nécessité pour l'épanouissement numérique.

En fin de compte, lorsque nous aidons les enfants à passer d'une consommation passive à un apprentissage actif, nous faisons plus que simplement augmenter leur temps d'écran. Nous renforçons leur sens de l'action, approfondissons leur capacité de concentration et de réflexion, et leur donnons les outils pour naviguer dans un monde complexe avec intelligence et attention. Les écrans ne sont ni des héros ni des méchants. Ils sont des miroirs, des amplificateurs et des passerelles. Et lorsqu'ils sont utilisés à bon escient, ils deviennent des instruments de croissance, non seulement pour ce que les enfants apprennent, mais aussi pour ce qu'ils deviennent.

Le rôle de la curiosité dans la sensibilisation numérique

À une époque où la technologie imprègne presque toutes les dimensions de la vie d'un enfant – de l'apprentissage et du jeu à la communication et à l'expression personnelle –, la manière dont les adultes abordent, discutent et modélisent l'engagement numérique a des conséquences durables. Une grande partie du discours dominant sur les enfants et les écrans est façonnée par la peur : peur de l'addiction, de la désinformation, des prédateurs en ligne et de la perte d'innocence. Si ces inquiétudes ne sont pas infondées, une surévaluation du danger peut paradoxalement rendre les enfants plus vulnérables, et non moins vulnérables. Lorsque le discours sur la technologie est principalement axé sur l'anxiété, les enfants peuvent se réfugier dans le secret, éprouver de la honte face à leurs intérêts numériques ou se désintéresser des occasions d'explorer le monde numérique de manière critique et réfléchie. Ce dont ils ont besoin, c'est d'une curiosité fondamentale, qui encourage les questions, invite à l'exploration et considère la conscience numérique comme un processus partagé et évolutif plutôt que comme un ensemble d'avertissements fixes.

La curiosité est le terreau de la pensée critique. Elle incite les enfants à s'interroger sur le fonctionnement des choses, sur les comportements en ligne, sur ce qui se cache derrière les gros titres et sur ce qu'ils peuvent créer plutôt que de simplement consommer. Elle constitue également un puissant antidote à la naïveté et au cynisme. Un enfant curieux est moins enclin à accepter le contenu numérique au pied de la lettre et plus enclin à l'examiner, le comparer et le méditer. Parallèlement, la curiosité tempère la tendance à rejeter catégoriquement la technologie, reconnaissant que les outils numériques, comme tous les outils, peuvent être façonnés à des fins différentes. Ainsi, la curiosité ne se contente pas de favoriser la compétence numérique ; elle nourrit une attitude confiante et ouverte d'esprit face à un monde en constante évolution.

Les parents ont un rôle essentiel à jouer pour cultiver cette disposition. Leurs réponses aux questions, habitudes et erreurs numériques déterminent souvent si un enfant se sentira en sécurité pour explorer et s'informer, ou s'il sera contraint de se cacher et de se désengager. Lorsqu'un enfant partage un contenu vu en ligne, la réaction de l'adulte peut soit ouvrir la voie au dialogue, soit le bloquer. Une réponse fondée sur la curiosité — « C'est intéressant. Qu'est-ce qui t'a poussé à cliquer sur ça ? » — signale à l'enfant que sa vie numérique n'est ni interdite ni honteuse, mais un sujet de discussion légitime. Elle l'invite à réfléchir plus profondément à ses choix, tout en affirmant que le parent est un partenaire sûr et intéressé dans cette exploration.

Cela contraste fortement avec les approches ancrées dans la peur ou le contrôle, qui engendrent souvent une attitude défensive ou le secret. Si un enfant est confronté à un jugement immédiat ou à la panique lorsqu'il révèle une expérience numérique – surtout si elle a été déroutante, bouleversante ou qu'elle a mis à l'épreuve ses limites – il est moins susceptible de soulever des problèmes similaires à l'avenir. Avec le temps, cela érode la confiance et entrave la capacité de l'enfant à apprendre de ses expériences. La curiosité, en revanche, crée une culture de la réflexion. Elle illustre l'idée que les erreurs sont des occasions d'apprentissage et que les questions, même les plus gênantes, sont bienvenues.

Des exemples concrets illustrent la puissance de cette approche. Un parent remarque que son enfant de onze ans regarde une série de vidéos conspirationnistes sur une plateforme de partage de vidéos. Sa réaction de peur pourrait être d'interdire le visionnage, de supprimer l'accès à la plateforme ou de qualifier le contenu de dangereux et ridicule. La réponse curieuse, cependant, commence par une question : « Qu'est-ce que tu trouves intéressant dans ces vidéos ? » Le parent peut ensuite examiner les affirmations avancées, la manière dont le présentateur tente de renforcer sa crédibilité et les preuves, le cas échéant, fournies. Il ne s'agit pas d'approuver le contenu, mais de l'utiliser comme un tremplin pour une enquête. Ce faisant, le parent non seulement aborde le problème spécifique, mais donne à l'enfant les compétences nécessaires pour remettre en question des contenus similaires à l'avenir.

Stimuler la curiosité, c'est aussi la modéliser. Les enfants sont remarquablement sensibles aux habitudes et attitudes numériques des adultes qui les entourent. Si un parent considère la technologie comme un mal nécessaire ou une échappatoire, il est possible qu'il intériorise cette ambivalence. En revanche, s'il voit des adultes utiliser la technologie pour résoudre des problèmes, faire des recherches sur des sujets inconnus, expérimenter des outils créatifs ou engager une conversation réfléchie, il est plus susceptible d'adopter des habitudes similaires. La curiosité est contagieuse. Un parent qui met une vidéo en pause pour demander : « À votre avis, que voulait dire le créateur ? » ou qui explore la conception d'une application démontre que les environnements numériques peuvent être autant des lieux de recherche que de divertissement.

Ce modèle s'étend à la façon dont les adultes gèrent leurs propres incertitudes. Lorsque les parents admettent ne pas comprendre le fonctionnement d'une application ou manifestent un intérêt sincère pour un jeu apprécié de leur enfant, ils humanisent le processus d'apprentissage et démontrent que la curiosité n'a pas d'âge. Ces moments créent des liens relationnels. Ils repositionnent également les adultes comme co-apprenants plutôt que comme gardiens, ce qui encourage les enfants à prendre davantage d'initiatives pour réfléchir à leurs expériences numériques.

Les écoles peuvent elles aussi soutenir cette approche axée sur la curiosité. Lorsque les enseignants dépassent les leçons machinales d'alphabétisation numérique et encouragent les élèves à partager leurs questions, leurs confusions et leurs découvertes numériques en classe, ils transforment l'apprentissage en un effort collaboratif . Les projets qui demandent aux élèves d'étudier comment les algorithmes façonnent leurs flux, d'explorer les modèles économiques des plateformes populaires ou d'analyser les schémas de discours en ligne font de la sensibilisation au numérique un sujet vivant. Cela non seulement renforce l'engagement, mais valide également les expériences vécues des élèves dans les espaces numériques.

Un aspect important pour stimuler la curiosité est d'aider les enfants à se sentir à l'aise avec l'ambiguïté. Le monde numérique regorge de contradictions, d'informations incomplètes et de normes en constante évolution. Apprendre aux enfants qu'il est normal de ne pas avoir de réponses immédiates – et que la curiosité implique de composer avec l'incertitude – peut les soulager de la pression d'adopter des positions définitives avant de bien comprendre un problème. Un état d'esprit curieux résiste à la simplification excessive. Il encourage les enfants à se demander : « Qu'est-ce qui pourrait se passer d'autre ? » ou « Qui pourrait voir les choses différemment ? » Ces questions élargissent la perspective et cultivent l'humilité intellectuelle.

De même, la curiosité a besoin d'être encadrée. Sans aucune aide, les enfants risquent de s'intéresser à des contenus numériques trop complexes, dérangeants ou manipulateurs. L'objectif n'est pas une exploration illimitée, mais une autonomie soutenue. Les parents peuvent aider leurs enfants à définir des objectifs pour leur temps numérique – en leur demandant ce qu'ils espèrent apprendre, créer ou comprendre – puis en réfléchissant ensuite à ce qu'ils ont trouvé utile. Ce processus ne nécessite pas d'évaluation formelle. Des échanges informels – « Qu'as-tu trouvé le plus intéressant aujourd'hui en ligne ? » – peuvent en dire long sur l'évolution des centres d'intérêt et de la compréhension de l'enfant. Ces conversations aident également les enfants à développer une capacité de réflexion, essentielle à l'autorégulation et à l'apprentissage tout au long de la vie.

La curiosité numérique peut également être nourrie par l'expression créative. Encourager les enfants à créer plutôt que simplement consommer – que ce soit en écrivant des blogs, en concevant des jeux, en créant des vidéos ou en composant des œuvres d'art numériques – leur permet d'explorer le fonctionnement interne des outils numériques tout en exprimant leur propre voix. Cela renforce non seulement leurs compétences techniques, mais aussi leur compréhension. Un enfant qui monte une vidéo apprend le flux narratif, la synchronisation audio et les conventions des plateformes. Un enfant qui crée un site web acquiert une compréhension de la logique de conception, de la structure du code et de l'expérience utilisateur. Dans chaque cas, l'écran devient un lieu d'expérimentation plutôt qu'un lieu d'interaction passive.

Il est également essentiel de reconnaître la dimension émotionnelle de la curiosité numérique. Pour certains enfants, notamment ceux qui sont anxieux, perfectionnistes ou qui ont honte de leurs habitudes numériques, la curiosité peut être perçue comme risquée. Ils peuvent craindre de faire des erreurs, de décevoir les adultes ou d'être jugés pour ce qu'ils trouvent intéressant. Dans ces cas, le ton et le timing de l'adulte sont cruciaux. Plutôt que d'interroger ou de corriger, l'adulte doit exprimer un intérêt sincère et des encouragements. Le message doit être : « Je suis content que tu poses des questions. Explorons cela ensemble. » Créer des espaces émotionnellement sécurisants pour la curiosité est une condition préalable à une véritable prise de conscience numérique.

Alors que l'environnement numérique continue d'évoluer, avec l'introduction de nouvelles plateformes, tendances et menaces, la curiosité demeure l'un des outils les plus résilients dont un enfant puisse disposer. Elle lui permet de continuer à apprendre même en l'absence des adultes. Elle lui donne la confiance nécessaire pour explorer sans succomber à chaque nouvelle tendance ou récit. Et elle ancre sa conscience numérique dans une attitude d'engagement plutôt que d'évitement.

En fin de compte, cultiver la curiosité dans les contextes numériques ne consiste pas simplement à éviter les préjudices ou à améliorer les indicateurs d'éducation aux médias. Il s'agit de façonner le type de penseurs et de citoyens que les enfants deviendront. Un enfant curieux est plus susceptible de résister à la propagande, de valoriser les preuves, d'apprécier les nuances et d'agir avec empathie. Ces qualités sont fondamentales non seulement pour la conscience numérique, mais aussi pour la participation démocratique, le développement intellectuel et la maturité émotionnelle.

Les parents qui encouragent cette curiosité ne se contentent pas de gérer le temps passé devant les écrans : ils encadrent les esprits. Ils créent les conditions propices à l'épanouissement des questions, à l'approfondissement de la réflexion et à la croissance collective. Ce faisant, ils transforment le discours sur la technologie, passant d'un discours de peur à un discours de découverte, et préparent leurs enfants non seulement à naviguer dans le monde numérique, mais aussi à le façonner avec réflexion, créativité et courage.

Chapitre 5
Les médias sociaux et la résilience émotionnelle

Les réseaux sociaux sont devenus partie intégrante de la vision du monde des jeunes, et de la façon dont ils s'y comprennent. Pour les enfants et les adolescents d'aujourd'hui, les plateformes comme TikTok, Instagram, Snapchat et toute autre application émergente ne sont pas de simples passe-temps ou des échappatoires. Ce sont des espaces où l'on explore son identité, où l'on négocie son statut social et où l'on satisfait ou exalte ses besoins émotionnels. À chaque publication, chaque « j'aime » ou chaque défilement, les jeunes se livrent à une performance numérique d'eux-mêmes. Parfois, cette performance est source de connexion, voire de joie. D'autres fois, elle les expose, les juge ou les laisse à la dérive.

Au cœur de ce chapitre se trouve un paradoxe épineux : les réseaux sociaux peuvent offrir un espace d'expression personnelle et de communauté authentique, et pourtant, presque simultanément, ils peuvent miner le bien-être, déformer l'image de soi et éroder la résilience émotionnelle. Gérer cette contradiction ne se limite pas à surveiller le temps passé devant les écrans ou à imposer des règles générales. Il faut comprendre plus profondément comment ces plateformes façonnent le développement émotionnel et déployer des efforts soutenus pour aider les enfants à les utiliser avec esprit critique, compassion et, surtout, avec une conscience profonde de leur identité.

L'un des courants émotionnels sous-jacents les plus omniprésents sur les réseaux sociaux est le va-et-vient entre connexion et comparaison. En apparence, ces plateformes promettent une proximité : entretenir des amitiés, trouver des communautés partageant les mêmes idées, suivre des modèles. Mais derrière cette façade attrayante se cache un classement constant, souvent invisible, de la valeur sociale, mesuré en « j'aime », « abonnés », « vues » et « commentaires ». Une simple photo devient un spectacle public, sa valeur étant déterminée non pas par le souvenir qu'elle capture, mais par les réactions qu'elle suscite. Pour les enfants et les adolescents en pleine formation de leur identité, cela peut être profondément déstabilisant . Le miroir qu'ils se renvoient à eux-mêmes est capricieux, et souvent d'une honnêteté brutale.

Les psychologues ont qualifié cette dynamique de « piège de l'estime de soi motivé par l'appréciation », et il est facile de comprendre pourquoi. Lorsque l'approbation sociale devient le critère de l'estime de soi, la confiance d'un enfant n'est plus quelque chose qu'il porte en lui-même : elle est externalisée, soumise aux fluctuations de la validation en ligne. Un selfie bien reçu peut le remonter le moral ; une publication accueillie avec silence peut le plonger dans le doute. Ainsi s'amorce une boucle de rétroaction : l'expression de soi n'est plus authentique, mais stratégique, filtrée par les attentes présumées d'un public invisible.

Rompre cette boucle n'est pas chose aisée. Cela nécessite un recadrage subtil : s'éloigner de l'idée que l'attention en ligne est synonyme de valeur et considérer les espaces numériques comme un simple espace d'expression parmi d'autres, et non comme le juge et le jury de l'identité d'un individu. Ce changement ne peut se faire par des sermons sévères ou des affirmations vagues. Il nécessite un exemple vécu, un dialogue sincère et, surtout, un renforcement progressif de la résilience émotionnelle. C'est-à-dire la capacité à ressentir la déception, la gêne ou le rejet, tout en restant ancré dans ses propres valeurs.

Un autre aspect de la vie numérique qui mérite une attention particulière est la façon dont il complexifie les conflits sociaux. Le cyberharcèlement, bien que malheureusement ancien, a pris des formes plus insidieuses. Il ne s'arrête pas à la sonnerie de l'école. Il suit les enfants jusque dans leur chambre, s'infiltrant par le biais de leurs téléphones à toute heure. L'anonymat des comptes jetables, la cruauté des exclusions de groupes de discussion, la piqûre des moqueries virales : ces phénomènes ne sont pas rares. Ils peuvent causer des dommages réels et durables, surtout lorsque les enfants ont le sentiment de ne pouvoir se réfugier.

Il est essentiel de repérer les signes. Un enfant qui se replie sur lui-même, manifeste de l'anxiété face à son téléphone ou appréhende soudainement l'école peut déclencher des crises de détresse. Mais identifier le problème n'est qu'un début. Il faut également donner aux enfants les outils nécessaires pour réagir : techniques, comme le blocage ou le signalement, certes, mais aussi émotionnels : l'autodéfense, l'empathie et la confiance nécessaire pour demander de l'aide sans craindre d'être humilié ou rejeté. Il est préférable d'enseigner ces leçons avant la crise, dans le cadre d'une éducation émotionnelle plus large qui considère la vie en ligne non pas comme une exception, mais comme une continuation du monde réel.

La vie privée, souvent abordée comme un cadre technique ou une question juridique, est en réalité profondément personnelle, surtout pour les enfants. En partageant des bribes de leur vie en ligne, les jeunes peuvent en révéler plus qu'ils ne le souhaitent : leurs humeurs, leurs amitiés, voire leur identité naissante. La pression d'être visible, de « suivre le rythme », peut les conduire à trop partager, ou à publier des choses qui, plus tard, semblent douloureusement en décalage avec ce qu'ils sont en train de devenir.

Un adolescent qui se plaint d'une rupture amoureuse ne se rend peut-être pas compte que ses propos pourraient être capturés et diffusés au-delà de son cercle cible. Un enfant qui imite les influenceurs pourrait ne pas comprendre ce que signifie être visible aux yeux d'inconnus. Au lieu d'imposer des règles strictes, les parents peuvent créer des moments de réflexion. Demander : « Serais-tu à l'aise si cela resurgit dans un an ? » ou « Pour qui publies-tu cela, au juste ? » ouvre la voie à un échange réfléchi. Il ne s'agit pas de réprimander, mais de favoriser la conscience de soi.

Derrière tout cela se cache un problème culturel plus vaste : la façon dont les plateformes numériques privilégient le spectacle à la sincérité, la réaction à la réflexion. L'indignation se propage vite. Le sarcasme aussi. Dans un tel environnement, comment cultiver l'empathie ? Comment enseigner aux enfants que derrière chaque commentaire se cache une personne, souvent aussi incertaine, pleine d'espoir ou blessée qu'eux ?

La réponse ne réside pas dans le contrôle, mais dans le caractère. L'empathie n'est pas innée chez les enfants dans les espaces numériques ; elle doit être cultivée. Cela commence par une prise de recul : les aider à imaginer l'impact émotionnel de leurs mots, à considérer le contexte d'une publication ou simplement à se demander : « Que traverse cette personne ? » Encourager les enfants à marquer une pause avant de répondre, à réfléchir à ce qu'ils ressentiraient eux-mêmes s'ils recevaient une réponse, développe les réflexes qui mènent à des interactions en ligne plus bienveillantes et plus réfléchies.

Et voici une chose qui peut paraître évidente, mais que l'on oublie souvent : la sécurité émotionnelle hors ligne est l'un des meilleurs remparts contre la volatilité des réseaux sociaux. Lorsque les enfants se sentent connus, acceptés et compétents loin des écrans – grâce à leurs loisirs, à leur activité physique et à des liens familiaux forts –, ils sont moins susceptibles de s'effondrer lorsque la vie numérique devient chaotique. Un enfant bien dans sa peau est bien plus susceptible de considérer les réseaux sociaux comme un outil, et non comme une mesure de sa valeur.

Les enseignants ont également un rôle essentiel à jouer. La citoyenneté numérique ne doit pas être un sujet isolé, abordé en fin de trimestre. Elle doit être intégrée aux cours, aux discussions et aux projets créatifs. Analyser la rhétorique en ligne, concevoir des supports de communication pertinents, explorer l'éthique de l'influence : ce ne sont pas des éléments superflus. Ce sont des éléments essentiels. Et lorsque les élèves montrent la voie, par le biais d'initiatives entre pairs ou de récits numériques, l'impact peut être transformateur.

Au final, aider les enfants à s'épanouir émotionnellement dans l'univers des réseaux sociaux ne signifie pas éliminer tous les risques. La vie, en ligne ou hors ligne, ne sera jamais exempte d'embûches. Il s'agit de les aider à affronter ces difficultés avec constance : avec la force émotionnelle nécessaire pour gérer les critiques, la lucidité nécessaire pour remettre en question ce qu'ils voient et la compassion nécessaire pour bien traiter les autres.

Ce chapitre explore tous ces thèmes, s'appuyant sur la recherche, l'expérience vécue et la sagesse pratique. Il propose des outils non pas pour fermer les yeux sur la vie numérique, mais pour guider les enfants à travers celle-ci avec cœur et intégrité. Car si les réseaux sociaux continuent d'évoluer, une chose demeure : le besoin des jeunes de se sentir vus, valorisés et forts dans leur identité, quel que soit leur public.

Le dilemme des médias sociaux

Les réseaux sociaux, en leur courte existence, ont transformé notre façon de nous connecter, de communiquer et de construire notre identité, en particulier chez les enfants et les adolescents. Autrefois une forme de communication marginale, ils sont désormais au cœur de la vie sociale de nombreux jeunes. Des plateformes comme Instagram, Snapchat, TikTok et leurs nouvelles variantes d'espaces interactifs offrent un accès en temps réel aux amitiés, aux tendances et à l'expression de soi. Pour beaucoup d'enfants, ces plateformes sont leurs terrains de jeu, leurs journaux intimes, leurs scènes et leurs miroirs. Pourtant, ces forums numériques sont imprégnés d'une tension parfois difficile à gérer : la promesse simultanée de connexion et le danger de la comparaison.

Le dilemme des médias sociaux ne se résume pas à savoir si ces plateformes sont intrinsèquement bonnes ou mauvaises ; il s'agit de reconnaître que leurs effets sont multiformes et dépendent du contexte. D'un côté, ils offrent aux jeunes l'occasion de maintenir des amitiés malgré la distance, de découvrir des communautés d'intérêts communs, d'exprimer leur créativité et de s'intéresser à des idées et à des problématiques qu'ils n'auraient peut-être jamais abordées autrement. De l'autre, ces mêmes plateformes intensifient les pressions liées à l'apparence, à la popularité et à la performance, amplifiant les insécurités et, dans bien des cas, alimentant un sentiment d'inadéquation latent mais persistant.

Cette dualité est peut-être particulièrement évidente dans la façon dont les réseaux sociaux façonnent la perception que les enfants ont d'eux-mêmes. Alors que les générations précédentes grandissaient en se comparant principalement à leurs pairs immédiats, les jeunes d'aujourd'hui sont exposés à un flux vaste et organisé de pairs, d'influenceurs et de célébrités, chacun construisant soigneusement une image mettant en valeur la réussite, la beauté, l'humour ou le glamour. Les enfants qui consultent leurs appareils ne se contentent pas de prendre des nouvelles de leurs amis ; ils sont silencieusement comparés à des images de vies « meilleures ». C'est ce glissement subtil – du lien social à la comparaison sociale – qui est au cœur du dilemme.

La comparaison en soi n'est pas intrinsèquement néfaste. Durant leur développement, les enfants et les adolescents sont programmés pour se référer aux autres. Ils modélisent des comportements , assimilent des signaux et se mesurent à eux-mêmes dans le cadre de leur apprentissage de l'appartenance. Le problème survient lorsque les critères de comparaison sont faussés par la structure unique des réseaux sociaux. Lorsque les enfants comparent systématiquement leur vie, riche et imparfaite, aux moments forts hautement filtrés des autres, ils risquent d' intérioriser des attentes irréalistes quant à ce que devraient être la vie, la réussite, voire le bonheur. L'effet est cumulatif et souvent invisible, érodant l'estime de soi à chaque regard.

Des recherches sur ce phénomène ont montré qu'une utilisation intensive des réseaux sociaux est associée à une augmentation de l'anxiété, de la dépression et du sentiment de solitude chez les jeunes, non pas nécessairement en raison du temps passé en ligne, mais de la nature de l'engagement. La consommation passive, notamment de contenus incitant à la comparaison, est corrélée à des conséquences émotionnelles plus négatives qu'une utilisation active et communicative. Un enfant qui passe du temps à interagir en ligne avec ses amis proches est plus susceptible de se sentir connecté. Un enfant qui passe le même temps à parcourir le contenu d'influenceurs ou à observer les interactions des autres depuis la ligne de touche peut se sentir isolé malgré son accès au numérique.

Des exemples concrets illustrent cette dynamique. Une jeune fille de treize ans aime suivre des influenceurs mode sur Instagram. Au début, elle y trouve inspiration et idées créatives. Mais avec le temps, elle commence à avoir le sentiment que ses vêtements sont inadéquats, que son corps est incomplet et que ses expériences sont trop banales. Ses publications deviennent plus performatives – posées, filtrées, retouchées – non par vanité, mais par un désir grandissant d'appartenir à une esthétique qu'elle voit constamment célébrée. À chaque « j'aime », elle éprouve un sentiment fugace d'affirmation. À chaque publication qui ne suscite que peu d'intérêt, elle remet en question sa valeur. Il ne s'agit pas de narcissisme. C'est l'architecture psychologique des réseaux sociaux qui fait précisément ce pour quoi elle a été conçue : capter l'attention et susciter l'engagement en s'adressant aux parties les plus vulnérables émotionnellement de l'utilisateur.

Les parents et les tuteurs, souvent peu familiarisés avec les mécanismes émotionnels de ces plateformes, peuvent négliger les conséquences silencieuses qu'elles peuvent avoir. Ils peuvent remarquer des sautes d'humeur, une préoccupation pour les activités en ligne ou des commentaires autocritiques, mais interpréter à tort ces signes comme des signes typiques de l'adolescence. Si les turbulences développementales sont prévisibles, l'environnement numérique amplifie souvent ce qui pourrait autrement être des insécurités passagères. Le problème ne réside pas seulement dans ce que les enfants voient, mais dans ce qu'ils en déduisent – sur eux-mêmes, leur valeur et leur place dans leur groupe de pairs.

Aider les enfants à naviguer entre connexion et comparaison nécessite un engagement réfléchi. Il ne suffit pas de diaboliser les réseaux sociaux ou d'imposer des restrictions générales. De telles approches peuvent involontairement accroître le secret et la honte. Les enfants ont plutôt besoin de conversations guidées qui les aident à réfléchir de manière critique à ce qu'ils voient et ressentent en ligne. Poser des questions telles que « Que ressentez-vous avec votre fil d'actualité ? » ou « Que pensez-vous que cette personne essaie de communiquer avec cette publication ? » ouvre un espace d'analyse et de compréhension émotionnelle.

Il est tout aussi important d'encourager les enfants à réfléchir à leurs propres motivations. Partagent-ils pour s'exprimer, pour se connecter aux autres ou pour obtenir une approbation ? Aucune de ces raisons n'est mauvaise en soi, mais la conscience de soi est essentielle. Lorsque les enfants peuvent exprimer clairement leurs motivations et leurs impressions sur les réponses qu'ils reçoivent, ils sont moins susceptibles de tomber dans le piège de la recherche de validation numérique.

Les éducateurs et les professionnels de la santé mentale peuvent soutenir ce processus en introduisant des cadres permettant de comprendre la dynamique des médias sociaux. Les programmes d'éducation aux médias qui analysent la construction des identités en ligne, explorent l'utilisation des filtres et du montage, et abordent l'économie de l'attention peuvent démystifier ce que les enfants prennent souvent pour argent comptant. Lorsqu'ils apprennent que les influenceurs sont souvent rémunérés pour promouvoir des produits, que l'engagement est piloté par des algorithmes et que les « j'aime » sont conçus pour déclencher des réactions dopaminergiques, les enfants sont mieux placés pour reprendre le contrôle de leur interprétation et de leur participation aux espaces en ligne.

Une autre stratégie prometteuse consiste à encourager une utilisation intentionnelle du numérique. Lorsque les enfants sont accompagnés dans le choix des plateformes à utiliser, du contenu à suivre et du moment où ils se désengagent, ils commencent à percevoir les réseaux sociaux comme un outil plutôt qu'un piège. Par exemple, un enfant intéressé par la photographie pourrait utiliser une plateforme pour partager son travail, entrer en contact avec d'autres jeunes photographes et recevoir des commentaires constructifs. Dans ce contexte, les réseaux sociaux favorisent l'épanouissement, et non la comparaison. L'accent est mis non plus sur la validation externe, mais sur le développement intrinsèque.

Bien sûr, ce type d'engagement nécessite un environnement favorable. Les enfants ont besoin de se sentir en sécurité dans leurs relations hors ligne pour aborder les expériences en ligne avec confiance. Les familles qui privilégient les liens – par la conversation, les activités partagées et la disponibilité émotionnelle – créent une barrière contre l'anxiété sociale que la comparaison numérique peut susciter. Lorsqu'un enfant se sait valorisé et accepté sans condition, il est moins susceptible de lier sa propre valeur aux indicateurs numériques.

Favoriser cette sécurité implique notamment d'aider les enfants à développer une conscience plus large de soi. Lorsque l'identité est uniquement liée à l'apparence, à la popularité ou à la performance, elle devient fragile, surtout face à un public international. Mais lorsque les enfants cultivent de multiples dimensions de leur personnalité – artiste, lecteur, ami, penseur, aidant –, ils sont plus résilients aux pressions de la comparaison. Encourager les activités hors ligne, valoriser l'effort plutôt que le résultat et mettre en valeur les atouts au-delà de la sphère numérique contribuent tous à ce sentiment d' ancrage .

Il est peu probable que les réseaux sociaux perdent de leur influence sur la vie des enfants ; au contraire, leur présence s'intensifiera et se diversifiera. Nous pouvons les doter des outils émotionnels nécessaires pour en appréhender les effets. Nous pouvons leur apprendre que connexion et comparaison sont deux choses différentes. Que visibilité et valeur sont deux choses différentes. Et que derrière chaque publication soignée se cache une personne réelle, incertaine, complexe et tout aussi humaine qu'eux.

En repensant les réseaux sociaux non pas comme une menace, mais comme un contexte capable à la fois de nourrir et de stimuler la résilience émotionnelle, nous invitons les enfants à une relation plus réfléchie avec le monde numérique. Ils ressentiront toujours l'attrait de la comparaison, mais ils auront aussi le langage pour le nommer, la perspective pour le contextualiser et la confiance nécessaire pour prendre du recul si nécessaire.

En fin de compte, le dilemme des réseaux sociaux n'est pas une question de solution, mais de compréhension et d'engagement délibéré. Connexion et comparaison coexisteront toujours, dans une certaine mesure. Notre rôle est d'aider les enfants à renforcer la première tout en adoucissant la seconde, en les guidant non pas loin des espaces numériques, mais vers une participation plus sage, plus bienveillante et plus authentique.

Le piège de l'estime de soi motivée par les ressemblances

Pour de nombreux jeunes d'aujourd'hui, la frontière entre performance en ligne et identité personnelle est de plus en plus floue. À une époque où l'image de soi se construit et où l'appartenance sociale est primordiale, les indicateurs numériques d'approbation – mentions « J'aime », partages, vues et commentaires – sont devenus de puissants indicateurs d'estime de soi. Les plateformes de médias sociaux, conçues pour récompenser l'attention par la validation, créent un environnement où la visibilité est synonyme de valeur et où l'approbation se mesure en chiffres. Cette dynamique a engendré ce que l'on pourrait appeler le *piège de l'estime de soi par les « j'aime »* , une boucle psychologique dans laquelle les enfants et les adolescents commencent à se définir par leur réception en ligne plutôt que par leurs qualités, valeurs ou efforts intrinsèques.

Pour comprendre comment les jeunes tombent dans ce piège, il est essentiel d'examiner les mécanismes en jeu. Les réseaux sociaux ne sont pas des outils neutres de connexion ; ce sont des systèmes conçus pour exploiter les mécanismes de récompense du cerveau. Lorsqu'une publication reçoit un nombre élevé de mentions « J'aime », le cerveau de l'utilisateur libère de la dopamine, un neurotransmetteur associé au plaisir et au renforcement. Cette expérience, bien que fugace, est puissante et encourage la répétition du comportement qui l'a produite. Ainsi, le jeune est conditionné à rechercher l'approbation numérique, souvent inconsciemment, comme une forme de soutien émotionnel.

Avec le temps, le besoin de validation peut devenir compulsif. Les enfants commencent à publier non pas pour s'exprimer, mais pour être applaudis. Ils peuvent supprimer les images qui ne suscitent pas l'intérêt, adapter leur apparence ou leurs activités pour plaire à leur public cible, ou consulter leurs notifications de manière obsessionnelle dans l'espoir d'être rassurés. Cela crée un fondement fragile pour l'estime de soi, qui fluctue selon l'approbation du public et est facilement ébranlé par la critique, l'indifférence ou l'invisibilité.

Le coût psychologique de cette dynamique est considérable. Les enfants qui associent leur estime de soi aux indicateurs numériques souffrent souvent d'anxiété accrue, d'instabilité émotionnelle et d'une perception déformée d'eux-mêmes. Ils peuvent devenir hypersensibles à la perception qu'ils ont d'eux-mêmes, se comparant constamment à leurs pairs ou à des influenceurs qui leur semblent plus populaires, plus attirants ou plus performants. Ces comparaisons, alimentées par l'exposition algorithmique à des contenus sélectionnés et idéalisés , peuvent éroder la confiance en soi et alimenter le doute. Même les enfants performants ou socialement connectés ne sont pas à l'abri. En effet, ceux qui sont les plus investis dans leur personnalité numérique peuvent être les plus vulnérables aux fluctuations émotionnelles déclenchées par l'interaction en ligne.

Des exemples concrets illustrent la nature subtile mais omniprésente de ce phénomène. Un garçon de quinze ans peut être fier d'une vidéo présentant ses œuvres. Il la publie dans l'espoir de partager sa passion. Lorsqu'elle ne reçoit que quelques « j'aime », comparée à la comédie virale d'un camarade, il commence à se demander si ses centres d'intérêt sont valables ou valent la peine d'être poursuivis. Ou encore, une fille de douze ans, initialement sûre d'elle, remarque que ses selfies suscitent moins de réactions que ceux de ses camarades, plus conformes aux canons de beauté en vigueur. Elle commence alors à utiliser des filtres pour remodeler ses traits, non pas comme une forme d'expression créative, mais pour tenter d'atteindre un seuil d'approbation invisible et en constante évolution.

Ces incidents ne sont pas isolés ; ils reflètent une tendance culturelle plus large qui assimile l'affirmation publique à la valeur personnelle. Et si cette dynamique n'est pas exclusive aux enfants – les adultes aussi succombent à l'attrait de la popularité numérique –, son impact sur le développement des esprits est particulièrement significatif. Les enfants apprennent encore à intérioriser leurs valeurs, à réguler leurs émotions et à se forger une identité stable. Lorsque la validation externe devient la source dominante d'estime, elle occulte le travail plus lent et plus profond de construction du respect de soi de l'intérieur.

Aider les enfants à dissocier leur estime de soi de la validation numérique nécessite une approche à plusieurs niveaux, alliant soutien émotionnel, dialogue réflexif et stratégies pratiques. La première étape consiste à identifier la dynamique. Lorsque les adultes discutent ouvertement de la séduction des « J'aime » et de la pression liée à la performance en ligne, ils normalisent l'expérience et créent un espace de réflexion. Un parent pourrait dire : « C'est facile de se sentir bien quand les gens aiment votre publication, mais avez-vous remarqué à quelle vitesse ce sentiment s'estompe ? » ou « Vous arrive-t-il d'être nerveux à l'idée de partager quelque chose en raison de la réaction des autres ? » Ces questions invitent les enfants à la conversation, et non à un sermon. Elles indiquent également que l'adulte ne dédaigne pas leur monde numérique, mais qu'il souhaite sincèrement le comprendre.

l'humour ou l'esprit critique. En célébrant ces qualités systématiquement, en ligne comme hors ligne, les adultes renforcent le message selon lequel la valeur ne dépend pas de la réaction du public. Par exemple, si un enfant écrit une publication réfléchie qui ne reçoit pas beaucoup de « j'aime », l'adulte pourrait souligner la qualité du contenu plutôt que la réaction qu'elle a suscitée. « J'ai adoré la clarté avec laquelle tu as expliqué ton idée. Ça m'a fait réfléchir. » Ce type de retour renforce la motivation interne et dissocie la validation des indicateurs de popularité.

Les écoles peuvent jouer un rôle important en favorisant des environnements favorisant la conscience de soi et l'éducation aux médias. Des leçons explorant comment les plateformes sociales manipulent l'engagement, comment les filtres et les modifications créent des illusions et comment l'attention peut être monétisée fournissent aux enfants des outils essentiels pour comprendre leurs expériences numériques. Plus important encore, ces leçons doivent être liées à des discussions sur l'identité, les émotions et la communauté. Lorsque les enfants sont encouragés à se demander : « Qu'est-ce que cette publication révèle de qui je suis et de mes valeurs ? » ou « Que ressens-je avant et après avoir utilisé cette application ? », ils commencent à reprendre le contrôle de leur vie numérique.

À la maison, l'exemple est tout aussi puissant. Les enfants observent la façon dont les adultes interagissent avec la technologie et intériorisent ces habitudes. Lorsque les adultes consultent constamment leur téléphone pour voir s'ils ont aimé ou interrompent les conversations pour réagir aux commentaires numériques, ils signalent que l'approbation est primordiale. Mais lorsqu'ils utilisent la technologie pour apprendre, créer des liens significatifs ou créer sans attendre d'applaudissements, ils proposent un modèle différent, fondé sur l'intérêt intrinsèque et l'action déterminée. Les parents qui partagent leurs propres difficultés à obtenir la validation – « Parfois, je me surprends à vérifier combien de personnes ont aimé ma publication, et je dois me rappeler pourquoi je l'ai partagée » – apportent également un contexte précieux, montrant que ces sentiments sont courants et gérables.

Une autre stratégie clé consiste à encourager la publication intentionnelle. On peut encourager les enfants à se demander : « Pourquoi est-ce que je veux partager cela ? » et « Que ressentirai-je si cela ne suscite pas beaucoup d'attention ? » Ces questions permettent de distinguer l'expression sincère du besoin d'affirmation. Si le désir de publier est ancré dans le désir de partager une réussite, de susciter une conversation ou de documenter un souvenir, l'acte prend plus de sens et dépend moins de la réaction. À l'inverse, si la motivation première est d'obtenir l'approbation, l'enfant peut choisir de marquer une pause ou de réfléchir davantage.

Limiter l'utilisation du numérique peut également contribuer à réduire la dépendance aux retours en ligne. Des moments dédiés sans technologie, comme pendant les repas, les périodes d'étude ou avant le coucher, offrent un espace de respiration émotionnelle et permettent aux enfants de se connecter à d'autres aspects de leur identité. Encourager les loisirs sans écran – sport, musique, travaux manuels, lecture, nature – réaffirme que la joie et l'épanouissement existent au-delà du monde numérique. Ces activités sont également des sources de maîtrise et de plaisir qui ne dépendent pas de l'approbation du public.

Bien sûr, aucune de ces stratégies ne fonctionne isolément. Les enfants doivent se sentir en sécurité, soutenus et compris pour examiner et remodeler leur relation à la validation numérique. Cela demande de la patience. Un enfant qui a intériorisé le message de l'égalité ne changera pas d'état d'esprit du jour au lendemain. Mais avec des encouragements constants, un dialogue ouvert et un modèle positif, il peut commencer à se construire une image de soi stable, nuancée et résiliente.

En fin de compte, le défi de l'estime de soi liée aux « j'aime » ne consiste pas à éloigner les enfants des réseaux sociaux, mais à les préparer à les utiliser en position de force. Il s'agit de leur apprendre que l'estime de soi ne se gagne pas par les applaudissements, mais se découvre par l'effort, la réflexion et les liens. Il s'agit de les aider à comprendre que leur valeur ne se mesure pas en « j'aime », mais à l'intégrité de leur identité, en ligne comme hors ligne.

Lorsque les enfants intériorisent ce message, ils ne sont plus à la merci des algorithmes ou des modes passagères. Ils peuvent participer à la culture numérique sans être définis par elle. Ils peuvent partager, s'exprimer et se connecter sans se mettre en avant. Et surtout, ils peuvent devenir des jeunes dont la confiance ne repose pas sur la perception qu'ils ont d'eux, mais sur la conscience tranquille et durable de leur propre valeur.

Cyberintimidation et sécurité en ligne

Le monde numérique, malgré toutes ses promesses et son potentiel, a également introduit de nouvelles formes de préjudice que de nombreux parents et éducateurs apprennent encore à comprendre. Parmi les plus pressantes, on trouve le cyberharcèlement, un terme qui englobe un large éventail de comportements en ligne visant à intimider, humilier, humilier ou harceler autrui. Contrairement au harcèlement traditionnel, généralement confiné à des moments et des espaces précis comme la cour de récréation ou la salle de classe, le cyberharcèlement est omniprésent. Il peut suivre un enfant de l'école à la maison, du jour à la nuit, et d'un appareil à l'autre. Sa permanence, sa portée et sa capacité à préserver l'anonymat le rendent particulièrement préjudiciable, notamment pour le développement de la résilience émotionnelle et sociale des enfants et des adolescents.

Comprendre comment reconnaître , prévenir et réagir au cyberharcèlement commence par reconnaître que le harcèlement numérique n'est pas seulement un problème technologique : il est aussi relationnel et psychologique. Il se manifeste dans la dynamique sociale des groupes de pairs, dans l'évolution des normes de comportement en ligne et dans la vulnérabilité émotionnelle des jeunes en quête de liens et d'appartenance. Pour y faire face efficacement, nous devons dépasser les discours fondés sur la peur et adopter des stratégies empathiques et éclairées qui responsabilisent les enfants et les adultes qui s'occupent d'eux.

La reconnaissance est la première étape. La cyberintimidation peut prendre de nombreuses formes, certaines évidentes, d'autres plus insidieuses. Les formes directes incluent les messages menaçants, l'humiliation publique, l'exclusion des groupes numériques et le partage d'informations ou d'images privées sans consentement. Les formes indirectes, tout aussi dommageables, incluent les commentaires passifs-agressifs, la propagation de rumeurs , l'utilisation de mèmes pour ridiculiser ou l'ignorance systématique des publications d'une personne dans les conversations de groupe. Ces actions peuvent être subtiles, mais leur impact psychologique est important. Les enfants victimes de cyberintimidation présentent souvent des changements d'humeur, de comportement et de routine. Ils peuvent devenir renfermés, anxieux ou irritables. Les troubles du sommeil, la réticence à aller à l'école, la perte d'intérêt pour des activités auparavant appréciées et le secret sur leur comportement en ligne sont également des indicateurs courants.

Il est crucial que les adultes reconnaissent ces signes non seulement comme une humeur typique des adolescents, mais aussi comme des signes potentiels de détresse. Cependant, reconnaître le problème n'est qu'une partie de la solution. Il est également nécessaire d'aider les enfants à nommer et à exprimer leurs expériences. Cela exige de la confiance. De nombreuses victimes de cyberharcèlement hésitent à se manifester, craignant la honte, l'incrédulité ou la perte d'accès à leurs appareils – un acte qui, de leur point de vue, peut être perçu comme une punition supplémentaire. Créer un espace ouvert et dénué de jugement où les enfants se sentent en sécurité pour discuter de leur vie en ligne est fondamental. Les adultes doivent clairement faire comprendre qu'ils sont des alliés, et non des exécutants – que leur objectif est de soutenir et non de contrôler.

L'éducation préventive est un outil puissant pour réduire l'incidence et l'impact du cyberharcèlement. Les enfants doivent comprendre non seulement ce qui constitue le harcèlement numérique, mais aussi ses causes et ses conséquences. Apprendre l'empathie, c'est-à-dire aider les enfants à voir la personne derrière le profil, est peut-être la forme de prévention la plus efficace. Apprendre aux enfants à prendre le temps de réfléchir à ce que leurs paroles ou leurs actes pourraient ressentir de l'autre côté réduit leur risque d'adopter des comportements préjudiciables . Cela peut être renforcé par des histoires, des jeux de rôle et des discussions critiques sur les interactions en ligne. Par exemple, l'analyse d'une publication réelle ou hypothétique, drôle en apparence, mais humiliante en sous-texte, peut apporter de précieuses informations sur les conséquences émotionnelles des plaisanteries numériques.

L'éducation à la citoyenneté numérique doit également inclure des stratégies pratiques. Les enfants doivent apprendre à gérer les paramètres de confidentialité, à bloquer ou signaler des utilisateurs et à préserver les preuves grâce aux captures d'écran. La compréhension de ces outils permet aux enfants non seulement de se protéger, mais aussi d'aider leurs camarades en difficulté. Leur donner les moyens de développer leur sens de l'action, les transformant de simples récepteurs passifs de la culture numérique en participants actifs et responsables.

Le rôle des témoins dans la dynamique du cyberharcèlement ne doit pas être négligé. Dans de nombreux cas, le harcèlement en ligne est perpétué non seulement par l'agresseur, mais aussi par le silence ou la complicité d'autrui. Encourager les enfants à s'exprimer, à manifester leur soutien ou à signaler les contenus abusifs lorsqu'ils en sont témoins contribue à faire évoluer les normes sociales concernant les comportements acceptables en ligne . Créer une culture de solidarité numérique, où la bienveillance est visible et valorisée, est essentiel pour bâtir des communautés en ligne plus sûres.

En cas de cyberharcèlement, la réaction est primordiale. L'objectif immédiat est de mettre fin aux violences, mais l'objectif à plus long terme est d'aider l'enfant à gérer l'expérience et à s'en remettre. Cela implique d'écouter sans interruption, de valider ses émotions et d'éviter toute réaction excessive. Par exemple, au lieu de dire :

« Pourquoi ne l'as-tu pas simplement bloqué ? » ou « Tu devrais te calmer », un adulte pourrait dire : « Ça a l'air incroyablement blessant ; merci de me l'avoir dit. Réfléchissons ensemble à la suite. » De telles réponses témoignent de respect, d'empathie et de solidarité.

Dans certains cas, il peut être judicieux d'impliquer l'école, notamment lorsque le cyberharcèlement se superpose à des relations hors ligne ou affecte l'apprentissage de l'enfant. De nombreuses écoles ont désormais désigné des responsables de la protection de l'enfance ou du personnel pastoral formé à la gestion des problèmes numériques. Cependant, l'implication de l'école doit se faire avec le consentement et la participation de l'enfant, sauf en cas de risque immédiat pour sa sécurité. Cela permet de garantir que l'enfant reste au cœur du processus et qu'il a le sentiment de maîtriser la réponse.

Les incidents plus graves peuvent nécessiter une intervention auprès des autorités judiciaires, notamment en cas de menaces de violence, de discours haineux ou de partage non consensuel de contenu explicite. Enfants et parents doivent être informés que certaines formes de cyberintimidation sont non seulement inappropriées, mais également illégales. Cependant, le recours aux voies de recours judiciaires doit être réfléchi et sensible, en tenant compte du bien-être émotionnel de l'enfant et du contexte plus large du harcèlement.

Un aspect tout aussi important de la lutte contre le cyberharcèlement est d'aider l'enfant à reconstruire sa confiance et son identité en ligne. Les victimes ressentent souvent une perte de contrôle sur leur présence numérique et peuvent devenir méfiantes à l'égard de toute interaction en ligne. Il est essentiel de les aider à retrouver leur autonomie. Cela peut passer par la définition de nouvelles limites, l'adhésion à des communautés en ligne solidaires ou une réutilisation progressive des plateformes de manière rassurante et valorisante. Un soutien thérapeutique peut également être bénéfique, notamment lorsque le harcèlement a entraîné une détresse émotionnelle ou un traumatisme important.

Prévenir de futurs incidents implique de créer des occasions de dialogue permanentes. Le cyberharcèlement n'est pas un problème ponctuel ; il évolue avec la technologie, les tendances et la dynamique de groupe. Des échanges réguliers, informels et structurés, permettent de maintenir la communication. Demander aux enfants : « Comment ça se passe en ligne cette semaine ? » ou « As-tu vu quelque chose récemment qui t'a mis mal à l'aise ? » normalise la situation . La vie numérique comme sujet de discussion familiale. Elle permet également aux adultes de se tenir informés des plateformes, des comportements et des risques émergents.

Apprendre aux enfants à gérer les conflits en ligne avec maturité s'inscrit dans un engagement plus large visant à développer leur intelligence émotionnelle. Ils doivent apprendre à exprimer leurs désaccords avec respect, à gérer les critiques et à distinguer la malveillance de l'incompréhension. Il ne s'agit pas seulement de compétences numériques, mais de compétences essentielles. Lorsque les enfants se sentent soutenus émotionnellement et préparés intellectuellement, ils sont moins susceptibles de se sentir démunis face à la cruauté numérique.

Le cyberharcèlement est un problème complexe qui touche à la technologie, à la psychologie, aux relations entre pairs et à la dynamique familiale. Il n'existe pas de solution unique, mais une orientation claire : privilégier l'empathie à la punition, l'éducation à la restriction et la collaboration au contrôle. Lorsque les adultes abordent le problème avec clarté, compassion et cohérence, ils créent les conditions dans lesquelles les enfants peuvent apprendre non seulement à se protéger, mais aussi à s'épanouir en ligne.

En développant la sensibilisation, en favorisant la résilience émotionnelle et en instaurant une culture de bienveillance numérique, nous pouvons transformer les réseaux sociaux, source de stress, en un espace où les jeunes sont vus, entendus et valorisés pour ce qu'ils sont, et non ciblés pour ce que les autres pensent qu'ils devraient être. Ce faisant, nous les aidons à aborder le monde numérique non pas avec peur, mais avec confiance, compassion et la sagesse de faire entendre leur voix avec sagesse.

La vie privée dans un monde numérique public

Pour les enfants et les adolescents d'aujourd'hui, la distinction entre vie publique et vie privée est de plus en plus floue. Dès qu'un jeune ouvre un compte sur les réseaux sociaux, utilise une application d'apprentissage ou joue à un jeu en ligne, il commence à tisser une empreinte numérique, souvent sans en comprendre la permanence ni les implications potentielles. L'instinct de partager, de se connecter et d'être vu est naturel, en particulier pendant les étapes de développement où l'identité se construit activement. Pourtant, dans un monde numérique où les informations personnelles sont non seulement observables, mais aussi traçables, stockables et exploitables, apprendre aux enfants à protéger leur vie privée est à la fois un impératif moral et une nécessité pratique.

La notion même de vie privée a considérablement évolué. Alors que les générations précédentes concevaient la vie privée en termes spatiaux – ce qui se dit à huis clos ou se garde au sein de la famille – , la vie privée numérique est plus complexe. Elle ne concerne pas seulement ce que l'on choisit de partager, mais aussi ce qui est passivement collecté, déduit et réutilisé. Les enfants peuvent supposer que le fait de ne pas publier leur adresse ou leur numéro de téléphone signifie qu'ils font preuve de prudence. Cependant, la surveillance numérique opère à des niveaux plus subtils. Une photo géolocalisée, un questionnaire répondu sur une application sociale, une navigation sur un site de jeu : tous ces fragments contribuent à un profil susceptible d'être utilisé à des fins marketing, de manipulation ou à des fins plus malveillantes.

Cette réalité peut paraître abstraite aux enfants, qui abordent souvent la technologie avec confiance et spontanéité. Ils privilégient l'interaction – partager une blague, publier une photo, rejoindre un groupe – plutôt que les conséquences à long terme de ces interactions. Par conséquent, la première étape pour enseigner aux enfants la confidentialité consiste à démystifier la circulation de l'information dans les espaces numériques. Plutôt que de considérer la confidentialité comme une règle à respecter, il convient de l'introduire comme une compétence à développer : un mélange de conscience, de discernement et de savoir-vivre numérique.

Pour y parvenir efficacement, la conversation doit commencer tôt et évoluer au fil du temps. Les jeunes enfants peuvent commencer par comprendre la différence entre informations personnelles et publiques : les noms, les dates de naissance, les écoles, les adresses et les photos ne sont pas de simples faits, mais des données. Ils doivent apprendre à se demander : « À qui est-ce destiné ? » et « Qui pourrait voir cela ? » avant de publier ou de partager. Ces questions, aussi simples soient-elles, incitent à une pause, un moment de réflexion qui rompt avec l'impulsivité et pose les bases d'un comportement numérique responsable .

À mesure que les enfants grandissent, leur interaction avec la technologie devient plus complexe, tout comme leur compréhension de la vie privée. Les adolescents, en particulier, peuvent résister aux conseils des adultes s'ils les jugent intrusifs ou moralisateurs. Par conséquent, le ton de ces conversations doit être collaboratif plutôt que contrôlant. Discuter d'exemples concrets – comme des influenceurs dont le contenu privé a fuité ou des articles de presse sur des entreprises qui utilisent abusivement les données des utilisateurs – peut ancrer des concepts abstraits dans des récits pertinents. Par exemple, un adolescent qui admire une célébrité des réseaux sociaux sera peut-être plus réceptif à la discussion sur la vie privée lorsqu'on lui montrera comment même les personnalités publiques ont du mal à maintenir des limites entre leur vie publique et leur vie privée.

Les situations réelles sont souvent des moments d'apprentissage puissants. Prenons l'exemple d'un garçon de treize ans qui s'inscrit avec enthousiasme sur une plateforme de jeux vidéo et commence à diffuser ses parties. Au début, il ne partage que son écran de jeu et son nom d'utilisateur. Mais au fil du temps, en réponse à des messages amicaux sur le chat, il révèle son prénom, sa ville et son école. Il ne voit pas cela comme un risque ; après tout, il ne fait que discuter. Pourtant, cette interaction lui a permis, sans le savoir, d'être traçable. Un parent, qui s'en aperçoit, a l'occasion, non pas de culpabiliser, mais d'explorer : « Qu'est-ce qui t'a poussé à partager cela ? Que pourrait-on faire de cette information ? » Ces questions permettent non seulement de sensibiliser l'enfant, mais aussi de respecter son autonomie, en faisant de la discussion une question partagée plutôt qu'un sermon.

L'évolution rapide des technologies implique que les enfants utilisent souvent des plateformes que leurs parents ou leurs enseignants connaissent mal. Des applications de partage anonyme aux jeux géolocalisés, les outils eux-mêmes évoluent constamment. Ce qui demeure constant, cependant, c'est le principe du contexte. Les enfants doivent apprendre que la vie privée n'est pas une question de secret, mais de contrôle : choisir ce qu'ils partagent, avec qui et à quelles fins. Ils doivent comprendre que des contextes différents appellent des comportements différents : ce qui est approprié dans une conversation privée avec un ami proche ne l'est pas dans un forum de groupe ou un profil public.

C'est particulièrement important pour les images. Le partage de photos et de vidéos est désormais un élément central de la communication numérique, mais de nombreux enfants ne comprennent pas clairement ce que signifie perdre le contrôle d'une image une fois publiée. Ils peuvent supprimer une publication, pensant qu'elle disparaît, sans se rendre compte que des captures d'écran ou des sauvegardes existent peut-être ailleurs. Apprendre aux enfants à envisager la permanence numérique – non pas avec peur, mais avec prévoyance – les aide à prendre ces décisions plus judicieusement. Des questions comme : « Est-ce que je serais d'accord qu'un enseignant ou un futur employeur voie cela ? » ou

« Cette image représente-t-elle vraiment qui je suis ? » incitent à la réflexion et à l'autorégulation.

L'éducation à la vie privée doit également aborder l'aspect commercial des interactions numériques. De nombreuses plateformes ne sont « gratuites » qu'au sens monétaire ; les utilisateurs paient avec leur attention et leurs données personnelles. Les enfants doivent comprendre comment les entreprises suivent leurs activités, personnalisent leurs contenus et utilisent des algorithmes pour façonner leur expérience. Expliquer cela ne vise pas à créer de la paranoïa, mais à favoriser un engagement critique. Lorsqu'un enfant réalise que les publicités qu'il voit ne sont pas aléatoires, mais basées sur son comportement , il commence à se considérer non seulement comme un utilisateur, mais comme un participant à un système. Cette prise de conscience est le point de départ d'une prise de décision éthique quant à ce sur quoi il clique, aux autorisations qu'il accorde et aux données qu'il partage.

Développer des habitudes de confidentialité numérique peut être encouragé par des actions concrètes. Encourager les enfants à préserver la confidentialité de leurs profils, à utiliser des pseudonymes lorsque cela est approprié et à éviter de géolocaliser leurs publications les aide à contrôler leur présence numérique. Leur montrer comment utiliser les paramètres de confidentialité, vérifier les autorisations des applications et gérer leur empreinte numérique renforce le message que la confidentialité est une pratique continue, et non une précaution ponctuelle.

Cependant, aucune connaissance technique ne saurait remplacer la maturité émotionnelle. Les enfants doivent également être préparés à gérer les dynamiques sociales qui mettent leurs limites à l'épreuve. La pression des pairs, le désir d'impressionner ou la peur de l'exclusion peuvent tous entraîner des erreurs de jugement. Créer un espace où les enfants peuvent parler de ces pressions sans crainte de représailles leur permet de réfléchir et de se reconsidérer. Plutôt que de punir les erreurs, les adultes devraient les considérer comme des occasions d'apprentissage, renforçant ainsi l'idée que la confidentialité numérique n'est pas une question de perfection, mais de progrès.

Au cœur de la vie privée numérique se trouve le respect – respect de soi et respect des autres. Les enfants à qui l'on apprend à respecter leur vie privée sont plus susceptibles de respecter les limites de leurs pairs. Ils apprennent à ne pas partager d'images ou d'histoires sans consentement, à ne pas transmettre de messages privés et à ne pas utiliser les informations d'autrui comme source de ragots ou de pression. Ce respect mutuel est la pierre angulaire de la citoyenneté numérique et doit être incarné par les adultes qui les entourent.

Parents et éducateurs peuvent soutenir ce développement en partageant leurs propres stratégies et réflexions. Lorsqu'un parent explique pourquoi il limite son exposition aux réseaux sociaux ou comment il gère sa vie privée en ligne, il renforce l'idée qu'il s'agit de compétences à acquérir tout au long de la vie, et non de simples règles d'enfance. Lorsqu'un enseignant explique comment il gère les limites professionnelles en ligne, il aide les élèves à comprendre que la vie privée est pertinente au-delà de l'adolescence. Ces conversations présentent la vie privée non pas comme une contrainte, mais comme une forme de dignité et d'autodétermination.

En fin de compte, apprendre aux enfants à protéger leurs informations personnelles dans un monde numérique public va au-delà de la sécurité. Il s'agit de cultiver le discernement, de renforcer l'identité et de promouvoir l'autonomie. Il s'agit de les aider à comprendre que si le monde numérique les invite à tout partager, ils ont le droit – et la responsabilité – de décider de ce qui leur appartient. En guidant les enfants vers une approche réfléchie et fondée sur des principes en matière de confidentialité numérique, nous les préparons non seulement à survivre à la sphère publique de la vie moderne, mais aussi à s'y épanouir, confiants dans leurs limites, conscients de leurs choix et capables d'être pleinement eux-mêmes, en ligne comme hors ligne.

Enseigner l'empathie et la gentillesse numérique

Le monde en ligne, bien que porté par l'innovation et la connectivité, peine souvent à refléter la civilité à laquelle nous aspirons dans nos communautés physiques. Si les plateformes numériques ont facilité plus que jamais les interactions malgré les distances et les différences, elles ont également créé un environnement où la distanciation et l'anonymat peuvent altérer les interactions humaines. Pour les enfants qui grandissent dans ce contexte numérique, apprendre à communiquer avec empathie et bienveillance en ligne n'est pas seulement une question de bonnes manières : il s'agit de cultiver les compétences morales et émotionnelles nécessaires à des relations saines, à un engagement éthique et à une citoyenneté responsable dans une société de plus en plus numérique.

L'empathie, par essence, est la capacité à comprendre et à partager les sentiments d'autrui. Fondement de l'harmonie sociale, elle permet aux individus d'anticiper l'impact émotionnel de leurs paroles et de leurs actes. Hors ligne, l'empathie est souvent renforcée par des indices visuels et verbaux – ton de voix, expressions faciales, langage corporel – qui fournissent tous un retour immédiat. Dans les interactions numériques, ces indices sont souvent absents ou atténués, ce qui peut compliquer la tâche des jeunes utilisateurs pour évaluer l'impact de leurs paroles sur autrui. Ce décalage se traduit souvent par des commentaires plus abrupts, des blagues plus cinglantes et des désaccords plus polarisés qu'en face à face.

Enseigner l'empathie dans les contextes numériques nécessite donc un effort délibéré pour combler ce fossé. Il faut apprendre aux enfants à reconnaître que derrière chaque nom d'utilisateur, avatar ou pseudo se cache une personne réelle, avec ses sentiments, ses difficultés et ses vulnérabilités. Ce n'est pas toujours évident, surtout sur les plateformes qui récompensent la provocation ou la popularité. Dans certains environnements en ligne, la dureté est banalisée , et les enfants peuvent imiter des comportements perçus comme intelligents ou assertifs, sans se rendre compte qu'ils participent à une culture d'exclusion ou de préjudice.

Pour contrer ce phénomène, les adultes doivent d'abord reconnaître que l'empathie numérique n'est pas automatique. Elle doit être enseignée, renforcée et modélisée de manière cohérente. Une approche efficace consiste à utiliser des scénarios numériques comme outils pédagogiques. Par exemple, lorsqu'un enfant est confronté à un commentaire agressif sur une vidéo YouTube ou à la publication Instagram d'un camarade qui suscite des moqueries, un parent ou un enseignant peut demander : « À votre avis, qu'a ressenti cette personne en lisant ces commentaires ? » ou « À votre avis, que s'est-il passé par la tête de la personne qui a publié cela ? » Ce genre de questions incite les enfants à réfléchir aux conséquences émotionnelles et à commencer à intérioriser le point de vue des autres.

Intégrer la bienveillance numérique à ces conversations permet de traduire l'empathie en actes. La bienveillance numérique ne consiste pas à être excessivement poli ou à éviter les conflits à tout prix ; il s'agit de communiquer avec intégrité, équité et compassion, même en cas de désaccord. Cela signifie utiliser les plateformes en ligne non seulement pour exprimer ses opinions, mais aussi pour encourager, inclure et encourager les autres. Cela peut prendre de nombreuses formes : offrir des encouragements, défendre une personne ciblée, reconnaître les contributions d'autrui ou simplement utiliser un langage empreint de respect. De tels comportements peuvent paraître anodins, mais dans un environnement où la cruauté peut se propager rapidement, la bienveillance est radicale.

Des exemples concrets renforcent ce message. Prenons l'exemple d'une élève de secondaire qui a remarqué l'exclusion d'un camarade dans une discussion de groupe. Plutôt que d'ignorer la situation, elle a envoyé un message privé à son camarade pour lui exprimer son soutien, puis a abordé le problème avec un adulte de confiance. Son intervention a brisé le cycle de l'exclusion et démontré que les espaces numériques peuvent servir à construire des ponts plutôt que des murs. Mettre en avant des histoires comme celles-ci montre aux enfants qu'ils ont du pouvoir sur les espaces en ligne, non seulement pour se protéger, mais aussi pour façonner la culture qui les entoure.

Une autre dimension cruciale est la culture éthique. De nombreux enfants comprennent la différence entre le bien et le mal dans les contextes traditionnels, mais ne les appliquent pas immédiatement en ligne. Ils savent peut-être que les taquineries sont blessantes, mais ignorent que la transmission d'un mème privé ou d' une capture d'écran peut causer des dommages durables. Ils apprécient peut-être l'honnêteté, mais ne voient aucun mal à exagérer en ligne pour s'intégrer. Un comportement numérique éthique exige une réflexion : quelles sont les motivations derrière mes actions ? Qui pourrait être affecté ? Ferais-je ou dirais-je la même chose si nous étions dans la même pièce ?

Pour favoriser ce type de réflexion éthique, les enfants ont besoin d'occasions de dialoguer, et pas seulement de suivre des règles. Plutôt que de dire : « Ne publie pas de commentaires méchants », on peut demander : « À quel type d'environnement en ligne souhaites-tu appartenir ? » Cette approche encourage l'appropriation et l'action. Lorsque les enfants participent à la définition des attentes concernant leur propre comportement numérique, ils sont plus susceptibles de respecter ces normes et d'aider les autres à faire de même. Les classes et les familles qui co-créent des chartes numériques ou des accords communautaires font souvent état de niveaux plus élevés de respect et de coopération, car les valeurs sont partagées plutôt qu'imposées.

L' exemple des adultes est également essentiel. Les enfants observent nos interactions en ligne : comment nous réagissons aux critiques, comment nous parlons des autres sur les réseaux sociaux, comment nous intervenons en public. Si nous répondons à un désaccord par la moquerie ou le sarcasme, ils peuvent faire de même. Si nous blâmons publiquement les autres pour leurs erreurs, ils peuvent imiter cette stratégie lors de conflits entre pairs. En revanche, lorsque les adultes font preuve d'engagement réfléchi, de compassion et de retenue, ils montrent que les espaces numériques peuvent refléter les mêmes valeurs que nous défendons hors ligne.

Les écoles peuvent renforcer ces efforts en intégrant l'empathie et la bienveillance dans leurs programmes de citoyenneté numérique. Cela va au-delà de la sécurité technique et inclut des projets collaboratifs, des formations à la médiation entre pairs et des échanges interculturels qui approfondissent la compréhension et réduisent les préjugés. Encourager les élèves à créer du contenu positif – comme des campagnes de gratitude, des profils inclusifs ou des défis de bienveillance – permet de passer de la prévention du mal à l'action positive. Ces initiatives démontrent que l'empathie n'est pas seulement réactive ; elle peut être une force proactive qui transforme la culture en ligne.

À la maison, cultiver l'empathie commence par des conversations quotidiennes. Lorsque les enfants parlent de conflits ou d'amitiés en ligne, les adultes peuvent écouter avec curiosité plutôt que de juger. Des questions comme « Qu'est-ce qu'ils voulaient dire par là ? » ou « Avez-vous déjà ressenti cela ? » invitent à l'exploration et enrichissent le vocabulaire émotionnel. Même des interactions apparemment anodines peuvent devenir des occasions de développement personnel. Une discussion sur un fil de commentaires idiot ou un échange d'émojis gênant peut révéler des perspectives plus profondes sur la façon dont les enfants interprètent et abordent la communication numérique.

Il est également important de reconnaître l'impact émotionnel que peuvent avoir les interactions numériques. Même les retours positifs, lorsqu'ils sont liés à la popularité, peuvent créer une pression. Un enfant qui publie un message sincère et reçoit peu d'engagement peut se sentir invisible. Un enfant habitué à des compliments fréquents peut se sentir obligé de se présenter sous une forme personnalisée. L'empathie doit également s'étendre à l'intérieur de soi, en aidant les enfants à reconnaître leurs propres sentiments et à y répondre avec bienveillance et compréhension. Apprendre l'autocompassion est fondamental pour développer la compassion envers autrui.

Développer l'empathie et la bienveillance numérique n'est pas une question de perfection. Les enfants commettront des erreurs, agiront parfois de manière impulsive et participeront occasionnellement à des interactions en ligne qu'ils regretteront plus tard. L'objectif n'est pas d'éliminer tous les faux pas, mais de développer la capacité d'en tirer des leçons. Lorsque les adultes réagissent à ces moments non pas par la punition, mais avec recul, ils créent un environnement d'apprentissage propice à la croissance. Un enfant qui tient des propos blessants en ligne peut être amené à réfléchir, à s'excuser et à se racheter, apprenant ainsi que les erreurs, traitées avec intégrité, peuvent mener à une plus grande maturité.

Au fil du temps, ces apprentissages façonnent la manière dont les enfants se présentent dans les espaces numériques – non seulement en tant qu'utilisateurs, mais aussi en tant que citoyens, amis et communicateurs éthiques. Ils apprennent que leurs paroles comptent, que le silence peut soit cautionner, soit résister au mal, et que la gentillesse n'est pas une faiblesse, mais une force. Ils commencent également à considérer le monde en ligne non pas comme distinct du monde « réel », mais comme une partie de celui-ci – un monde dans lequel leurs actions ont du poids et où leur empathie peut rayonner vers l'extérieur d'une manière qu'ils ne percevront peut-être jamais pleinement.

En enseignant l'empathie et en promouvant la bienveillance numérique, nous ne nous contentons pas d'améliorer les comportements en ligne . Nous formons des individus réfléchis et bienveillants, qui savent s'ouvrir à la différence, qui comprennent l'impact émotionnel de leurs choix et qui utilisent leur voix non pas pour dominer, mais pour créer des liens. Il ne s'agit pas seulement d'une compétence numérique, mais d'une compétence humaine, et sa pertinence perdurera quelle que soit l'évolution des technologies. À travers chaque clic, commentaire et conversation, nos enfants peuvent apprendre que la bienveillance n'est pas seulement possible en ligne, mais qu'elle est essentielle.

Chapitre 6
La technologie comme outil de croissance, pas comme distraction

Il est trop facile, surtout à une époque où la dépendance numérique, la capacité d'attention fragmentée et l'exposition incessante aux écrans suscitent de plus en plus d'inquiétudes, de considérer la technologie comme le principal responsable du développement de l'enfant. Le discours dominant tend à présenter les écrans comme les principaux responsables d'une multitude de troubles sociaux et cognitifs, sapant la créativité, entravant les liens significatifs et freinant une croissance saine. Mais cette perspective, bien que non dénuée de fondement, passe souvent à côté de la réalité. Après tout, la technologie n'est ni intrinsèquement nuisible ni bénéfique ; la véritable question réside dans la manière dont nous choisissons de l'utiliser. Nos priorités , nos modèles, nos possibilités : autant de choix qui déterminent si les écrans deviennent des outils d'enrichissement ou des moteurs de distraction.

Les médias numériques, lorsqu'ils sont utilisés avec discernement, peuvent être bien plus qu'un simple vecteur de consommation passive. Entre de bonnes mains, ils peuvent devenir un espace ouvert à l'exploration, à la créativité et au jeu intellectuel. Un enfant dessinant des personnages imaginaires sur une tablette, un adolescent montant un court métrage sur son mobile ou un apprenant curieux créant un jeu simple à l'aide d'une interface de programmation : ce ne sont pas des passe-temps anodins. Ce sont des expressions d'ingéniosité et de discipline, souvent dissimulées sous le langage du loisir, mais ancrées dans une réelle valeur éducative. Derrière ces projets se cachent la planification, l'expérimentation et l'apprentissage itératif – des compétences aussi utiles en classe que dans la vie en général.

Pourtant, un mythe persiste : le temps passé devant un écran est toujours le même, plat et dénué de sens. C'est une simplification commode, mais fausse. La différence entre des heures perdues à scroller sans réfléchir et le temps passé à scénariser une BD originale sur une application de création numérique est profonde. Le premier émousse les sens ; le second les aiguise. La clé réside dans l'exposition à des expériences numériques adaptées, celles qui invitent à la participation active, éveillent la curiosité et mettent l'accent sur le processus créatif plutôt que sur le produit final.

Ces dernières années, les technologies éducatives ont connu une évolution notable. Certes, le paysage de l'apprentissage numérique est inégal et toutes les plateformes ne se valent pas. Mais des outils comme Khan Academy, Duolingo, Scratch ou Tinkercad se sont imposés comme des environnements véritablement stimulants. Ce ne sont pas de simples feuilles de travail numérisées : ils offrent un apprentissage adaptatif, une réflexion exploratoire et, parfois, une touche d'émerveillement. Surtout, ces plateformes ne remplacent pas les enseignants ; au contraire, elles élargissent la portée de l'apprentissage, permettant aux enfants de pratiquer , de réfléchir et de revisiter les concepts à leur rythme.

Ce type d'engagement cultive également l'autonomie, un changement de mentalité subtil mais essentiel. Un élève qui relève un défi de codage à son rythme ou construit un modèle 3D seul n'apprend pas seulement des faits ou des techniques ; il apprend qu'il peut piloter sa propre progression. Ce sentiment d'être l'artisan de son propre apprentissage peut être profondément valorisant. Il enseigne aux jeunes que la technologie n'est pas simplement quelque chose qui leur arrive, mais quelque chose qu'ils peuvent façonner et diriger.

En dehors de l'éducation formelle, les outils numériques ouvrent également les portes d'un esprit entrepreneurial autrefois réservé aux adultes disposant de capitaux et de relations. Le web a aboli de nombreuses barrières traditionnelles à l'entrée. Un adolescent équipé d'un smartphone peut lancer un podcast, écrire et publier un blog, concevoir des produits dérivés ou mobiliser des fonds pour une initiative communautaire. Ces projets ne sont pas de simples expérimentations : ce sont des expériences formatrices, impliquant souvent budgétisation, stratégie de marque, communication et persévérance.

Imaginez un enfant de douze ans fabriquant et vendant des bijoux faits main en ligne – non seulement pour perfectionner une compétence, mais aussi pour apprendre à fixer le prix, à présenter et à promouvoir ses créations. Ou un adolescent qui crée une chaîne YouTube expliquant des astuces d'algèbre, perfectionnant ainsi progressivement ses compétences oratoires et de rédaction technique. Ce ne sont pas des occupations futiles. Elles représentent un changement dans la dynamique numérique : de la consommation à la contribution, de la distraction à l'orientation.

Les parents ont un rôle important à jouer pour encourager ce changement. Trop souvent, l'utilisation des écrans devient un lieu de friction, un point de friction entre règles, disputes et contrôle. Mais, repensée, elle peut aussi être un lieu d'exploration partagée. Regarder un documentaire ensemble, jouer à un jeu collaboratif, co-créer des histoires numériques ou de la musique : autant de moyens simples mais efficaces de transformer le temps passé devant un écran en temps familial, en moments d'apprentissage mutuel.

Et dans ces moments-là, les parents peuvent faire plus que superviser : ils peuvent s'engager. Demander à un enfant pourquoi il a choisi telle palette de couleurs pour un dessin numérique, ou comment il a appris telle mécanique de jeu, est plus qu'une simple marque d'intérêt ; c'est un signe de respect. Cela lui montre que son monde numérique est pertinent, qu'il mérite d'être discuté et, par extension, que ses choix ont du poids.

Cela dit, rien de tout cela ne remet en cause la nécessité d'un équilibre. Les enfants ont toujours besoin de temps libre : d'espace pour rêver, prendre l'air, jouer physiquement et sans se soucier de rien. L'objectif n'est pas de maximiser l'engagement numérique, mais de veiller à ce que, lorsqu'il se produit, il nourrisse plutôt qu'il ne freine la croissance. Il s'agit de considérer le jeu numérique comme un nouveau volet du jeu lui-même, et non comme son remplacement. Le divertissement passif a sa place, mais il ne doit pas éclipser les opportunités de création, de connexion ou de découverte qu'offre la technologie.

À plus long terme, il apparaît clairement que les compétences numériques que les enfants acquièrent aujourd'hui ne sont pas seulement utiles, elles sont fondamentales. Le monde dont ils hériteront n'est pas seulement en ligne : il est algorithmique, automatisé et profondément lié à l'intelligence artificielle. Dans cette réalité, savoir coder est important. Mais savoir s'adapter, remettre en question, faire preuve d' empathie au-delà des clivages virtuels sera tout aussi important, voire plus.

Le débat sur l'IA et les technologies émergentes doit donc commencer à la maison. Les enfants sont déjà confrontés à des systèmes intelligents : moteurs de recommandation, assistants vocaux, saisie prédictive. Ces outils sont certes puissants, mais aussi opaques. Les parents peuvent contribuer à les démystifier en les interrogeant : comment cet algorithme décide-t-il ce qu'il doit vous montrer ? Qui l'a conçu ? Quelles hypothèses pourraient y être intégrées ? Ces questions ne sont pas seulement techniques, elles sont éthiques et essentielles au développement d'une citoyenneté numérique réfléchie et interrogative.

Pour les parents, ce rôle exige humilité et curiosité. Il implique de reconnaître les limites de ses propres connaissances, d'apprendre aux côtés de son enfant et de cultiver une culture familiale où l'exploration numérique est à la fois sûre et valorisée. Le même enthousiasme que nous manifestons pour la peinture ou l'effort sportif d'un enfant devrait s'étendre à un code ingénieux ou à une vidéo bien montée. L'effort n'en est pas moins réel, l'apprentissage tout aussi riche.

La technologie n'est pas une présence neutre dans nos vies. Elle nous façonne – nos habitudes, nos pensées, nos relations. Mais ce façonnement n'est pas inévitable. On peut la diriger, la guider, voire y résister, si nécessaire. On peut apprendre aux enfants à aborder la technologie non seulement comme des consommateurs, mais aussi comme des acteurs conscients – des individus qui comprennent les structures qu'ils habitent et qui se sentent habilités à les façonner avec intelligence et bienveillance.

Ce chapitre propose une stratégie pour ce type d'engagement. Il s'appuie sur des exemples concrets, des réflexions pratiques et la conviction du potentiel créatif des enfants lorsqu'ils sont bien outillés et encouragés. En passant de la peur aux possibilités, des limites à la culture, nous commençons à considérer la technologie non pas comme une menace pour l'enfance, mais comme un moyen de l'enrichir. Le défi n'est pas d'éliminer les écrans, mais de révéler leur potentiel – d'aider les enfants à devenir non seulement fluides dans le langage numérique, mais aussi avisés dans son utilisation.

Le potentiel créatif des outils numériques

Lorsqu'on pense aux enfants et à la technologie, les discours dominants se concentrent souvent sur la consommation – des heures passées à scroller, à jouer ou à regarder des vidéos. Mais cette perspective néglige l'une des dimensions les plus dynamiques et prometteuses de l'engagement numérique : la possibilité pour les jeunes d'utiliser la technologie comme un tremplin vers l'expression créative et le développement intellectuel. Loin d'être une distraction ou une activité passive, les outils numériques, lorsqu'ils sont introduits de manière réfléchie et utilisés à bon escient, peuvent ouvrir la voie à de nouvelles formes d'art, de résolution de problèmes et de génération d'idées, jusqu'alors inaccessibles à la plupart.

Aujourd'hui, la créativité ne se limite plus au papier, à la toile ou à la scène. Elle est tout aussi présente sur les écrans tactiles et les interfaces numériques. Un enfant qui compose de la musique avec GarageBand sur une tablette, un adolescent qui anime un court métrage avec Blender ou un jeune apprenant qui construit une histoire interactive sur une plateforme de codage comme Scratch se livrent à des actes profondément créatifs. Ces outils ne remplacent pas les formes d'expression traditionnelles ; ils élargissent plutôt le vocabulaire grâce auquel les enfants peuvent donner du sens au monde et à la place qu'ils y occupent. Ils abaissent les barrières à l'entrée, encouragent l'expérimentation et offrent un retour immédiat – des ingrédients clés du processus créatif.

La démocratisation des outils créatifs est l'un des aspects les plus transformateurs de l'ère numérique. Auparavant, la production d'un court métrage nécessitait un équipement coûteux, une expertise technique et souvent la supervision d'un adulte. Aujourd'hui, un smartphone et une application de montage basique suffisent à créer un récit captivant. Il en va de même pour l'édition, la composition musicale, l'illustration numérique et même la conception de jeux vidéo. Des plateformes comme Canva, Procreate, Tinkercad et BandLab permettent aux enfants de créer des œuvres sophistiquées sur tous les supports, souvent sans formation formelle. Cette accessibilité est importante. Elle montre aux enfants que la créativité n'est pas réservée aux surdoués ou aux professionnels formés : c'est quelque chose qu'ils peuvent s'approprier, explorer et développer à leur rythme.

Des exemples concrets montrent comment les enfants exploitent ces outils avec une ingéniosité remarquable. Prenons le cas d'un enfant de dix ans qui commence à créer des vidéos en stop-motion à partir d'objets du quotidien et d'un téléphone portable. Au départ, les vidéos sont simples et spontanées, mais avec le temps, elles deviennent plus complexes, intégrant des dialogues scénarisés, des décors et le développement des personnages. Ce processus permet à l'enfant non seulement d'acquérir des compétences techniques, mais aussi de s'intéresser à la narration, au rythme et à la composition visuelle. De même, un enfant de treize ans peut utiliser un blog pour publier des essais réflexifs ou des fanfictions, se découvrant ainsi une passion pour l'écriture et se construisant un public qui nourrit une exploration plus approfondie.

Ces plateformes numériques ne se contentent pas d'offrir de nouveaux formats d'expression : elles cultivent des habitudes de pensée. La nature itérative de la création numérique encourage la résilience. Un enfant qui enregistre et réenregistre un extrait de podcast, ou retouche une photo plusieurs fois pour obtenir l'effet souhaité, pratique la persévérance et affine son souci du détail. Les fonctionnalités collaboratives de nombreux outils numériques favorisent également l'apprentissage interpersonnel. Les enfants qui travaillent ensemble sur une présentation Google Slides ou contribuent à une bande dessinée numérique partagée apprennent à donner et à recevoir du feedback, à négocier des idées et à combiner leurs forces.

La technologie favorise une créativité multimodale. Les enfants ne sont pas contraints de choisir entre l'écriture et le dessin, entre le son et l'image. Ils peuvent mélanger les supports, mélanger les genres et passer facilement d'un mode d'expression à l'autre. Cette approche intégrée répond aux inclinations naturelles de nombreux jeunes apprenants, en particulier ceux qui ne s'épanouissent pas dans un cadre scolaire traditionnel. Un enfant qui a des difficultés avec les dissertations écrites pourrait s'épanouir en réalisant une dissertation vidéo, un projet de voix off ou une infographie interactive. En offrant de multiples points d'entrée, la créativité numérique peut révéler des points forts que les évaluations standard ne perçoivent pas.

Parents et enseignants se demandent souvent comment encourager ce type d'engagement numérique sans laisser les écrans dominer ou diluer l'attention. La solution réside dans la conception de la technologie comme un outil, et non comme un passe-temps. Lorsque les enfants sont encouragés à utiliser les appareils pour créer plutôt que pour consommer, leur rapport à l'écran change. Un parent pourrait demander : « Que fais-tu aujourd'hui ? » plutôt que « Depuis combien de temps utilises-tu ton appareil ? » Ce recadrage subtil renforce l'autonomie et l'intention. De même, les enseignants peuvent concevoir des devoirs favorisant la création numérique, en invitant les élèves à soumettre un podcast plutôt qu'un rapport écrit, ou un zine numérique plutôt qu'une affiche classique.

Le soutien des adultes ne nécessite aucune expertise technique. Ce qui compte avant tout, c'est la curiosité, la curiosité et la reconnaissance des efforts. Lorsqu'un enfant partage une œuvre d'art numérique ou une courte vidéo, la réaction de l'adulte doit refléter notre réaction face aux autres formes de créativité. Poser des questions sur le processus, les choix effectués et ce que l'enfant a appris en cours de route l'aide à approfondir sa compréhension et à être fier de son travail. Cela ouvre également la voie à des discussions sur l'esthétique, l'intention et le public, autant d'éléments essentiels au développement créatif.

Il existe également de nombreuses opportunités de relier la créativité numérique à des contextes concrets. Un enfant qui crée une affiche sur les questions environnementales sur une plateforme de design en ligne peut être encouragé à l'imprimer et à la distribuer à l'école. Un livre de recettes numérique créé dans le cadre d'un projet familial peut être partagé avec ses proches ou mis en ligne sur un site web communautaire. Lorsque les créations numériques dépassent l'écran et s'intègrent à des contextes sociaux, les enfants constatent que leurs idées comptent et peuvent avoir un impact. Cela renforce la valeur de leur travail et les incite à explorer davantage.

De plus, l'utilisation créative des technologies aide les enfants à développer leur identité numérique, non pas en termes de marque personnelle, mais en termes de voix, d'intérêts et de valeurs. Choisir ses créations, comment les présenter et où les partager invite à l'introspection. Cela encourage les enfants à réfléchir à la manière dont ils souhaitent être perçus et à leur contribution. Ce processus est fondamental pour développer une relation saine avec les technologies, où l'écran est un miroir de la pensée, et non un masque de conformisme.

Pourtant, le potentiel créatif des outils numériques n'est pas sans tensions. Le risque de comparaison, l'angoisse de la performance ou la fixation sur des indicateurs de feedback tels que les mentions « J'aime » et les vues peuvent miner la motivation intrinsèque. C'est là que l'accompagnement des adultes est le plus nécessaire : non pas pour éliminer ces risques, mais pour aider les enfants à les appréhender. Aider un enfant à réfléchir aux raisons pour lesquelles il crée, à sa définition du succès et à ce qu'il apprécie dans ce processus renforce l'accent mis sur la croissance et l'apprentissage plutôt que sur l'approbation ou la compétition.

Les éducateurs et les éducateurs doivent également être conscients des disparités d'accès aux outils numériques de qualité. Si de nombreuses plateformes sont gratuites ou à faible coût, les appareils, la connectivité et les environnements d'apprentissage propices ne sont pas répartis équitablement. Veiller à ce que tous les enfants aient la possibilité d'explorer leur potentiel créatif grâce aux technologies est une responsabilité sociale plus large. Cela nécessite des investissements non seulement dans le matériel, mais aussi dans la pédagogie numérique, la formation des enseignants et des contenus culturellement pertinents.

Le potentiel créatif des outils numériques est immense, mais il n'est pas automatique. Il doit être cultivé par l'opportunité, l'encouragement et une utilisation intentionnelle. Lorsque les enfants disposent de l'espace, du soutien et des ressources nécessaires à leur exploration, ils peuvent transformer les écrans de distraction en studios, de sources de bruit en instruments de voix. Ils peuvent dessiner, écrire, concevoir, composer, filmer, coder et inventer. Ce faisant, ils développent non seulement des compétences techniques, mais aussi les capacités profondes que la créativité favorise : l'imagination, la résilience, l'empathie et l'innovation.

À mesure que la technologie évolue, les façons dont les enfants créent avec elle évoluent également. Les outils changent, mais l'envie d'exprimer, de se connecter et de donner forme à ses idées demeure. En adhérant à cette envie et en guidant ses expressions numériques, nous aidons les enfants à se percevoir non seulement comme des utilisateurs de la technologie, mais aussi comme des créateurs : réfléchis, inspirés et capables de contribuer significativement au monde qui les entoure.

Applications et plateformes éducatives efficaces

L'essor exponentiel des technologies éducatives a révolutionné l'apprentissage des enfants, le rendant plus accessible, stimulant et personnalisé que jamais. Pourtant, face à la prolifération d'applications, de jeux et de plateformes prétendant améliorer le développement cognitif ou la réussite scolaire, de nombreux parents et enseignants se demandent quels outils favorisent véritablement un apprentissage pertinent et lesquels se contentent de se faire passer pour éducatifs et de se contenter de divertir. Pour appréhender ce paysage numérique avec discernement, il faut dépasser les interfaces tape-à-l'œil et les slogans marketing pour prendre en compte la réelle valeur éducative offerte par la technologie. L'objectif n'est pas seulement d'occuper les enfants, mais de faciliter un apprentissage actif, pertinent et enrichissant.

Une utilisation constructive des technologies commence par l'identification d'outils conformes à de solides principes pédagogiques. Les applications et plateformes éducatives les plus efficaces sont celles qui favorisent la réflexion approfondie, favorisent la maîtrise par le feedback et la répétition, et s'adaptent au rythme et aux besoins de chaque apprenant. Ces outils ne considèrent pas l'apprentissage comme un simple divertissement ou une forme de ludification, mais comme un processus impliquant curiosité, défi et réflexion. Ils sont structurés pour impliquer les enfants non seulement sur le plan cognitif, mais aussi émotionnel, en proposant un contenu pertinent, stimulant et adapté à leurs efforts.

Prenons par exemple le succès retentissant de Khan Academy. Ce qui n'était au départ qu'une bibliothèque de tutoriels mathématiques simples est devenu une plateforme complète couvrant des matières telles que les sciences, l'économie, l'informatique et les sciences humaines. Sa force réside dans la clarté de ses explications, la structure structurée de son contenu et son approche axée sur la maîtrise. Les apprenants ne progressent que lorsqu'ils démontrent leur compréhension, un modèle qui réduit l'anxiété et renforce la confiance. De plus, son feedback en temps réel aide les élèves à corriger les idées fausses au fur et à mesure qu'elles apparaissent. Les enseignants et les parents peuvent suivre les progrès grâce à des tableaux de bord détaillés, ce qui améliore la transparence et fournit une base pour un accompagnement personnalisé.

Duolingo est une autre application remarquable, alliant design ludique et contenu rigoureux. Souvent perçue comme un jeu, Duolingo est dotée d'une structure pédagogique solide. Elle utilise la répétition espacée pour améliorer la mémorisation et propose un vocabulaire contextualisé favorisant l'application plutôt que la mémorisation. Duolingo se distingue par sa capacité à transformer la pratique en habitude, faisant de l'apprentissage des langues un exercice quotidien à la fois agréable et efficace. Pour les enfants, en particulier ceux qui pourraient trouver l'apprentissage des langues intimidant dans un cadre formel, ce type d'exposition progressive et sans pression peut être transformateur.

Pour les plus jeunes, des applications comme Endless Alphabet et Montessori Crosswords se concentrent sur la phonétique, le vocabulaire et l'apprentissage de la lecture grâce à des récits interactifs et des énigmes. Leur conception visuelle et auditive s'appuie sur la recherche sur le développement de l'enfant et favorise l'engagement multisensoriel. Contrairement à de nombreuses alternatives tape-à-l'œil, ces applications évitent la surstimulation et encouragent les enfants à ralentir, à réfléchir et à explorer. Cette philosophie de conception respecte le processus cognitif de l'enfant et favorise une attention plus soutenue.

En matière de numératie, Prodigy a gagné en popularité grâce à sa combinaison de mécanismes de jeu de rôle et de défis mathématiques . La plateforme adapte les questions au niveau de l'apprenant et récompense les efforts par des progrès dans un monde imaginaire interactif. Si certains enseignants s'inquiètent du fait que les incitations ludiques éclipsent le contenu lui-même, utilisé judicieusement, Prodigy peut constituer un complément motivant à l'enseignement en classe. Il est particulièrement efficace pour les enfants qui bénéficient de styles d'apprentissage visuel et kinesthésique.

Les enfants plus âgés et les adolescents se tournent de plus en plus vers des plateformes comme Quizlet et Brainscape , qui utilisent des flashcards numériques pour faciliter la révision et l'auto-évaluation. Ces outils favorisent la conscience métacognitive en aidant les élèves à identifier ce qu'ils savent et ce qu'ils doivent revoir. Contrairement aux flashcards traditionnelles, ces plateformes utilisent des algorithmes pour ajuster la fréquence des questions en fonction des niveaux de confiance, améliorant ainsi l'efficacité et renforçant la mémorisation à long terme. Surtout, elles permettent également aux élèves de créer leur propre contenu, renforçant ainsi leur capacité d'action et leur engagement personnel envers le contenu.

Les plateformes de codage telles que Scratch et Tynker méritent une attention particulière pour leur capacité à enseigner la pensée computationnelle et la logique de manière accessible et créative. Scratch, développé par le MIT Media Lab, permet aux enfants de créer des animations, des jeux et des histoires interactives en séquençant des blocs de code. Cette approche visuelle démystifie la programmation et encourage la résolution de problèmes dans un format ludique et rassurant. Tynker, similaire, propose des cours plus structurés, adaptés aux programmes scolaires, et est idéal pour les apprenants prêts à se lancer dans des langages de codage plus avancés.

La valeur pédagogique de ces plateformes réside non seulement dans les matières enseignées, mais aussi dans leur méthode. Elles renforcent les fonctions exécutives essentielles – telles que la mémoire de travail, la flexibilité cognitive et le contrôle inhibiteur – en exigeant planification, persévérance et raisonnement adaptatif. Elles favorisent également la motivation intrinsèque lorsque les apprenants constatent les résultats tangibles de leurs efforts, que ce soit sous la forme d'une application fonctionnelle, d'un niveau terminé ou d'un badge de réussite personnalisé . Ces formes de feedback, bien que simples, sont psychologiquement significatives et contribuent à ancrer l'apprentissage dans un renforcement positif.

Il faut également prendre en compte la dimension sociale des plateformes éducatives. Des outils collaboratifs comme Google Classroom, Padlet et Flipgrid permettent aux élèves de partager des idées, de partager des commentaires entre pairs et de cocréer du contenu en temps réel. Ces plateformes brouillent les frontières entre apprentissage et dialogue, encourageant les enfants à se considérer non seulement comme des destinataires d'informations, mais aussi comme des participants actifs d'une communauté d'apprentissage. Utilisés en milieu scolaire ou familial, ces outils peuvent favoriser les compétences en communication et la résolution collaborative de problèmes, des compétences clés tant dans le milieu scolaire que professionnel.

Cependant, la mise en œuvre pratique nécessite l'implication volontaire des adultes. Même les applications éducatives les plus efficaces peuvent devenir inefficaces si elles sont utilisées sans contexte, sans réflexion ni accompagnement. Les adultes n'ont pas besoin d'être experts en la matière, mais doivent être disposés à interagir avec les enfants sur leur utilisation. Poser des questions telles que « Qu'as-tu trouvé difficile aujourd'hui ? », « Comment as-tu résolu ce problème ? » ou « Qu'aimerais-tu apprendre ensuite ? » contribue à rendre l'apprentissage visible et à renforcer la métacognition.

Il est également essentiel de trouver un équilibre entre une utilisation structurée et une utilisation exploratoire. Si certaines plateformes proposent des parcours guidés avec des objectifs clairs, d'autres sont ouvertes, encourageant les enfants à maîtriser leur apprentissage. Les deux sont utiles. Un enfant qui utilise une application de conception comme Canva pour créer une infographie sur un sujet qui l'intéresse s'engage dans la recherche, la synthèse et la communication visuelle, le tout de manière autonome. De même, un élève utilisant Google Earth pour explorer la géographie du monde à son rythme est susceptible de retenir bien plus de connaissances qu'avec un enseignement passif. Ces moments d'apprentissage guidés par la curiosité ne sont pas complémentaires : ils sont essentiels à la formation d'apprenants tout au long de la vie.

L'équité doit également être au cœur de toute discussion sur les technologies éducatives. Tous les enfants n'ont pas le même accès aux appareils, au haut débit ou à l'accompagnement des adultes. Si nombre des meilleures plateformes sont gratuites ou peu coûteuses, leur efficacité dépend de l'état des infrastructures. Les écoles, les bibliothèques et les centres communautaires jouent un rôle essentiel pour combler ce fossé, tout comme les politiques qui privilégient l'inclusion numérique et l'éducation des parents. Sans ces soutiens, la promesse des technologies éducatives risque de devenir un nouveau vecteur d'inégalités.

Cela dit, lorsque l'accès et le soutien sont assurés, les applications et plateformes éducatives peuvent considérablement améliorer l'expérience d'apprentissage. Elles permettent la différenciation, offrent un retour d'information immédiat et favorisent divers styles d'apprentissage. Elles peuvent aider un enfant en difficulté avec les méthodes traditionnelles à trouver son rythme, ou inciter un apprenant avancé à approfondir ses connaissances. Plus que tout, elles peuvent personnaliser l'apprentissage, ancré non dans l'obligation, mais dans la découverte.

Alors que parents et éducateurs s'interrogent sur le rôle des outils numériques dans la vie des enfants, l'essentiel n'est pas de rejeter ou d'adopter la technologie sans discernement, mais de l'utiliser avec discernement. Cela implique d'évaluer les plateformes non pas en fonction de leur popularité ou de leur raffinement, mais de leur capacité à soutenir un véritable apprentissage. Cela implique d'être curieux de ce que font les enfants sur leurs écrans et d'être disposés à les guider vers des outils qui nourrissent leur intellect plutôt qu'ils ne l'aplatissent. Et cela implique de reconnaître que dans un monde de plus en plus façonné par la technologie, savoir l'utiliser de manière constructive n'est pas seulement une compétence numérique : c'est une compétence fondamentale pour l'apprenant moderne.

Encourager l'entrepreneuriat numérique

Les enfants d'aujourd'hui grandissent dans un monde où les frontières entre consommateur et créateur sont de plus en plus floues. Grâce à l'accès à des outils numériques sophistiqués, à un public mondial et à des plateformes décentralisées , l'entrepreneuriat n'a jamais été aussi accessible aux jeunes. Pourtant, une grande partie de leur interaction avec la technologie reste ancrée dans une consommation passive : regarder des vidéos, consulter les réseaux sociaux ou jouer à des jeux conçus par d'autres. Encourager l'entrepreneuriat numérique implique de changer ce paradigme : amener les enfants à se considérer non seulement comme des utilisateurs de contenus, mais aussi comme des créateurs, des résolveurs de problèmes et des innovateurs compétents dans le paysage numérique.

L'entrepreneuriat numérique ne se résume pas à créer une entreprise ou à monétiser des compétences. C'est un état d'esprit qui valorise l'initiative, la créativité, l'expérimentation et la résilience. Il enseigne aux enfants qu'ils peuvent créer de la valeur grâce aux outils à leur disposition et que leurs idées, aussi naissantes soient-elles, peuvent se concrétiser. Cet état d'esprit s'inscrit parfaitement dans les principes fondamentaux de l'apprentissage au XXIe siècle : esprit critique, collaboration, autonomie et adaptabilité. En cultivant ces qualités par la pratique entrepreneuriale, nous préparons les enfants non seulement à participer au monde numérique, mais aussi à le façonner.

La première étape consiste à aider les enfants à comprendre que créer quelque chose en ligne est à leur portée. Nombre d'entre eux s'adonnent déjà à des activités créatives : création d'avatars, montage vidéo, écriture de fan fictions ou création d'art numérique. Ces loisirs, s'ils sont bien encadrés, peuvent se transformer en projets entrepreneuriaux. Un enfant qui aime dessiner peut se lancer dans la création d'autocollants numériques ou de personnages, vendus sur des plateformes comme Redbubble. Un adolescent qui utilise des applications de production musicale peut constituer un portfolio de morceaux et les diffuser sur Bandcamp ou SoundCloud. L'important n'est pas l'ampleur de l' effort , mais la prise de conscience que la créativité numérique peut aller au-delà de la satisfaction personnelle et créer une valeur partagée.

Des exemples concrets illustrent comment les jeunes ont déjà opéré cette transition. Prenons le cas d'un adolescent de quatorze ans qui a appris à coder grâce à des ressources en ligne gratuites et a créé une application de productivité simple pour aider ses camarades à suivre leurs devoirs. Après l'avoir partagée sur les réseaux sociaux et améliorée grâce aux retours de ses pairs, l'application a gagné en popularité dans son école et a finalement touché un réseau scolaire plus large. Ce qui n'était au départ qu'un outil modeste est devenu un projet porteur de sens, avec des utilisateurs, une identité de marque et un potentiel de développement. Dans ce scénario, l'enfant n'a pas attendu d'instructions formelles ni de validation externe ; il a identifié un problème, élaboré une solution et a agi : des caractéristiques typiques de l'esprit entrepreneurial.

Apprendre aux enfants à adopter cette approche commence par les encourager à s'interroger sur les outils et contenus numériques qu'ils rencontrent. Au lieu de considérer les applications ou les jeux comme des produits finis, on peut les guider vers l'exploration de leur conception, de leurs créateurs et des décisions qui ont présidé à leur création. Ce type d'enquête critique stimule la curiosité technique et permet aux enfants de passer du statut d'utilisateurs passifs à celui de créateurs actifs. Une fois qu'ils commencent à comprendre les mécanismes de leurs expériences numériques préférées , l'idée de créer les leurs devient beaucoup moins intimidante.

Un autre élément essentiel est de développer une tolérance à l'échec. L'entrepreneuriat, par nature, implique des essais et des erreurs. Qu'un enfant crée un blog, une chaîne YouTube ou une boutique en ligne d'artisanat artisanal, les échecs sont inévitables. Les vidéos peuvent ne pas être vues, les produits peuvent ne pas se vendre et les problèmes techniques peuvent être nombreux. Le rôle de l'adulte est ici de considérer ces expériences non pas comme des échecs, mais comme des données précieuses qui éclairent les tentatives futures. Lorsqu'on apprend à un enfant à analyser ce qui n'a pas fonctionné, à s'adapter et à réessayer, il développe la résilience même qui distingue les créateurs à succès des novices découragés.

Cet état d'esprit s'étend au-delà des compétences numériques et s'étend à des leçons de vie plus vastes. Lorsque les enfants mènent un petit projet en ligne – qu'il s'agisse de gérer une communauté autour d'intérêts communs, de suivre leur propre calendrier de publication ou de coordonner les commandes et les retours – ils développent la gestion du temps, la communication et la responsabilisation. Ils apprennent à prioriser les tâches, à respecter les délais et à s'adapter aux retours des utilisateurs. Il ne s'agit pas d'apprentissages hypothétiques, mais du quotidien des entrepreneurs numériques, qui préparent les enfants à la réussite scolaire et à l'adaptabilité professionnelle.

Les écoles et les parents peuvent soutenir ce développement en créant des espaces où l'esprit entrepreneurial est non seulement autorisé, mais encouragé. En classe, cela peut se traduire par un apprentissage par projets intégrant technologie et résolution de problèmes concrets. Plutôt que de donner des rapports abstraits, les enseignants peuvent inciter les élèves à développer des solutions numériques à des problématiques scolaires, comme améliorer la communication, sensibiliser à l'environnement ou créer des plateformes de mentorat entre pairs. Ces projets peuvent être interdisciplinaires et combiner langage, informatique, design et raisonnement éthique. Lorsque les élèves constatent que leurs idées peuvent avoir un impact concret, ils développent un sentiment d'autonomie qui transcende la classe.

À la maison, les parents peuvent encourager l'esprit d'entreprise en s'intéressant aux passions numériques de leurs enfants et en soutenant leurs projets d'exploration. Un enfant passionné de jeux vidéo pourrait être invité à concevoir ses propres mécanismes de jeu ou scénarios de personnages. Un jeune écrivain pourrait être encouragé à compiler ses histoires dans un livre numérique et à s'initier à l'autoédition. Les parents n'ont pas besoin d'être experts en la matière. Ce qui compte, c'est leur volonté de poser des questions, de les encourager et d'aider les enfants à inscrire leurs efforts dans un contexte plus large de valeur et d'impact.

Il est important de noter que l'entrepreneuriat numérique offre également aux enfants une plateforme pour explorer la responsabilité sociale. De nombreux jeunes entrepreneurs utilisent leurs projets pour sensibiliser à des causes qui leur tiennent à cœur ou pour contribuer à leur communauté. Un enfant peut vendre des autocollants éco-responsables pour soutenir des associations environnementales ou créer du contenu de sensibilisation à la santé mentale pour ses pairs. Ces initiatives enseignent aux enfants que l'entrepreneuriat n'est pas uniquement une question de profit : il peut aussi être un vecteur de défense des droits, d'inclusion et de changement positif. Lorsque les enfants comprennent qu'ils peuvent utiliser les outils numériques pour servir les autres autant que pour eux-mêmes, ils commencent à considérer leur rôle dans le monde numérique comme un rôle de contribution, et non de simple consommation.

Cependant, les opportunités s'accompagnent de responsabilités. Lorsque les enfants se lancent dans l'entrepreneuriat en ligne, il est essentiel de leur enseigner l'éthique numérique, la confidentialité et la propriété intellectuelle. Ils doivent comprendre l'importance du consentement, de l'attribution et de la transparence. Tout comme nous enseignons l'éthique traditionnelle en commerce, nous devons également leur inculquer un sens de l'intégrité numérique. Cela implique de respecter le travail d'autrui, de protéger leurs propres idées et de communiquer honnêtement avec leur public ou leurs utilisateurs. Ces conversations ne sont pas secondaires : elles sont essentielles pour garantir que les créateurs numériques de demain soient non seulement innovants, mais aussi respectueux des principes.

L'entrepreneuriat numérique offre également une opportunité de promouvoir l'équité. Si les outils de création sont plus accessibles que jamais, les disparités d'accès aux appareils, à une connexion internet stable et au mentorat persistent. Les écoles et les communautés doivent s'efforcer activement de fournir à tous les enfants les ressources nécessaires pour explorer et développer leurs idées entrepreneuriales. Des programmes proposant des appareils partagés, des ateliers, du mentorat et une exposition à des modèles concrets peuvent contribuer à égaliser les chances. Sans ce soutien, les enfants les plus créatifs et les plus motivés risquent de se retrouver exclus des opportunités offertes par l'entrepreneuriat numérique.

Notre objectif ultime est d'élever une génération d'enfants qui n'attendent pas simplement d'être divertis, instruits ou employés, mais qui comprennent leur capacité à façonner le monde numérique avec intelligence, créativité et cœur. Encourager l'entrepreneuriat numérique ne signifie pas forcer les enfants à créer une entreprise ou à courir après le profit. Il s'agit de cultiver un esprit d'initiative et d'appropriation. Il s'agit de leur montrer que leurs idées comptent et qu'ils disposent des outils pour les concrétiser. Il s'agit de leur apprendre que le succès n'est pas une question de célébrité instantanée, mais de persévérance, d'impact et de croissance.

Lorsque les enfants apprennent à construire plutôt qu'à simplement consommer, ils commencent à se considérer non plus comme des passagers à l'ère numérique, mais comme des pilotes. Ils découvrent qu'ils ont une voix, des compétences et une plateforme, et qu'avec un accompagnement et un soutien appropriés, ils peuvent les utiliser pour créer quelque chose de significatif. Ce faisant, ils ne se contentent pas d'apprendre l'entrepreneuriat : ils découvrent qui ils sont et ce dont ils sont capables. C'est là, en fin de compte, la promesse de l'entrepreneuriat numérique : non seulement la création de produits, mais aussi le développement d'un sens, de la curiosité et de l'autonomie dans un monde connecté.

Utiliser la technologie pour renforcer les liens familiaux

La technologie est souvent perçue comme un obstacle à la vie familiale, source d'isolement, de distraction et de déconnexion. L'image archétypale de chaque membre de la famille rivé à son écran, perdu dans des univers numériques distincts, alimente le discours selon lequel la technologie est intrinsèquement néfaste pour les relations. Pourtant, cette perspective est, au mieux, partiale. S'il est vrai qu'une utilisation excessive des écrans peut créer une distance émotionnelle et physique au sein des foyers, il est tout aussi vrai que la technologie, utilisée de manière réfléchie et collaborative, peut devenir un puissant outil de rapprochement familial. Ce n'est pas la présence des écrans qui détermine leur impact sur la vie familiale, mais la nature des interactions qu'ils facilitent.

Transformer le temps passé devant un écran en temps partagé ne se résume pas à occuper la même pièce tout en utilisant des appareils distincts. Il s'agit d'un engagement intentionnel : utiliser la technologie comme vecteur de conversation, de coopération et de découverte mutuelle. Lorsque parents et enfants utilisent les médias ensemble, ils passent d'une consommation passive à une cocréation active de sens. Regarder un documentaire côte à côte, jouer à un jeu coopératif ou coéditer un album photo numérique sont autant de moments où la technologie cesse d'être isolante pour devenir relationnelle. Ces expériences partagées peuvent susciter le dialogue, susciter le rire et même cultiver l'empathie, en particulier lorsque les adultes font preuve de curiosité et de réactivité émotionnelle.

L'un des moyens les plus accessibles d'utiliser la technologie pour renforcer les liens familiaux est le visionnage en commun. Il ne s'agit pas seulement de regarder la télévision ou des contenus en ligne ensemble, mais de les aborder de manière critique et émotionnelle. Les parents peuvent choisir un film qui soulève des questions morales, présente de nouvelles cultures ou aborde des sujets pertinents pour la vie de leur enfant. Plutôt que de simplement regarder et passer à autre chose, ils peuvent engager des discussions qui approfondissent la compréhension et suscitent des perspectives multiples. Poser des questions telles que « Que pensez-vous que ce personnage ressentait ? » ou « Auriez-vous fait le même choix ? » transforme le divertissement en un espace de réflexion éthique et de partage. Ces conversations aident les enfants à se sentir écoutés et compris, tout en les exposant aux valeurs et au raisonnement de leurs parents.

Le jeu vidéo s'est également révélé être un contexte étonnamment riche pour les liens intergénérationnels. Souvent décrié pour son potentiel addictif, il peut aussi offrir des opportunités de collaboration, de résolution de problèmes et même de narration. Les jeux coopératifs qui demandent aux joueurs de collaborer vers un objectif commun, comme « Minecraft », « Overcooked » ou les jeux d'aventure à base de puzzles, favorisent la communication et la stratégie. Lorsque les parents participent, non pas en tant que superviseurs, mais en tant que coéquipiers, ils comprennent mieux les centres d'intérêt et les schémas de pensée de leur enfant. Pour l'enfant, voir un parent prendre au sérieux son univers numérique est une forme de validation qui renforce la confiance et la proximité émotionnelle. Même les jeux compétitifs, lorsqu'ils sont encadrés par un esprit ludique et sportif, peuvent devenir des lieux de saine rivalité et d'humour .

La technologie permet également aux familles de créer ensemble. Les outils numériques de retouche photo, de production vidéo, de composition musicale et de graphisme sont de plus en plus accessibles et conviviaux. Une famille peut créer une chaîne YouTube privée pour immortaliser les fêtes et les moments marquants, créer un album numérique de souvenirs partagés ou collaborer sur un mix musical reflétant ses goûts et son histoire. Ces projets ne sont pas seulement amusants : ils permettent de raconter des histoires, de créer des souvenirs et de forger une identité. Ils donnent aux enfants le sentiment que leurs expériences comptent et que leur voix a sa place dans le récit familial.

Les plateformes éducatives offrent une autre voie pour partager le temps d'écran. Les parents peuvent explorer avec leurs enfants des sujets d'intérêt commun, qu'il s'agisse d'apprendre une nouvelle langue avec Duolingo, d'explorer des concepts scientifiques grâce à des simulations interactives ou de visiter ensemble des expositions virtuelles. Ces activités intellectuelles partagées créent une dynamique où parents et enfants sont des co-apprenants. Cela aplanit le gradient d'autorité traditionnel et encourage les enfants à considérer l'apprentissage comme une activité enrichissante et permanente plutôt que comme une tâche scolaire. Cela démontre également que la technologie peut être une source d'émerveillement, et pas seulement de divertissement.

Les technologies de communication peuvent être particulièrement précieuses pour les familles éloignées. Les appels vidéo avec les grands-parents, les agendas partagés en ligne, les discussions de groupe et les playlists collaboratives permettent aux membres d'une famille dispersée de rester présents dans la vie des autres. Ces points de contact numériques, bien que limités, tissent une continuité et une proximité au-delà des frontières géographiques. Lorsque les enfants voient ces outils utilisés pour entretenir de véritables relations, ils apprennent que la technologie peut être une expression d'amour, et non un simple moyen de distraction.

Cependant, utiliser la technologie pour favoriser les liens ne se fait pas automatiquement. Cela exige intentionnalité, limites et adaptabilité. Les adultes doivent être prêts à interagir selon les conditions de leur enfant, dans les espaces numériques qu'il trouve significatifs. Cela implique de résister à la tentation de rejeter un jeu, une vidéo ou une application simplement parce qu'ils semblent insignifiants. Cela implique également d'être à l'écoute de la tonalité émotionnelle des expériences partagées. Si le temps passé ensemble devant un écran est teinté de jugement, de correction ou de frustration, son potentiel de création de liens est perdu. L'objectif n'est pas de surveiller ou de critiquer, mais de participer, d'observer et de poser des questions ouvertes qui invitent l'enfant à exprimer ses pensées et ses sentiments.

Il est tout aussi important de savoir reconnaître quand les écrans nuisent à la vie familiale au lieu de la favoriser. Toutes les interactions numériques ne créent pas de liens, et il arrive qu'un repas, une promenade ou un jeu de société sans écran offrent une forme de connexion plus enrichissante. L'objectif n'est pas de privilégier la technologie aux autres formes d'interaction familiale, mais de l'intégrer de manière pertinente et sélective. Les familles devraient réfléchir à la façon dont elles utilisent la technologie ensemble et se demander si leurs habitudes actuelles soutiennent leurs objectifs relationnels. Dans le cas contraire, de petits ajustements, comme planifier une soirée de jeux familiale hebdomadaire, regarder une série en groupe avec une discussion planifiée ou collaborer sur un projet numérique, peuvent réorienter la situation.

Le temps partagé sur les écrans offre également un contexte naturel pour modéliser la citoyenneté numérique. En observant le comportement en ligne de leurs parents , les enfants apprennent à interagir avec respect, à évaluer le contenu avec un œil critique et à équilibrer vie en ligne et vie hors ligne. Lorsqu'un parent met un film en pause pour discuter d'un stéréotype, refuse de publier une photo peu flatteuse d'une personne sans son consentement ou admet avoir besoin de faire une pause sur les réseaux sociaux, il donne l'exemple. Ces petits gestes en disent long sur la manière d'utiliser la technologie de manière éthique et réfléchie. Ils renforcent également l'idée que l'engagement numérique n'est pas une activité solitaire, mais un acte social qui a des implications pour soi et pour les autres.

La technologie peut également devenir un outil de rituels et de célébrations. Les familles peuvent utiliser une application de calendrier partagé pour planifier les repas de la semaine, enregistrer des messages vocaux pour les anniversaires ou organiser des spectacles de talents virtuels avec la famille élargie. Ces traditions, bien que médiatisées par les écrans, sont riches de sens émotionnel.

Elles créent un sentiment de continuité et d'identité collective. Elles montrent que le lien ne se résume pas à la proximité physique : il s'agit d'attention partagée, d'investissement mutuel et de volonté d'être présent les uns aux autres, même à travers un écran.

Il est également important de noter que l'utilisation des technologies pour renforcer les liens familiaux nécessite de changer notre façon de parler des écrans à la maison. Si le discours dominant est celui de la limitation et de la culpabilité – « Tu as assez passé de temps devant un écran », « Tu es toujours devant ce truc » – les enfants risquent de considérer leur monde numérique comme un point de tension plutôt que comme un potentiel. En recadrant la conversation pour se concentrer sur le contenu, le contexte et les liens, les adultes peuvent favoriser un dialogue plus nuancé et constructif. Demander « Qu'as-tu appris aujourd'hui ? » ou « Que pouvons-nous explorer ensemble ? » témoigne de la curiosité plutôt que du contrôle et ouvre la voie à des interactions plus riches.

À mesure que la technologie évolue, les façons dont les familles l'utilisent évoluent également. La réalité augmentée, les expériences virtuelles et la narration interactive offriront de nouveaux formats de collaboration et d'exploration partagée. Les principes, cependant, restent constants : l'intentionnalité, l'empathie, la présence et la volonté de considérer les écrans non pas comme des obstacles, mais comme des opportunités. La technologie ne doit pas nécessairement séparer les familles. Utilisée de manière réfléchie, elle peut les rapprocher, les aidant à apprendre ensemble, à rire ensemble et à grandir ensemble, enrichissant ainsi leurs relations et renforçant leur sentiment d'appartenance.

Lorsque les familles réapproprient le temps passé devant les écrans comme un temps partagé, elles changent le discours. Elles passent d'une coexistence passive à une connexion active. Elles démontrent que le monde numérique, loin de menacer l'intimité, peut être une toile sur laquelle des relations significatives s'écrivent, image par image, clic par clic, instant après instant.

L'avenir de la technologie et de la parentalité

Alors que le paysage numérique continue de se transformer à un rythme effréné, la tâche des parents se complexifie. Nous ne préparons plus les enfants à un monde uniquement influencé par la technologie, mais à un monde défini par elle. L'intelligence artificielle, l'automatisation, les environnements virtuels immersifs et les plateformes numériques adaptatives ne sont pas des concepts lointains à l'horizon ; ils sont déjà ancrés dans le quotidien. Qu'il s'agisse d'un enfant posant des questions à un assistant virtuel, réalisant des devoirs dans des applications éducatives optimisées par l'IA ou observant ses parents utiliser des outils d'apprentissage automatique au travail, l'influence de ces technologies est omniprésente. Le défi majeur pour les parents aujourd'hui n'est pas seulement de gérer le temps d'écran de leurs enfants, mais de leur donner les compétences, l'éthique et l'état d'esprit nécessaires pour s'épanouir dans un avenir façonné par les systèmes intelligents et l'évolution numérique constante.

Cette tâche commence par un changement fondamental de perspective. Les parents doivent dépasser la dichotomie « technologie comme menace » et « technologie comme outil » et la considérer plutôt comme un écosystème, un environnement vivant et évolutif dans lequel les enfants devront évoluer avec discernement, créativité et résilience. Les outils eux-mêmes évolueront. Ce qui compte avant tout, c'est la capacité de l'enfant à s'adapter, à questionner et à contribuer de manière significative à cet environnement. Cela implique de favoriser une culture numérique qui va bien au-delà de la simple utilisation des appareils. Il s'agit d'apprendre aux enfants à comprendre le fonctionnement des technologies, les valeurs qu'elles véhiculent et leur influence sur les comportements , les relations et les opportunités.

L'intelligence artificielle est un point central particulièrement important. De plus en plus, l'IA est utilisée non seulement pour diffuser du contenu, mais aussi pour le façonner, via des plateformes d'apprentissage personnalisées , des algorithmes de recommandation, des systèmes de feedback automatisés et des tuteurs intelligents. Ces systèmes peuvent améliorer l'efficacité et l'engagement de l'apprentissage, mais soulèvent également des questions cruciales sur l'agentivité, les préjugés et la confidentialité des données. Un enfant utilisant un assistant d'écriture basé sur l'IA peut apprendre à peaufiner sa grammaire et son style, mais il peut aussi devenir trop dépendant de suggestions qui limitent son expression originale. Une famille utilisant du contenu sélectionné par l'IA peut bénéficier de la commodité de l'apprentissage, mais ignorer comment ses préférences sont suivies, analysées et monétisées .

Aider les enfants à s'intéresser de manière critique à l'IA commence par la transparence. Les parents peuvent démystifier ces outils en expliquant leur fonctionnement, la destination de leurs données et leurs limites. Plutôt que de bannir ou d'adopter l'IA sans discernement, ils peuvent encourager la réflexion : « À ton avis, que cherche à deviner l'application sur toi ? » ou « Pourquoi te montre-t-elle ce résultat ? » Ces questions cultivent un état d'esprit de recherche et de conscience de soi. Elles aident les enfants à se considérer non seulement comme des utilisateurs de l'IA, mais aussi comme des participants à une boucle de rétroaction qui peut être observée, interrogée et influencée.

L'automatisation jouera également un rôle majeur dans l'avenir des enfants, notamment sur le marché du travail. Les tâches qui nécessitaient autrefois une intervention humaine sont désormais confiées à des algorithmes, des robots ou des systèmes télécommandés. Parallèlement, de nouveaux rôles émergent, exigeant des compétences hybrides : la capacité à travailler avec des machines intelligentes, à interpréter des données complexes et à combiner intelligence créative et émotionnelle et savoir-faire technique. Préparer les enfants à cette réalité ne signifie pas les former à des carrières spécifiques qui pourraient disparaître dans vingt ans. Il s'agit plutôt de développer un ensemble de compétences cognitives et émotionnelles transférables, résilientes et adaptables.

La résolution de problèmes, la collaboration, le raisonnement éthique et la capacité d'apprentissage autonome sont au cœur de la préparation à l'avenir. La technologie peut soutenir le développement de ces compétences, mais elle ne peut les remplacer. Les parents peuvent créer des environnements où les enfants sont encouragés à poser des questions importantes, à expérimenter des solutions et à prendre des risques intellectuels. Un enfant qui crée un jeu à l'aide d'une plateforme de codage, réalise une simulation pour explorer le changement climatique ou co-crée un projet numérique avec ses pairs ne se contente pas d'acquérir des compétences techniques : il s'exerce à penser, à itérer et à collaborer de manière à refléter les exigences du monde réel.

La résilience émotionnelle est tout aussi importante. Le monde numérique peut être désorientant et accablant, surtout pour les jeunes, submergés d'informations, de comparaisons et de normes sociales changeantes. À mesure que les systèmes intelligents deviennent plus persuasifs – anticipant les besoins, incitant les comportements et orientant l'attention – les enfants auront besoin d'une solide boussole interne. Les parents peuvent contribuer à l'apprentissage en ancrant l'estime de soi de leurs enfants dans des valeurs plutôt que dans des indicateurs. Au lieu de vanter la popularité ou la perfection, ils peuvent promouvoir la curiosité, la gentillesse et l'effort. Au lieu de se concentrer sur la réussite dans un cadre étroit, ils peuvent élargir la définition du succès pour y inclure l'exploration, le développement personnel et une contribution significative.

L'éthique de l'engagement numérique deviendra un domaine de plus en plus important de l'orientation parentale. À mesure que les enfants commenceront à interagir avec des agents d'IA, à participer à des environnements virtuels ou à utiliser des plateformes simulant des conversations humaines, ils seront confrontés à des dilemmes moraux que les générations précédentes n'ont jamais rencontrés. Est-il acceptable de manipuler un algorithme pour obtenir un meilleur score ? Un enfant doit-il croire tout ce que lui dit un chatbot ? Que signifie créer une version numérique de soi-même et qui la contrôle ? Ces questions ne sont pas des questions philosophiques abstraites : elles deviennent des réalités quotidiennes. Les parents doivent être prêts à les explorer ouvertement, en faisant preuve d'humilité, d'esprit critique et de réflexion éthique.

Les technologies émergentes telles que la réalité augmentée et la réalité virtuelle offrent également des opportunités passionnantes et de nouvelles perspectives. Ces outils peuvent rendre l'apprentissage plus immersif et l'interaction plus vivante, mais ils brouillent également la frontière entre simulation et expérience. Un enfant qui passe beaucoup de temps dans un monde virtuel peut avoir du mal à intégrer ces expériences à son identité hors ligne. Il est essentiel d'aider les enfants à développer un sens sain de la présence numérique, ancré, conscient et socialement engagé. Les parents peuvent y parvenir en favorisant le dialogue sur les émotions que les expériences numériques suscitent chez leurs enfants, sur ce qu'ils en apprennent et sur leur impact sur leurs relations.

Préparer les enfants pour l'avenir implique également de leur montrer l'exemple en matière d'adaptabilité. Lorsque les parents manifestent de la curiosité pour les nouvelles technologies, demandent de l'aide en cas de doute et réfléchissent à leurs propres habitudes numériques, ils montrent que l'apprentissage se fait tout au long de la vie et que la flexibilité est une force. Cela contrecarre le discours répandu sur la fracture technologique générationnelle et favorise une culture d'exploration partagée. Un parent qui dit : « Je n'ai jamais utilisé cette application, tu veux la découvrir ensemble ? » offre non seulement une opportunité d'apprentissage, mais aussi une opportunité relationnelle. Cela fait passer la dynamique du contrôle à la collaboration et invite les enfants à être fiers de leurs connaissances tout en restant ouverts aux points de vue des autres.

Des mesures concrètes sont également importantes. Les familles peuvent créer des routines qui équilibrent l'engagement numérique et les expériences hors ligne, garantissant que la technologie renforce plutôt qu'elle ne les éclipse les besoins fondamentaux de développement. Elles peuvent utiliser les outils numériques pour le co-apprentissage, les récits familiaux ou la collaboration créative, renforçant ainsi l'idée que les écrans ne sont pas de simples outils de consommation, mais des supports de partage de sens. Elles peuvent également se tenir informées des tendances en matière de technologies éducatives, de politiques de données et de culture des jeunes, afin de mieux accompagner les enfants dans leur apprentissage dans des environnements complexes.

À l'avenir, il est probable que les enfants non seulement utiliseront les technologies émergentes, mais les façonneront aussi. Nombre d'entre eux deviendront des concepteurs, des programmeurs, des décideurs politiques et des leaders d'opinion dont les décisions influenceront le déploiement de la technologie et ses bénéficiaires. Cultiver le sens des responsabilités et la compétence est donc crucial. Il faut encourager les enfants à réfléchir non seulement à ce que la technologie peut faire, mais aussi à ce qu'elle devrait faire – et pour qui. Il faut leur apprendre à se demander qui est inclus dans les récits numériques et qui en est exclu, quelles valeurs sont ancrées dans les choix de conception, et comment les outils numériques peuvent être utilisés pour résoudre des problèmes concrets plutôt que de renforcer les inégalités.

Les parents sont particulièrement bien placés pour accompagner ce développement, non pas parce qu'ils maîtrisent mieux la technologie, mais parce qu'ils connaissent mieux leurs enfants. Ils comprennent leur personnalité, leurs peurs, leurs motivations et leurs rêves. Cette connaissance est précieuse pour aider un enfant à trouver sa place dans un monde où les identités, l'économie et les relations sont de plus en plus influencées par les systèmes numériques. En alliant l'écoute émotionnelle à la volonté de s'engager dans le changement technologique, les parents peuvent offrir à leurs enfants ce qu'aucun appareil ne peut reproduire : un sentiment de sens, d'appartenance et d'orientation.

L'avenir de la technologie et de la parentalité n'est pas une question de contrôle, mais de développement. Il s'agit de préparer les enfants à affronter la complexité avec lucidité, à innover avec intégrité et à affronter l'inconnu avec confiance, non pas avec peur. À mesure que les machines intelligentes gagnent en puissance, l'intelligence humaine – éthique, émotionnelle et relationnelle – deviendra plus essentielle que jamais. Dans ce contexte, le rôle des parents n'est pas de résister à l'avenir, mais d'élever des enfants prêts à le façonner avec sagesse.

Chapitre 7
Établir des limites numériques sans luttes de pouvoir

Aujourd'hui, pour de nombreux foyers, les écrans sont devenus le point de friction d'un bras de fer permanent entre les générations. Gérer quand, combien de temps et dans quel but les enfants utilisent les appareils numériques se transforme souvent en une négociation quotidienne, laissant les parents se sentir comme des arbitres réticents et les enfants comme des adversaires invétérés. Il est remarquable de constater à quel point un simple morceau de verre et un circuit imprimé peuvent devenir si chargés émotionnellement. Les écrans ne sont plus des outils neutres ; ils sont des vecteurs d'attentes, des lieux d'anxiété et des symboles de frictions culturelles plus profondes. Et pourtant, cette tension n'est pas inévitable. Lorsque les frontières numériques sont façonnées avec empathie, une vision claire du but et un esprit de collaboration, elles peuvent favoriser le respect mutuel plutôt que le ressentiment. Ce chapitre explore comment les familles peuvent s'éloigner de la régulation du temps d'écran pour adopter une approche plus durable : le guider avec détermination et réactivité, sans pour autant perdre le fil conducteur.

À l'origine de nombreux conflits numériques se trouve une dynamique simple : les enfants résistent souvent aux règles qui semblent arbitraires, surtout celles imposées sans explication ni inclusion. Lorsqu'un parent interdit brutalement les écrans après 20 h pour favoriser un meilleur sommeil ou renforcer les liens familiaux, l'intention peut être noble, mais si la règle est imposée sans contexte, elle risque de susciter confusion ou défiance. Pour l'enfant, cela peut être perçu comme une punition, comme si son passe-temps favori était puni plutôt que réorienté. Comme on pouvait s'y attendre, cela peut conduire à un jeu du chat et de la souris : utilisation dissimulée, réactions émotionnelles exacerbées et, au final, une rupture croissante entre parents et enfants. Des restrictions sévères peuvent favoriser une obéissance temporaire, mais elles instaurent rarement une discipline interne durable.

Passer du contrôle à la connexion exige un changement de ton, et pas seulement de tactique. Les enfants, en particulier ceux qui approchent de l'adolescence, sont plus susceptibles d'accepter des limites qui leur semblent justes et participatives. Il ne s'agit pas de soumettre chaque règle de la maison au vote ou de renoncer à son autorité ; il s'agit plutôt de considérer les enfants comme des participants actifs à l'élaboration des normes qui influencent leur quotidien. Lorsque les parents les invitent à participer à la conversation sur l'utilisation du numérique, cela crée un espace de dialogue et, surtout, d'adhésion.

Une approche particulièrement efficace consiste à rédiger un accord numérique familial – non pas sous la forme d'une liste d'interdictions imposées d'en haut, mais comme un document co-rédigé reflétant des valeurs et des rythmes partagés. Ce document devrait définir les attentes non seulement pour les enfants, mais aussi pour les adultes, en insistant sur le fait que chaque membre du foyer est soumis aux mêmes principes de respect, d'équilibre et de présence. Un plus jeune enfant pourrait proposer de ne pas utiliser d'écrans au dîner, tandis qu'un aîné pourrait exiger un temps d'accès en ligne ininterrompu après avoir terminé ses devoirs. Ces négociations, lorsqu'elles sont menées de bonne foi, relèvent moins du compromis que de la propriété collective.

Pour que de tels accords soient efficaces, ils doivent être clairs et respectés avec constance. Les règles doivent être suffisamment simples pour être mémorisées, et les conséquences doivent découler logiquement du comportement en question. Si un enfant utilise un appareil pendant une heure sans écran, la réponse peut être un rappel discret ou une conversation calme, et non une confiscation brutale. Lorsque l'application est prévisible et les explications transparentes, les enfants sont beaucoup plus enclins à respecter les règles.

Les limites physiques et temporelles servent à ancrer ces accords dans la vie quotidienne. Déclarer certains espaces – chambres, table à manger ou salles de bain – sans écran permet de les réapproprier pour le repos, les liens ou la solitude. De même, établir des plages horaires sans écran – par exemple la première demi-heure après l'école ou la pause détente avant le coucher – contribue à préserver la clarté mentale et la présence émotionnelle. Ces limites ne sont pas une question de privation. Elles visent à créer un espace pour des rythmes nourrissants plutôt que distrayants.

Pourtant, tout cela repose sur une vérité simple : l'exemple des parents a plus de poids que leurs paroles. Les enfants sont constamment à l'affût. Si un parent insiste pour des repas sans appareils électroniques, mais passe le dîner à consulter ses SMS, ce double standard érode rapidement la crédibilité. À l'inverse, lorsqu'un parent pose son téléphone en plein milieu d'une page pour établir un contact visuel, ou choisit de ne pas répondre à un e-mail professionnel pendant un moment en famille, ces actions sont éloquentes. Montrer l'exemple d'une utilisation consciente des technologies, même imparfaite, est peut-être la forme d'enseignement la plus puissante qui soit.

Cela dit, personne n'attend des parents qu'ils soient des moines numériques. L'authenticité, plus que la perfection, est ce qui compte. Admettre ses propres difficultés avec les écrans – l'envie de consulter les réseaux sociaux dès le matin ou la tentation de répondre aux e-mails tard le soir – fait de vous un être humain, et non hypocrite. Cela ouvre également la voie à la compréhension mutuelle. Un parent pourrait dire : « J'ai remarqué que je suis trop souvent sur mon téléphone le soir. Je vais commencer à le charger dans le couloir ; tu veux essayer avec moi ? » À ce moment-là, vous ne vous contentez pas d'établir une règle ; vous invitez à une expérience commune pour adopter de meilleures habitudes.

Bien sûr, toutes les limites ne seront pas accueillies avec enthousiasme. Les écrans remplissent de nombreuses fonctions dans la vie des enfants : divertissement, lien, identité, et même refuge. Lorsqu'un parent impose des limites, cela peut susciter une résistance, parfois bruyante. Mais les frictions ne sont pas toujours le signe d'un problème. Souvent, cela signifie que la limite touche à un point important. L'objectif n'est pas d'éviter complètement le conflit, mais de le gérer avec constance et compassion.

Faire preuve d'empathie face à la résistance peut désamorcer la défensive. Reconnaître le moment présent – « Je comprends que ce soit frustrant d'arrêter en plein milieu de la partie » – contribue grandement à préserver la confiance. Proposer des transitions douces – « Tu as encore dix minutes avant qu'on se déconnecte » – donne aux enfants le temps de s'adapter. Et lorsque les émotions s'enflamment, comme c'est souvent le cas, la réponse calme d'un parent offre un point d'ancrage. Répondre en criant ou en redoublant de punitions aggrave souvent la situation ; la constance, la patience et un ton mesuré ont tendance à avoir bien plus d'effet à long terme.

Il est important de ne pas graver les limites dans le marbre. Les enfants grandissent. Les technologies évoluent. Les besoins familiaux évoluent. Ce qui fonctionne aujourd'hui pourrait ne plus tenir le mois prochain, ni même la semaine prochaine. Une période d'utilisation accrue des écrans pendant une maladie ou des vacances scolaires est peut-être parfaitement raisonnable. Ou peut-être que l'indépendance croissante d'un adolescent nécessite un réajustement des règles. L'important n'est pas la rigidité, mais la réactivité. Les familles qui traitent les accords numériques comme des documents évolutifs, sujets à révision, à affinement et à commentaires, sont mieux armées pour maintenir un sentiment d'orientation commune.

Cette flexibilité doit laisser la parole aux enfants. Ils n'expriment pas toujours leurs inquiétudes avec élégance, mais même les plaintes mal placées peuvent être riches d'enseignements. Prendre de leurs nouvelles de temps en temps — « Les règles concernant les écrans fonctionnent-elles toujours ? » ou « Quelque chose vous semble injuste ? » — envoie un message clair : votre avis compte. Toutes les suggestions ne doivent pas nécessairement être mises en pratique, mais l'invitation elle-même témoigne de respect et d'ouverture.

En fin de compte, fixer des limites numériques n'est pas un exercice logistique. C'est un exercice relationnel. Lorsque ces limites naissent d'une compréhension commune, sont respectées avec empathie et évoluent avec le temps, elles créent plus qu'une structure : elles créent une culture. Les enfants élevés dans un tel environnement n'apprennent pas seulement ce qu'on attend d'eux ; ils commencent à comprendre le pourquoi de ces attentes. Ils intériorisent l'idée que les limites ne sont pas là pour les restreindre, mais pour favoriser leur épanouissement.

Dans un monde où les écrans nous guettent de tous côtés, offrant stimulation, distraction et évasion, la véritable tâche n'est pas de les éliminer. Il s'agit de les intégrer judicieusement, afin que la technologie fasse partie intégrante d'une vie fondée sur le sens, le lien et l'attention. Ce chapitre propose un chemin vers cette intégration, non pas pavé d'ultimatums ni de négociations interminables, mais avec clarté, intention et un profond respect du développement de l'enfant et de ses parents.

Pourquoi les restrictions sévères se retournent contre nous

Lorsqu'il s'agit de gérer le temps passé devant un écran, de nombreux parents sont motivés par un profond désir de protéger leurs enfants – des comportements addictifs , des contenus inappropriés, et de les empêcher de se perdre dans un monde de distractions numériques. Ces inquiétudes sont fondées et reflètent un engagement sincère en faveur d'un développement sain à une époque où les écrans sont omniprésents. Pourtant, trop souvent, cette impulsion bienveillante conduit à des approches qui aggravent involontairement le problème. Des restrictions sévères – limites rigides, interdictions soudaines ou politiques de tolérance zéro – peuvent offrir un soulagement temporaire ou un sentiment de contrôle passager, mais à la longue, elles peuvent saper la confiance, alimenter le ressentiment et enfoncer dans la clandestinité des comportements malsains .

Comprendre pourquoi des restrictions sévères se révèlent contre-productives exige d'examiner non seulement les règles appliquées, mais aussi comment et pourquoi elles sont établies. Les enfants, en particulier au début de l'enfance et de l'adolescence, sont programmés pour rechercher l'autonomie. Leur cerveau se développe rapidement, notamment dans les domaines liés à l'identité, à l'indépendance et à la régulation émotionnelle. Lorsque les adultes imposent des limites sans dialogue, explication ni flexibilité, ils suscitent souvent de la résistance, non pas parce que ces limites sont déraisonnables, mais parce que l'enfant les ressent comme une menace pour son sentiment croissant d'autonomie.

La dynamique ici n'est pas sans rappeler une lutte de pouvoir autour de l'heure du coucher ou des préférences alimentaires. Un enfant de sept ans qui se sent contrôlé peut réagir par des crises de colère ; un adolescent peut se replier sur lui-même, se rebeller ou trouver des moyens de contourner complètement les règles. Ce qui distingue les luttes de pouvoir liées aux écrans, cependant, c'est que la technologie numérique possède un attrait émotionnel et cognitif unique. Elle offre une gratification instantanée, un sentiment d'appartenance sociale, une expression créative et un moyen d'évasion. Lorsque l'accès à ces expériences est soudainement coupé ou fortement contrôlé, la privation est non seulement logistique, mais profondément psychologique. Les enfants n'ont peut-être pas le vocabulaire pour l'exprimer, mais ils le ressentent intensément.

Un exemple courant est l'interdiction nocturne des appareils. Un parent, alarmé par les habitudes de son enfant à jouer ou à envoyer des SMS tard le soir, décide que tous les écrans doivent être rendus avant 19 h. Il n'y a pas de discussion préalable, pas d'adaptation progressive, pas d'aménagement pour les devoirs ou les temps de repos. L'enfant, pris de court et frustré, perçoit la nouvelle règle comme arbitraire et injuste. Il peut argumenter, plaider ou s'emporter. Si la règle est appliquée par des menaces ou des punitions, le conflit s'envenime. Si l'enfant acquiesce ouvertement mais continue d'utiliser les appareils en secret, le parent se sent mis à mal. La confiance s'érode, et ce qui était censé être une mesure de protection devient source de tension, de secret et de distance émotionnelle.

De tels schémas ne sont pas inévitables. Ils apparaissent lorsque les règles sur écran sont appliquées de manière réactive, sans tenir compte du contexte, de la communication ou de la dynamique relationnelle. Les enfants résistent non pas par provocation intrinsèque, mais parce qu'ils tentent – même maladroitement –

d'exercer un contrôle sur leur environnement. Lorsque les adultes réagissent en redoublant d'efforts – en durcissant les règles ou en intensifiant les punitions – ils déclenchent souvent davantage le comportement même qu'ils cherchent à prévenir. Il en résulte un cycle de conflit et de dissimulation émotionnellement épuisant pour les deux parties.

Pour éviter ce cercle vicieux, il faut repenser en profondeur la façon dont les limites numériques sont abordées. Avant tout, les règles doivent être ancrées dans le dialogue. Les enfants sont bien plus enclins à accepter les limites lorsqu'ils en comprennent la logique et lorsqu'ils sentent que leurs besoins et leurs points de vue ont été pris en compte. Il ne s'agit pas de céder à toutes les demandes ni de négocier sans fin. Il s'agit de créer une culture de respect mutuel, où les règles sont expliquées en termes de développement : « Nous imposons un couvre-feu devant les écrans parce que ton cerveau a besoin de repos pour bien fonctionner », ou « Nous limitons l'utilisation des réseaux sociaux car les notifications constantes peuvent affecter ta concentration et ton humeur. »

Ce genre d'explications est important. Elles déplacent l'accent du contrôle vers l'attention. Elles aident les enfants à comprendre que les règles ne sont pas punitives, mais protectrices, conçues pour favoriser leur bien-être plutôt que pour restreindre leur liberté. Lorsque les enfants sentent que les adultes travaillent avec eux plutôt que contre eux, ils sont plus enclins à coopérer, même s'ils ne sont pas toujours d'accord.

Une autre stratégie importante est la prévisibilité. Les restrictions sévères semblent souvent arbitraires, car elles sont instaurées sans avertissement, souvent en réponse à la frustration des parents. Un enfant autorisé à jouer à volonté pendant des mois se voit soudainement confisqué son appareil pendant une semaine après une mauvaise note ou un oubli de corvée. De son point de vue, cela ressemble moins à une conséquence qu'à une punition émotionnelle.

Avec le temps, ces incohérences minent la confiance de l'enfant et peuvent engendrer une résistance persistante.

En revanche, lorsque les attentes sont clairement établies et constamment renforcées, les enfants savent à quoi s'en tenir. S'ils savent que le temps passé devant un écran se termine à 20 h tous les soirs, ou que les privilèges s'acquièrent en assumant leurs responsabilités, ils sont moins susceptibles de se disputer et plus enclins à assumer leurs choix. Cette prévisibilité favorise la sécurité émotionnelle et leur apprend également à fixer des limites, ce qui les prépare à l'autorégulation future.

L'exemple est également essentiel. Les enfants sont particulièrement sensibles à l'hypocrisie. Un parent qui exige que les téléphones soient rangés à table, tout en vérifiant ses propres messages sous la serviette, envoie un message confus. Lorsque les adultes prônent l'équilibre tout en affichant eux-mêmes des comportements compulsifs face aux technologies , leur crédibilité s'érode. À l'inverse, lorsque les parents adoptent de saines habitudes numériques – mettre les notifications en pause pendant les moments en famille, résister à l'envie de faire plusieurs choses à la fois, se détoxifier du numérique – ils envoient un message fort et implicite : les écrans sont des outils, pas des maîtres.

Le plus important est peut-être que les familles créent des alternatives. Les restrictions draconiennes échouent souvent, car elles se concentrent uniquement sur ce que les enfants ne peuvent pas faire, plutôt que sur ce qu'ils peuvent faire. Retirer un appareil sans proposer d'alternatives significatives et adaptées à leur âge crée un vide. Les enfants s'ennuient, se déconnectent ou sont exclus, ce qui renforce l'attrait de l'activité interdite. Si un enfant perd du temps de jeu sans trouver d'autre moyen de s'amuser, d'être autonome ou de nouer des liens sociaux, son ressentiment grandit. Proposer des alternatives ne signifie pas corrompre ou distraire. Il s'agit d'enrichir l'environnement hors ligne afin que les écrans deviennent une option parmi d'autres, et non la seule source de stimulation ou de plaisir.

Cela peut inclure l'encouragement des jeux en plein air, des projets créatifs, des loisirs partagés ou des temps libres pas toujours hyperproductifs. Cela implique également de reconnaître que les expériences numériques ne sont pas intrinsèquement inférieures. Un enfant qui joue à un jeu en ligne avec des amis s'implique socialement et cognitivement. Un adolescent qui monte des vidéos pour le plaisir peut développer de réelles compétences créatives et techniques. L'objectif n'est pas de diaboliser la technologie, mais d'aider les enfants à trouver un équilibre et à développer une relation réfléchie avec elle.

Enfin, les parents doivent reconnaître que les comportements liés aux écrans révèlent souvent des besoins plus profonds,. Un enfant qui passe des heures sur YouTube après l'école peut être confronté à l'anxiété, à l'ennui ou au rejet social. Un adolescent qui insiste pour envoyer des SMS tard le soir peut être en proie à des amitiés fragiles ou en quête de soutien émotionnel. Lorsque les parents se contentent de restreindre leur comportement, ils risquent de passer à côté du message sous-jacent. Au lieu de se demander : « Comment puis-je mettre fin à ce comportement ? », il peut être plus judicieux de se demander : « Qu'est-ce que ce comportement essaie de me dire ? » Ce changement d'état d'esprit ouvre la voie à l'empathie, à la connexion et à la résolution de problèmes.

Soyons clairs : les limites sont essentielles. Les enfants ont besoin de structure pour s'épanouir et bénéficient d'attentes claires et cohérentes concernant l'utilisation des écrans. Mais les restrictions sévères et réactives sont rarement efficaces à elles seules. Elles peuvent gagner la bataille, mais elles perdent la guerre : elles érodent la confiance, alimentent le secret et transforment les écrans en source de rébellion plutôt que de responsabilité.

L'alternative est plus difficile, mais bien plus durable. Elle implique d'écouter, d'expliquer, de collaborer et de donner l'exemple. Elle exige patience, flexibilité et volonté d'apprendre aux côtés de son enfant. Mais la récompense est un environnement familial où les limites numériques favorisent non seulement la gestion du comportement , mais aussi le développement émotionnel, l'autorégulation et le respect mutuel. Dans un monde où les écrans sont susceptibles de jouer un rôle permanent dans la vie personnelle et professionnelle de nos enfants, cette approche est non seulement préférable, mais essentielle.

Création d'un accord numérique familial

Dans de nombreux foyers, les conversations autour de la technologie se transforment souvent en conflits, frustrations ou silences. Les parents s'inquiètent du temps d'écran excessif, de l'exposition excessive aux contenus et de la pression des réseaux sociaux. Les enfants, quant à eux, peuvent percevoir les règles comme arbitraires, injustes ou ancrées dans une incompréhension adulte de leur monde numérique. À mesure que le fossé entre les générations en matière de maîtrise du numérique se creuse, le fossé en matière de communication se creuse également. Pourtant, au cœur de ces tensions se cache une stratégie puissante, sous-utilisée, qui peut réaligner les familles autour de valeurs et d'attentes communes : la création d'un accord numérique familial. Menée de manière réfléchie, cette approche collaborative favorise la clarté, la responsabilisation et le respect mutuel, contribuant à transformer la technologie, source de friction, en un point de connexion.

Un accord familial numérique n'est pas une liste de choses à faire et à ne pas faire, rédigée à la hâte sur un petit mot après une dispute. Ce n'est pas non plus un document statique destiné à réguler les comportements par peur des sanctions. Au mieux, un accord numérique est l'expression vivante et évolutive des intentions d'une famille : la façon dont ses membres souhaitent utiliser la technologie pour préserver leur bien-être, favoriser l'apprentissage et entretenir leurs relations. Il se construit par le dialogue, la réflexion et le compromis, où chaque membre de la famille – adultes comme enfants – a la possibilité de s'exprimer.

La co-création d'un tel accord remplit plusieurs fonctions. Premièrement, elle démystifie les règles en explicitant leur raison d'être. Plutôt que de se contenter de dire « Pas d'écrans après 20 h », l'enfant comprend que les soirées sans écran lui permettent de mieux dormir et de passer du temps en famille sans interruption. Cette contextualisation transforme les règles, autrefois rigides, en engagements partagés, fondés sur la logique et l'attention. Lorsque les enfants comprennent *la raison* d'être d'une limite, ils sont plus enclins à la respecter et à en rappeler l'importance aux autres.

Deuxièmement, un accord collaboratif permet de faire émerger des hypothèses et des priorités divergentes. Un parent peut penser que le jeu vidéo est purement récréatif, tandis que son enfant le perçoit comme un espace de lien social et d'expression créative. Discuter de ces points de vue permet à chaque partie de mieux comprendre l'autre et de faire passer la conversation de l'opposition à la compréhension. Cela aide également les parents à comprendre que tous les usages des écrans ne se valent pas. Naviguer sans but sur les réseaux sociaux est très différent d'un appel vidéo avec un ami, d'un cours en ligne ou de la création d'un portfolio d'art numérique.

L'élaboration d'un accord numérique commence par l'observation et la discussion. Il est bénéfique pour les familles de passer quelques jours à observer leurs habitudes technologiques actuelles sans les juger. Combien de temps passent-ils sur les appareils ? Quand l'utilisation des écrans est-elle la plus utile ou la plus perturbatrice ? Quelles émotions ou quels comportements ont tendance à suivre un temps d'écran prolongé ? Ces observations fournissent une base de discussion pour déterminer ce qui fonctionne et ce qui pourrait nécessiter des ajustements. Plutôt que d'annoncer un changement immédiat, les familles peuvent partir d'une curiosité commune : « Que remarquons-nous dans notre utilisation des technologies ? Que souhaiterions-nous changer ou conserver ? »

À partir de là, l'accord peut prendre la forme d'un ensemble de principes fondamentaux : flexible, adapté à l'âge et aux rythmes spécifiques du foyer. Certaines familles privilégieront les repas sans appareils électroniques ; d'autres privilégieront la fixation de limites concernant les devoirs, l'heure du coucher ou les week-ends. L'important est que les règles soient pertinentes et réalistes. Un accord trop strict ou abstrait ne durera pas. Trop vague, il sera ignoré. Trouver le juste équilibre nécessite l'avis honnête de tous, y compris des plus jeunes.

Prenons l'exemple d'un enfant de douze ans qui propose que le vendredi soir soit consacré à une soirée cinéma en famille, où chacun s'engage à ranger son téléphone, sauf en cas d'urgence. Cette règle, initiée par l'enfant, prend tout son sens car elle reflète son désir de connexion et de partage. Parallèlement, elle s'applique à tous les membres de la famille de manière égale, ce qui renforce l'équité. Cette responsabilité partagée favorise un sentiment d'unité : l'accord numérique n'est pas fait *pour* les enfants, mais *avec* eux et *pour* tous.

Ce qui rend un accord efficace au fil du temps, c'est son adaptabilité. Les enfants grandissent, les technologies évoluent et les besoins des familles changent. Un accord conclu avec un enfant de dix ans ne suffira plus lorsqu'il deviendra adolescent et navigue sur les réseaux sociaux ou gère ses cours en ligne. Des points réguliers, par exemple une fois par trimestre ou tous les six mois, permettent aux familles de revoir leurs normes numériques et de les adapter si nécessaire. Ces séances n'ont pas besoin d'être formelles ; elles peuvent prendre la forme d'une conversation informelle le week-end, d'un document Google partagé avec des suggestions, ou même d'une promenade-débat invitant à la réflexion. L'objectif n'est pas d'atteindre une adhésion parfaite, mais de cultiver la conscience et la réactivité.

Ces révisions permettent également aux familles de réfléchir à ce qui va bien. Trop souvent, les accords numériques sont considérés comme de simples mesures disciplinaires. Mais ils peuvent aussi être l'occasion de célébrer les progrès : un enfant qui gère son temps d'écran de manière autonome, un parent qui a montré l'exemple en mettant de côté ses e-mails professionnels le week-end, un frère ou une sœur qui rappelle aux autres l'heure convenue sans écran après le dîner. Reconnaître ces petites réussites renforce l'esprit positif de l'accord et encourage la poursuite des efforts.

Un autre atout majeur d'un accord familial numérique est son potentiel à cultiver l'empathie. Lorsque les enfants sont invités à participer à l'élaboration de règles applicables à toute la famille, ils commencent à percevoir la technologie sous différents angles. Un enfant peut apprendre que le temps d'écran de son cadet est plus limité, non pas par punition, mais parce que les plus jeunes sont plus vulnérables à la surstimulation. Un parent peut se rendre compte que la résistance de son adolescent aux interdictions d'écran n'est pas motivée par la défiance, mais par la peur de manquer les discussions de groupe nocturnes. Ces observations peuvent réduire les frictions et favoriser des compromis plus nuancés.

Les accords numériques peuvent également servir de point de départ à des discussions plus larges sur l'éthique et la sécurité. À mesure que les enfants grandissent et s'immergent dans des environnements numériques plus complexes, l'accord peut inclure des discussions sur la confidentialité en ligne, la communication respectueuse, la cyberintimidation et l'éducation aux médias. Par exemple, les familles peuvent convenir de ne pas partager de photos en ligne sans consentement, ou de parler ouvertement de tout contenu choquant rencontré. Ces règles vont au-delà de la gestion du temps d'écran ; elles instaurent une culture familiale d'intégrité, de responsabilité et de protection mutuelle dans le monde numérique.

Il est important que l'accord prévoie des conséquences, mais celles-ci doivent également être élaborées conjointement et de manière transparente. Plutôt que des punitions réactives, les conséquences peuvent être formulées comme des résultats logiques favorisant la réflexion et la réparation. Si une règle est enfreinte (par exemple, l'utilisation d'appareils pendant les heures sans écran), la famille peut discuter des raisons de l'infraction, des mesures à prendre différemment la prochaine fois et des ajustements nécessaires. Ce processus évite la honte et encourage les enfants à assumer leurs responsabilités sans crainte.

Intégrer l'humour , les rituels ou les supports visuels peut également rendre les accords plus engageants. Les plus jeunes apprécieront peut-être de dessiner des zones sans écran ou de participer à la création d'une affiche de leurs activités hors ligne préférées . Les plus grands préféreront peut-être un calendrier numérique partagé incluant des pauses écran convenues, ou une discussion familiale où des projets sans technologie sont proposés et célébrés. Ces éléments ludiques rappellent à chacun que les accords numériques ne sont pas une question de restriction, mais de vie intentionnelle, et que le temps passé devant un écran, lorsqu'il est géré de manière réfléchie, peut coexister avec une connexion profonde, la créativité et le bien-être.

En fin de compte, un accord numérique familial n'est ni une solution miracle ni un outil disciplinaire. C'est une pratique vivante, une conversation continue qui reflète les valeurs, les priorités et l'évolution des réalités familiales. Cela exige de la patience, des compromis et, surtout, une écoute attentive. Mais ses bénéfices sont considérables. Les familles qui abordent l'utilisation des écrans de manière collaborative ont tendance à vivre moins de conflits, à mieux se comprendre et à s'engager plus concrètement, en ligne comme hors ligne.

Dans une culture souvent polarisée entre deux extrêmes – contrôle total ou liberté totale –, un accord familial numérique offre une voie médiane. Il reconnaît l'importance des limites sans nier la complexité de la vie numérique moderne. Il respecte la voix des enfants tout en respectant l'encadrement parental. Et il incarne les qualités essentielles – empathie, responsabilité, flexibilité – dont les enfants auront besoin pour s'épanouir dans un monde numérique. En créant un tel accord ensemble, les familles ne se contentent pas de gérer la technologie : elles construisent les bases de la communication, de la résilience et du respect mutuel qui leur seront utiles bien après l'extinction des écrans.

Zones et plages horaires sans écran

Dans les foyers du monde entier, le bourdonnement subtil des écrans est devenu le bruit de fond du quotidien. Qu'il s'agisse des téléviseurs qui scintillent dans le salon, des téléphones qui bourdonnent à table ou des tablettes dans les chambres jusque tard dans la nuit, la technologie imprègne désormais presque tous les recoins du quotidien. Si ces appareils offrent divertissement, éducation et connectivité, leur présence constante fragmente également l'attention, raccourcit les conversations et réduit les occasions de présence et de réflexion. Il n'est donc pas surprenant que les familles en quête d'un meilleur équilibre se tournent souvent vers le concept de zones sans écran et de plages horaires dédiées comme stratégies pratiques pour récupérer l'attention, rétablir des limites et favoriser des interactions plus enrichissantes.

Créer des espaces et des plages horaires sans écran ne consiste pas à diaboliser la technologie ni à imposer une austérité rigide. Il s'agit plutôt de concevoir des pauses intentionnelles dans le flux numérique – des espaces et des moments où les liens humains, l'activité physique et l'harmonie émotionnelle priment. L'objectif n'est pas d'imposer une discipline pour elle-même, mais de cultiver un environnement familial propice au bien-être, au développement cognitif et à la proximité relationnelle. Mis en œuvre de manière réfléchie, ces limites deviennent moins une restriction qu'un rituel – des rythmes prévisibles favorisant une vie plus saine et plus harmonieuse.

Créer des zones sans écran commence par identifier les pièces de la maison qui devraient privilégier les échanges interpersonnels, le repos ou la concentration. Pour de nombreuses familles, la table à manger est le point de départ le plus intuitif. Les repas partagés représentent une occasion rare de se retrouver, d'échanger et de prendre des nouvelles. La présence d'appareils, qu'ils soient utilisés ou simplement à portée de main, crée une distraction discrète qui peut perturber même les conversations les mieux intentionnées. En faisant de la table à manger un espace sans écran, les familles créent une zone tampon autour d'un rituel social essentiel, permettant de concentrer l'attention sur soi plutôt que sur l'extérieur.

Les chambres sont un autre point crucial à prendre en compte. Il a été démontré que la présence d'écrans dans les espaces nuit perturbe l'hygiène du sommeil, tant chez les enfants que chez les adultes. La lumière bleue émise par les appareils peut interférer avec la production de mélatonine, rendant l'endormissement et le maintien du sommeil plus difficiles. De plus, le fait de naviguer sur Internet, de jouer ou d'envoyer des SMS tard le soir perturbe le repos mental et peut entraîner une surstimulation émotionnelle au moment même où le cerveau devrait se détendre. En évitant les écrans dans les chambres, en particulier l'heure précédant le coucher, les familles non seulement préservent la qualité du sommeil, mais renforcent également l'idée que le repos et la récupération sont des aspects sacrés de la vie, qui méritent d'être préservés.

Certaines familles choisissent également de délimiter des zones sans écran dans des espaces dédiés au jeu, à la lecture ou à la création. Un coin du salon transformé en coin lecture, un espace créatif dans la cuisine ou un espace de jeux dans le jardin peuvent être de puissantes invitations à l'interaction hors ligne. Ces espaces, agrémentés de livres, de puzzles, de matériel de bricolage ou d'instruments de musique, offrent des alternatives tactiles aux divertissements numériques. Si les enfants continuent d'être attirés par les écrans par habitude ou par ennui, l'existence d'espaces accueillants et sans écran contribue à reprogrammer la tendance à utiliser un appareil par défaut.

Tout aussi importantes que l'espace physique sont les limites temporelles : des plages horaires prévisibles et gérables où les écrans sont délibérément mis de côté. Il peut s'agir de la première heure après l'école, où les enfants peuvent décompresser grâce à des jeux ou des conversations libres ; de la dernière heure avant le coucher, où les écrans sont remplacés par des activités plus calmes ; ou encore de moments en famille le week-end. Ces intervalles n'ont pas besoin d'être longs ou austères pour être efficaces. Ce qui compte, c'est leur régularité et la qualité des interactions qu'ils favorisent.

La structure de ces plages horaires peut varier selon l'âge, la personnalité et les habitudes quotidiennes. Un jeune enfant bénéficiera de plusieurs courtes pauses, tandis qu'un adolescent préférera des périodes d'accès aux appareils plus longues, ponctuées de temps d'arrêt clairement définis. La flexibilité est essentielle. Les familles qui abordent les plages horaires comme des lignes directrices adaptables plutôt que comme des prescriptions strictes sont plus susceptibles d'obtenir l'adhésion des enfants et des adolescents. L'objectif n'est pas la perfection, mais la participation : un accord commun pour s'éloigner des écrans aux moments importants, afin de laisser la place à d'autres aspects de la vie pour s'épanouir.

L'un des principaux avantages de la mise en place de zones et de plages horaires sans écran est le renforcement de l'autorégulation. Au lieu de dépendre uniquement de la contrainte parentale, les enfants commencent à intérioriser un rythme où les écrans constituent une partie de la journée, et non son principe organisateur . Ils apprennent à anticiper les périodes sans écran, à planifier leur utilisation de manière plus réfléchie et à développer un répertoire plus large de passe-temps et de manières de surmonter l'ennui. Ce sont des compétences essentielles, en particulier à l'adolescence, puis à l'âge adulte, où l'autodiscipline face aux interactions numériques devient essentielle à leur santé émotionnelle et mentale.

Les familles peuvent renforcer l'efficacité de ces limites en impliquant les enfants dans leur conception et leur maintien. Une discussion familiale sur les endroits et les moments où les écrans sont les plus perturbateurs peut susciter des contributions étonnamment pertinentes de la part des enfants, qui reconnaissent peut-être déjà que la technologie perturbe parfois les liens familiaux ou le repos. Lorsqu'un enfant suggère de laisser les téléphones éteints pendant les soirées cinéma pour que chacun puisse se concentrer, ou de ne pas utiliser d'écran pendant les devoirs, sauf si cela est nécessaire pour étudier, son appropriation de l'idée la rend plus susceptible de s'imposer. Ces moments valident également la capacité de perspicacité et d'autonomie de l'enfant, plutôt que de le considérer comme un sujet passif soumis au contrôle des adultes.

Bien sûr, les zones et plages horaires sans écran seront parfois mises à l'épreuve. Un dîner en famille peut être interrompu par un appel professionnel, ou un enfant peut introduire un appareil dans sa chambre. Ces écarts sont des opportunités, pas des échecs. Plutôt que de réagir par la punition ou la honte, les parents peuvent réagir par la réflexion : « Qu'est-ce qui a rendu le suivi du plan difficile aujourd'hui ? Que pouvons-nous faire différemment demain ? » Cela permet de se concentrer sur la croissance, et non sur la culpabilité, et aide les enfants à considérer les limites non pas comme des règles rigides, mais comme des habitudes à reprendre, même après un faux pas.

La technologie peut également servir à respecter ces limites. Certaines familles utilisent les paramètres des appareils ou le contrôle parental pour créer des temps d'arrêt automatiques, verrouillant les applications pendant les périodes sans écran. D'autres installent des bornes de recharge dans les espaces communs, ce qui permet non seulement de garder les chambres sans appareils, mais aussi de favoriser une relation plus communautaire avec la technologie. Minuteurs, plannings visuels ou agendas quotidiens peuvent aider les jeunes enfants à conceptualiser le début et la fin du temps passé devant un écran. Ces outils ne doivent jamais remplacer la conversation, mais ils peuvent la renforcer, transformant des idées abstraites en routines concrètes.

Il est important de noter que les zones et plages horaires sans écran ne doivent pas être perçues comme des sacrifices. Il s'agit, par essence, d'actes de protection : préserver des moments de repos, de connexion, de créativité et d'attention dans un monde qui cherche constamment à les fragmenter. Lorsque les enfants perçoivent ces limites comme positives, enrichissantes et choisies, ils sont plus susceptibles de les percevoir non pas comme des punitions, mais comme une forme d'attention.

Une famille, par exemple, a instauré un « sabbat technologique » le dimanche après-midi, où tous les appareils étaient éteints de midi au dîner. D'abord accueilli avec réticence, ce moment est progressivement devenu un moment privilégié pour les jeux de société, les balades à vélo, les contes et les ateliers pâtisserie improvisés. Ce qui n'était au départ qu'une expérience de discipline est devenu une tradition familiale ancrée dans la présence et le plaisir. De tels exemples démontrent que le temps sans écran n'est pas une absence, mais une possibilité, un espace où des formes de vie plus profondes peuvent s'épanouir.

Dans une culture qui valorise la productivité, la disponibilité et la stimulation constante, s'éloigner des écrans est un acte discrètement radical. Cela signifie que notre attention est limitée, que nos relations méritent qu'on s'y attarde et que le silence, le repos et la rêverie ne sont pas des plaisirs, mais des nécessités. Pour les enfants, grandir dans cette culture favorise la résilience, la créativité et une meilleure estime de soi. Pour les familles, cela permet de retrouver la texture du quotidien – ces moments subtils, souvent fugaces, où les liens s'approfondissent et où les souvenirs prennent forme.

Établir des zones et des plages horaires sans écran n'est donc pas une bataille à gagner, mais un rythme à cultiver. C'est une invitation à repenser les contours du temps et de l'espace avec plus d'intention. Ce faisant, les familles découvrent qu'au milieu du brouhaha du monde numérique, elles peuvent néanmoins se créer des espaces de calme, de sens et de présence partagée – des espaces où chacun, quel que soit son âge, peut simplement être ensemble.

Le rôle des parents en tant que modèles numériques

Dans le discours sur l'utilisation des écrans par les enfants, une grande attention est accordée aux règles : le temps approprié, les contenus autorisés et le moment où les appareils doivent être rangés. Pourtant, on néglige souvent la forme la plus puissante de guidance numérique qu'un enfant reçoit : le comportement observé chez ses parents. Dans les foyers où les limites sont clairement définies mais appliquées de manière incohérente , où l'on demande aux enfants de « débrancher leurs appareils » tandis que les adultes consultent compulsivement leurs e-mails ou surfent sur les réseaux sociaux pendant les repas, une contradiction sourde s'installe. Ce ne sont pas les instructions verbales qui persistent, mais les habitudes quotidiennes dont les enfants sont témoins. Ainsi, les parents ne se contentent pas de veiller sur eux ou de faire respecter les règles, mais sont aussi des modèles vivants de l'intégration de la technologie au quotidien, pour le meilleur et pour le pire.

Le fondement psychologique de cette influence est bien établi. Dès la petite enfance, les enfants apprennent par imitation. Ils observent non seulement ce que font les adultes, mais aussi comment ils le font : ce qui les passionne, les frustre, les distrait et les mobilise. Cet apprentissage par l'observation est particulièrement puissant dans les contextes chargés d'émotions, comme l'utilisation d'appareils électroniques lors des interactions familiales. Un enfant qui voit son parent interrompre régulièrement les conversations pour consulter ses notifications intègre une leçon implicite : l'attention est négociable et la présence conditionnelle. De même, lorsqu'un parent adopte la pleine conscience numérique – en posant son téléphone avant d'interagir ou en s'éloignant intentionnellement des écrans pour privilégier le contact visuel et l'expérience partagée – l'enfant commence à intérioriser ces comportements comme faisant partie intégrante de ce que signifie communiquer respectueusement et vivre avec attention.

Dans les foyers modernes, la présence de la technologie est quasi constante. Les enfants voient les adultes utiliser des appareils pour travailler, se détendre, s'informer, gérer la logistique et entretenir des liens sociaux. Ces comportements ne sont pas intrinsèquement problématiques. Ce qui compte, c'est le contexte, le ton et la conscience que les parents ont de leur exemple. Un parent qui utilise une tablette pour lire les nouvelles chaque matin, puis discute d'un article au petit-déjeuner, démontre que la technologie peut être un outil d'engagement et de curiosité intellectuelle. Un parent qui se réfugie dans son téléphone immédiatement après le travail et répond d'un seul mot lorsqu'on lui parle est un modèle de repli sur soi et de déconnexion. La différence ne réside pas dans l'appareil, mais dans le message relationnel véhiculé.

Ceci est particulièrement important car nombre des comportements que les parents cherchent à limiter chez leurs enfants – temps d'écran excessif, vérification constante, difficulté à se déconnecter – sont des comportements auxquels ils sont eux-mêmes confrontés. Un parent peut s'inquiéter de l'attachement de son adolescent aux réseaux sociaux alors qu'il prend lui-même son téléphone quelques minutes après son réveil. Cette incohérence ne passe pas inaperçue. Les adolescents, en particulier, sont très sensibles à l'hypocrisie et profondément réticents aux règles qui semblent arbitraires ou injustifiées. Si les adultes exigent de la retenue sans en faire preuve, leur autorité s'érode. En revanche, s'ils font preuve d'efforts, de conscience et d'autorégulation – même imparfaitement – ils gagnent en crédibilité. Les enfants ne recherchent pas la perfection, mais l'authenticité. Ils répondent non pas aux déclarations, mais à l'exemple.

Les implications du modèle parental s'étendent à la façon dont la technologie est utilisée dans les moments de stress ou d'ennui. Si les enfants observent les adultes se tourner instinctivement vers les écrans lorsqu'ils sont débordés, distraits ou déconnectés, ils apprennent à faire de même. Les appareils numériques deviennent alors des mécanismes d'adaptation, des outils d'évitement plutôt que d'engagement. Cela peut être particulièrement néfaste dans les environnements émotionnellement chargés. Un enfant qui voit un parent faire défiler les écrans pendant un conflit, se désengager pendant un jeu ou consulter ses messages dans des moments de vulnérabilité peut interpréter ces comportements comme une indisponibilité émotionnelle. Avec le temps, cela peut façonner ses propres schémas d'attachement et ses attentes en matière de relations interpersonnelles.

En revanche, lorsque les parents utilisent la technologie de manière réfléchie et équilibrée, ils démontrent que la vie numérique peut coexister avec la présence émotionnelle. Cela peut impliquer de raconter ses choix – « Je règle un minuteur pour ne pas rester bloqué à faire défiler l'écran » ou « Je désactive les notifications pour qu'on puisse se concentrer sur notre temps ensemble » – pour rendre visibles les habitudes invisibles. Ces petits signaux verbaux démystifient l'autorégulation et renforcent l'idée que les limites ne sont pas punitives, mais protectrices. Ils montrent que la technologie est quelque chose qu'il faut gérer, et non quelque chose qui nous gère.

L'engagement commun offre également des possibilités de modélisation. Les parents qui regardent des programmes avec leurs enfants, jouent à des jeux vidéo avec eux ou explorent ensemble les outils numériques créent un espace d'apprentissage partagé et d'intimité relationnelle. Dans ces moments, les écrans deviennent des passerelles plutôt que des barrières. Les enfants apprennent à évaluer le contenu de manière critique, à exprimer leurs préférences avec respect et à utiliser les médias numériques comme plateforme de collaboration. Ils observent également la réaction des adultes face au contenu – ce qu'ils trouvent drôle, dérangeant, inspirant –, ce qui ouvre la voie à des discussions plus riches sur les valeurs, la représentation et la réponse émotionnelle.

La manière dont les parents modèlent les limites numériques dans le contexte professionnel est tout aussi importante. À une époque où la vie professionnelle s'immisce souvent dans la vie familiale par le biais des e-mails, des alertes et des réunions virtuelles, les enfants peuvent avoir du mal à distinguer présence et disponibilité. Un parent peut être physiquement présent dans la pièce, mais mentalement occupé par des messages professionnels. Si cela devient la norme, les enfants intériorisent une version de l'âge adulte où la réactivité constante est synonyme de productivité, et où les limites personnelles sont systématiquement sacrifiées. Cette situation est non seulement intenable, mais elle ouvre également la voie à l'épuisement professionnel, à l'anxiété et à la déconnexion intergénérationnelle.

Pour contrer ce phénomène, les parents peuvent marquer intentionnellement les transitions : éteindre physiquement l'ordinateur portable, afficher un message d'absence ou annoncer : « J'ai terminé ma journée de travail. » Ces gestes, bien que simples, véhiculent un message fort : la vie de famille mérite une attention totale et il est non seulement possible, mais nécessaire de fixer des limites à l'interaction numérique. Ce faisant, les parents autorisent leurs enfants à préserver leur temps et leur attention dans leurs futurs contextes scolaires, professionnels et relationnels.

L'exemple joue également un rôle essentiel dans la citoyenneté numérique, c'est-à-dire les normes et l'éthique du comportement en ligne . Les enfants qui voient des adultes interagir en ligne avec respect, citer leurs sources, préserver leur vie privée et porter un regard critique sur le contenu sont beaucoup plus susceptibles d'adopter eux-mêmes ces comportements . Lorsque les parents parlent ouvertement de désinformation, de publicité, d'empreintes numériques et de cyberétiquette, ils développent non seulement leurs connaissances, mais aussi leur discernement. Ces leçons s'assimilent mieux non pas par des cours magistraux, mais par l'expérience vécue : observer un parent vérifier les faits d'un article, marquer une pause avant de commenter ou signaler un contenu problématique avec explication. De telles pratiques enseignent aux enfants que la vie numérique n'est pas détachée de la vie morale, mais qu'elle y est intégrée.

Bien sûr, aucun parent ne peut être un modèle parfait. Il y aura des moments de distraction, d'incohérence et de surutilisation. L'essentiel n'est pas de les éviter complètement, mais de les utiliser comme des occasions de se remettre en question et de réfléchir. Lorsqu'un parent se surprend à privilégier un appareil au détriment d'une conversation et dit : « Je suis désolé, je n'écoutais pas. Je vais ranger ça », il donne l'exemple de la responsabilité et de l'attention. Cela apprend aux enfants que la prise de conscience est un processus continu et que même les adultes doivent corriger le tir. Cela renforce également l'idée que l'autorégulation n'est pas un état de maîtrise, mais un ensemble d'habitudes cultivées au fil du temps.

Les enfants n'ont pas besoin de parents parfaits. Ils ont besoin de parents présents, conscients d'eux-mêmes et disposés à utiliser la technologie de manière réfléchie. En inculquant des habitudes numériques qui reflètent des valeurs telles que le respect, la curiosité, la responsabilité et l'équilibre, les adultes façonnent un environnement familial où les écrans servent plutôt que dominent. Ils donnent aux enfants un modèle non seulement pour utiliser la technologie, mais aussi pour bien vivre dans un monde numérique.

Dans une culture où les écrans entrent souvent en conflit avec les relations, les parents doivent devenir non seulement des dictateurs de règles, mais aussi des modèles, des exemples vivants de ce que signifie intégrer la technologie à la vie avec détermination, éthique et bienveillance. Les leçons que les enfants tireront de ces exemples survivront à toute application ou plateforme. Ils les conserveront dans leur propre foyer, leurs amitiés et leur avenir. Et surtout, ils garderont en eux le souvenir d'avoir été vus, entendus et valorisés par des adultes qui ont choisi, encore et encore, d'être pleinement présents.

Gestion de la résistance et du refoulement

Même si les règles numériques sont soigneusement établies, une certaine résistance est inévitable. Les écrans ne sont pas seulement des outils dans la vie des enfants et des adolescents ; ce sont des portes d'entrée vers l'amitié, la créativité, la validation et l'évasion. Par conséquent, toute limite imposée à leur utilisation, aussi raisonnable soit-elle pour un adulte, est susceptible de provoquer une forme de résistance émotionnelle ou comportementale . Les parents peuvent être confrontés à toutes sortes de réactions, depuis le lever des yeux au ciel et la défiance passive jusqu'au refus catégorique ou aux tactiques de négociation. Comprendre comment répondre à cette résistance sans tomber dans des cycles conflictuels est essentiel pour maintenir à la fois les limites et la relation.

L'un des premiers principes à reconnaître est que le refus est une réponse adaptée au développement de l'enfant. Les enfants testent les limites non seulement pour affirmer leur indépendance, mais aussi pour comprendre les règles qui leur sont imposées. Un enfant de dix ans peut résister à l'envie d'éteindre la télévision, non pas parce qu'il rejette la limite elle-même, mais parce que la transition lui semble abrupte ou que l'activité est particulièrement stimulante. Un adolescent peut argumenter sur les limites imposées aux écrans, non pas parce qu'elles sont difficiles, mais parce qu'il navigue dans le paysage social complexe des discussions de groupe, des jeux en ligne ou de l'expression numérique. Dans chaque cas, la résistance ne concerne pas seulement l'écran : elle est une question d'autonomie, de connexion et d'équité perçue.

Pour répondre efficacement à cette résistance, il faut commencer par la préparation, et non par la réaction. Lorsque les règles sont clairement communiquées à l'avance, fondées sur des accords partagés et revues régulièrement, les enfants sont moins susceptibles de se sentir désemparés ou impuissants. Par exemple, si une famille a déjà convenu que tous les appareils doivent être éteints avant 20h30 les soirs d'école, un rappel à 20h15 peut renforcer la prévisibilité. Encadrer les transitions avec empathie – par exemple en reconnaissant qu'il est difficile de mettre un jeu en pause à mi-parcours – témoigne de la compréhension sans remettre en cause la règle. L'enfant peut encore protester, mais dans un contexte de respect plutôt que de rupture.

Le ton est primordial dans ces moments-là. Si un parent répond à la résistance par la frustration ou le sarcasme, la conversation passe rapidement du contenu à l'émotion. Le problème n'est plus la règle de l'écran, mais le ton de l'application, que l'enfant peut ressentir comme dédaigneux ou autoritaire. Une approche calme, cohérente et ferme désamorce cette escalade. Elle transmet le message que les limites ne sont pas négociables sur le moment, mais qu'elles ne sont pas non plus imposées sous le coup de la colère. Ce type d'autorité neutre – une confiance tranquille sans agressivité – peut être profondément stabilisant pour les enfants, souvent dépassés par leurs propres réactions émotionnelles.

Les parents peuvent également tirer profit de la reconnaissance que toute résistance ne nécessite pas une confrontation immédiate. Un adolescent boudeur, une porte claquée ou une brève dispute peuvent simplement être le signe d'une déception ou d'une frustration. Laisser libre cours à l'expression émotionnelle, sans l'interpréter comme un manque de respect ou une désobéissance, peut réduire les luttes de pouvoir inutiles. L'objectif n'est pas de supprimer toute résistance, mais de distinguer protestation émotionnelle et défiance comportementale . Un enfant qui marmonne de frustration tout en respectant la règle fait preuve de respect, même à contrecœur. C'est une victoire, même si cela n'en a pas l'air sur le moment.

Cela dit, lorsque la résistance se manifeste par un manquement constant à ses obligations (ignorer les limites, utiliser des appareils en cachette ou refuser de participer aux périodes sans écran), les parents ont besoin de stratégies qui renforcent les limites sans éroder la confiance. Une approche efficace consiste à lier les privilèges aux responsabilités de manière transparente et non punitive.

De manière générale. Par exemple, un enfant qui éteint systématiquement ses appareils à l'heure prévue pourrait bénéficier d'une plus grande flexibilité le week-end. À l'inverse, un enfant qui ne respecte pas l'accord peut être invité à réfléchir à l'impact de ses actes et à contribuer à la recherche d'une solution. Ce processus déplace l'accent de la punition vers la responsabilisation. L'enfant est traité non pas comme un adversaire, mais comme un partenaire dans la recherche de solutions viables.

Des exemples concrets illustrent ce phénomène. Prenons l'exemple d'un parent qui découvre que son enfant utilise secrètement une tablette tard le soir. Au lieu de réagir avec colère ou de lui confisquer l'appareil indéfiniment, le parent pourrait se réunir le lendemain matin et demander : « Qu'est-ce qui a rendu difficile le respect de notre règle d'utilisation des écrans hier soir ? » La conversation pourrait révéler que l'enfant avait du mal à dormir et qu'il utilisait l'appareil par habitude. Ensemble, ils pourraient réfléchir à des alternatives, comme garder des livres près du lit ou utiliser une minuterie de sommeil. L'appareil peut toujours être retiré temporairement, mais l'accent est mis sur l'apprentissage et la réparation, et non sur la punition.

Il est également crucial d'aborder les nuances émotionnelles des conflits numériques. Parfois, ce qui apparaît comme une défiance est enraciné dans des sentiments plus profonds : l'angoisse de manquer quelque chose, la honte d'être différent de ses pairs ou la peur de l'exclusion sociale. Un adolescent à qui l'on demande de ranger son téléphone pendant le dîner pourrait résister, car il attend une réponse à un message vulnérable envoyé à un ami. Dans ces moments-là, les parents doivent s'efforcer de comprendre le point de vue de l'enfant, même s'ils maintiennent la règle. Valider ce sentiment – « Je comprends que ce soit difficile d'être interrompu quand on est en plein milieu d'une discussion importante » – ne signifie pas céder. Cela signifie reconnaître la complexité de l'expérience. Cette approche préserve le lien, même en cas de désaccord.

Certaines familles trouvent utile d'intégrer une certaine flexibilité par le biais d'exceptions limitées. Un événement spécial, un film familial en soirée ou une conversation avec un ami dans un autre fuseau horaire peuvent justifier un ajustement temporaire. Ces exceptions, lorsqu'elles sont clairement formulées, n'affaiblissent pas la frontière ; elles renforcent son intégrité en montrant qu'elle est réceptive et réfléchie. Cependant, il est essentiel que cette flexibilité ne soit pas motivée par des supplications ou des manipulations, mais par un accord mutuel. Les enfants doivent comprendre que la flexibilité est un privilège acquis par la confiance, et non une faille à exploiter.

Les parents devraient également tenir compte de leurs propres déclencheurs émotionnels dans les conflits liés aux écrans. Souvent, la frustration des adultes provient d'un sentiment de perte de contrôle, d'un sentiment de manque de respect ou d'inquiétude quant aux conséquences à long terme. Reconnaître ces déclencheurs peut aider les parents à réagir plutôt qu'à réagir. Un parent conscient que son irritation est liée à l'inquiétude pour l'avenir de son enfant peut choisir d'exprimer cette inquiétude de manière constructive, en expliquant, par exemple, l'impact de l'utilisation nocturne des écrans sur le sommeil, l'humeur et l'apprentissage. Lorsque les enfants comprennent la vérité émotionnelle derrière une limite, ils sont plus susceptibles de la respecter, même s'ils ne l'acceptent pas immédiatement.

Il est tout aussi important de maintenir une perspective à long terme. La résistance, par nature, est passagère. Ce qui ressemble aujourd'hui à une bataille quotidienne autour des appareils électroniques peut devenir un problème l'année suivante, à mesure que l'enfant grandit ou que les normes familiales s'installent. L'essentiel est d'aborder ces conflits avec patience, cohérence et en gardant à l'esprit la croissance. Chaque conversation, aussi imparfaite soit-elle, est l'occasion d'inculquer des valeurs, de renforcer les habitudes et de développer la compréhension mutuelle. Au fil du temps, ces leçons s'accumulent. Les enfants commencent à intérioriser les attentes, non par crainte des conséquences, mais parce qu'ils en reconnaissent la logique, l'attention et la cohérence.

En fin de compte, gérer la résistance ne consiste pas à éliminer l'opposition, mais à cultiver la coopération. Cela exige un équilibre entre empathie et autorité, structure et flexibilité, fermeté et bienveillance. Lorsque les parents abordent les limites numériques avec clarté et compassion, ils posent les bases de relations respectueuses et d'une utilisation responsable des technologies. La résistance peut encore survenir, mais la croissance, le dialogue et le développement lent mais régulier d'habitudes numériques ancrées dans la confiance plutôt que dans la coercition le seront tout autant. Et ce, dans un monde où

la technologie devient de plus en plus centrale dans la vie quotidienne, cette fondation pourrait s'avérer être l'un des cadeaux les plus importants qu'un parent puisse offrir.

Chapitre 8
Élever des enfants conscients du numérique

Dans le paysage actuel, envahi d'écrans lumineux et de bips omniprésents, la connectivité est devenue si ancrée dans le quotidien qu'elle ne suscite guère d'inquiétude. Les notifications s'enchaînent à chaque heure, les divertissements sont à portée de main, et la frontière entre le numérique et le non-digital s'estompe de jour en jour. Pour les enfants nés dans cette saturation numérique, la technologie n'est pas un accessoire ou une nouveauté : c'est le support sur lequel se déploie une grande partie de leur expérience. Et si le numérique élargit indéniablement l'accès à l'information, à l'imagination et à l'interaction, il porte aussi le poids plus discret et insidieux de la distraction, de l'engagement compulsif et du détachement émotionnel. Au milieu de tout cela, la notion de pleine conscience numérique se démarque, non pas comme une tendance ou une stratégie parentale, mais comme une compétence nécessaire. Elle suggère une façon d'aborder la technologie avec détermination, attention et, surtout, avec une conscience de soi intacte.

Cultiver la pleine conscience numérique chez les enfants ne signifie pas rejeter les écrans, ni construire une utopie analogique artificielle. Il s'agit plutôt de cultiver une approche consciente, curieuse et pragmatique de la technologie. Une utilisation consciente des technologies implique de s'interroger non seulement sur le temps passé en ligne, mais aussi sur l'utilité de ce temps : ce qu'il apporte, ce qu'il exige. Il s'agit d'être à l'écoute de nos motivations et de nos humeurs. Un enfant peut commencer à remarquer qu'il regarde des vidéos par intérêt, ou simplement par ennui. Un adolescent peut apprendre à repérer la sensation de gueule de bois qui persiste après avoir consulté les réseaux sociaux et à savoir quand s'éloigner.

L'un des changements les plus puissants que les parents peuvent encourager est peut-être d'aider leurs enfants à reconnaître que les appareils électroniques sont des outils, et non des compagnons par défaut. Nombreux sont les jeunes qui se tournent vers les écrans presque automatiquement, non pas par joie ou intention, mais pour combler un manque : l'ennui, l'anxiété, l'inconfort. Le travail commence par la prise de conscience. Une simple observation – « J'ai remarqué que tu prends souvent ta tablette après l'école. Que te passe-t-il à ce moment-là ? » – peut ouvrir une porte. Elle n'accuse pas, ne présume pas. Elle invite à la réflexion, une douce incitation à considérer ce qui se cache réellement derrière cette habitude.

Et c'est bien là l'essentiel : favoriser la réflexion sans recourir à la honte. Tout comme les enfants apprennent à identifier la faim ou la fatigue, ils peuvent développer une conscience de leur état intérieur face à l'utilisation des écrans. Ils peuvent commencer à remarquer lorsqu'ils sont surstimulés ou dispersés, et apprendre des stratégies pour se recentrer – par exemple, faire une promenade, se lancer dans une autre activité ou simplement prendre un moment pour respirer. Avec le temps et le soutien, cette conscience se renforce : une capacité d'autorégulation, de choix plutôt que de réaction.

Les adultes jouent bien sûr un rôle central ici, non seulement en fixant des limites, mais aussi en montrant l'exemple d'une utilisation intentionnelle des technologies. Les enfants sont plus attentifs à nos actions qu'à nos paroles (comme le sait pertinemment tout parent ayant déjà crié « pas de téléphone à table » en consultant ses e-mails professionnels au milieu du dîner). Lorsque les parents racontent leurs propres choix – « Je vais m'éloigner un peu de mon téléphone ; j'ai l'esprit un peu embrumé » – ils démontrent que la gestion de son environnement numérique est un processus humain et continu. Ce n'est pas une performance. C'est un exercice.

Mais il y a aussi un piège à éviter. Si la pleine conscience numérique devient synonyme de déni – si le seul message est « moins d'écran, moins d'écran » – alors elle commence à être perçue comme une punition. Ce n'est pas le but. Au contraire, s'éloigner des appareils électroniques devrait être perçu comme une invitation à découvrir des expériences plus riches et plus variées. Le jeu hors ligne offre quelque chose que les activités numériques ne peuvent pas pleinement reproduire. Il favorise tout, de la régulation émotionnelle et des compétences motrices à l'imagination et à l'empathie. Qu'il s'agisse de construire quelque chose de ses mains, de courir dans le jardin, de se perdre dans une histoire ou simplement de bricoler, les enfants ont besoin de ces textures d'expérience pour se développer pleinement.

La bonne nouvelle, c'est que créer des opportunités d'interactions hors ligne significatives ne nécessite pas de planification élaborée. Cela peut être aussi simple que de garder un coin art bien fourni à portée de main, de faire des promenades impromptues vers des endroits inconnus, ou d'organiser de temps en temps une soirée conte à la lueur des bougies, écrans cachés. Ce ne sont pas des gestes anti-technologie. Ce sont des compléments : des rappels que le plaisir et la connexion peuvent être trouvés ailleurs, pas seulement dans les pixels.

Ces dernières années, l'idée d'une « détox numérique » a gagné en popularité, souvent accompagnée d'images de retraites spectaculaires et de déconnexion totale. Mais la vie réelle, et notamment la vie de famille, tend à résister à de tels extrêmes. Une voie plus durable pourrait impliquer des micro-détox : des pauses douces intégrées au quotidien. Par exemple, un moment de calme nocturne sans appareils. Ou une promenade le dimanche matin avant d'allumer les écrans. Ou simplement encourager les enfants à faire le point après de longues sessions en ligne : comment se sent leur corps ? Quelle est leur humeur ? Ces petites pauses régulières font plus que réduire le temps passé devant un écran : elles réintroduisent un rythme qui invite au calme, voire à l'ennui, comme une activité génératrice.

Et l'ennui, ne l'oublions pas, n'est pas un ennemi. En fait, aider les enfants à s'habituer à ne pas être constamment divertis est peut-être l'un des plus beaux cadeaux que nous puissions leur offrir. Avec le temps, ils apprennent que le repos n'est pas un vide à combler, mais un espace fertile où l'attention peut se poser et la créativité s'épanouir. Ils commencent à se découvrir eux-mêmes, non seulement en tant que consommateurs de contenu, mais aussi en tant qu'esprits actifs, capables de réflexion, d'invention et même d'un peu d'émerveillement.

Ce que nous visons, en fin de compte, ce n'est pas le contrôle, mais la capacité. L'objectif n'est pas de microgérer l'utilisation des écrans par un enfant jusqu'à ses 18 ans et son départ. Il s'agit de l'aider à construire une relation consciente, flexible et autonome avec la technologie. Et cela prend du temps. La pleine conscience numérique ne s'installe pas du jour au lendemain. Elle se développe lentement, nourrie par la répétition, l'exemple, des conversations qui ne sont pas forcément immédiates, mais qui trouvent un écho au fil du temps. Elle est façonnée par les rythmes de la vie familiale, par les valeurs que nous exprimons (et incarnons) et par l'espace que nous accordons aux questions qui n'ont pas de réponses immédiates.

Dans cet esprit, ce chapitre propose non pas une prescription, mais un cadre. Il explore comment les familles peuvent cultiver des habitudes d'utilisation intentionnelles des écrans sans tomber dans des règles rigides ou des interdictions réactives. Il explore les moyens de favoriser la régulation émotionnelle, d'enrichir le monde hors ligne et de modéliser une citoyenneté numérique ancrée dans l'attention plutôt que dans le contrôle. S'appuyant à la fois sur des connaissances psychologiques et sur l'expérience vécue, il invite à une réévaluation plus approfondie de ce que signifie être « connecté » – et à déterminer si cette connexion s'étend aussi bien vers l'intérieur que vers l'extérieur.

Fondamentalement, la pleine conscience numérique consiste à retrouver un sentiment d'autonomie. Pour les enfants, cela signifie savoir qu'ils ont des options : des choix quant à la manière, au moment et aux raisons d'interagir avec les écrans. Pour les parents, cela signifie guider non pas par la peur ou la force, mais par la présence et la pratique. Ensemble, dans cet espace d'intention partagé, les familles peuvent commencer à écrire un nouveau récit, non pas dominé par les appareils, mais enrichi par eux et par les connexions qui comptent vraiment.

Le pouvoir de l'utilisation intentionnelle de la technologie

L'enfance moderne se déroule dans un monde où les écrans sont omniprésents, intégrés à l'éducation, au divertissement, à la communication et même au jeu. Pour de nombreux enfants, utiliser un appareil n'est plus un acte délibéré, mais une réponse automatique à l'ennui, à une transition ou à un inconfort émotionnel. Cet engagement habituel, bien que courant, se fait souvent au détriment d'une concentration plus profonde, d'une créativité significative et d'interactions sociales concrètes. Il façonne également des habitudes mentales durables : la façon dont les enfants apprennent à diriger leur attention, à réguler leurs impulsions et à interagir avec le monde. Apprendre aux enfants à utiliser les écrans avec intention, plutôt que de les utiliser aveuglément, est l'une des interventions les plus puissantes et transformatrices que les parents puissent mettre en œuvre.

L'utilisation intentionnelle des technologies commence par une question simple mais profonde : *pourquoi est-ce que j'utilise cet appareil en ce moment ?* Elle invite l'utilisateur à prendre une pause, à évaluer son état intérieur et à identifier un objectif. Le but est-il d'apprendre quelque chose de nouveau ? De se connecter avec un ami ? De se détendre après une journée difficile ? Ou est-ce simplement de combler un vide, d'éviter une émotion ou de suivre un schéma habituel ? Aider les enfants à développer cette habitude réflexive leur permet de prendre en main leurs choix numériques. Ils passent du statut de consommateurs passifs de contenu à celui d'acteurs actifs et perspicaces de leur vie numérique.

Ce changement ne consiste pas à limiter arbitrairement le temps passé devant un écran, ni à humilier les enfants pour leurs intérêts numériques. Il s'agit de cultiver la conscience et le choix. Lorsqu'un enfant regarde une vidéo scientifique par curiosité pour les trous noirs, l'expérience est fondamentalement différente – neurologiquement et émotionnellement – que lorsqu'il clique sur du contenu aléatoire pendant des heures sans remarquer où il passe son temps. L'une développe l'esprit ; l'autre l'engourdit. L'une développe un sentiment d'autonomie ; l'autre favorise la dépendance. L'essentiel n'est pas l'écran lui-même, mais l'intention qui le pousse à l'utiliser.

Cultiver cette conscience commence tôt et se développe grâce à des modèles et des conversations réguliers. Les très jeunes enfants peuvent commencer à exprimer leurs motivations avec des questions telles que : « Qu'espères-tu faire sur la tablette aujourd'hui ? » ou « Comment penses-tu te sentir après avoir regardé cette émission ? » Ces questions ne visent pas à interroger ou à juger, mais à nourrir la métacognition, c'est-à-dire la capacité à réfléchir à ses propres pensées. En réfléchissant régulièrement à leurs choix médiatiques, les enfants développent les muscles mentaux qui favorisent l'autorégulation, la gratification différée et l'engagement intentionnel.

Pour les enfants plus âgés et les adolescents, la conversation peut devenir plus nuancée. Les adolescents, en particulier, peuvent utiliser la technologie pour naviguer dans des dynamiques sociales complexes, exprimer leur identité ou gérer leur stress. Ces usages sont légitimes, mais ils peuvent aussi être déformés s'ils ne sont pas examinés. Un adolescent qui publie fréquemment sur les réseaux sociaux pourrait tirer profit de questions telles que : « Qu'est-ce que tu aimes le plus dans la publication ? » ou « Que ressens-tu lorsque tu attends une réponse ? » Ces réflexions peuvent révéler des schémas de validation, de comparaison ou d'évitement, et offrir un point de départ pour un engagement plus équilibré.

L'intentionnalité est également favorisée par une utilisation des écrans structurée autour d'objectifs plutôt que d'un temps limité. Au lieu de dire : « Tu as 30 minutes devant ton écran », un parent pourrait demander : « Que veux-tu faire de ton temps d'écran aujourd'hui ? » Cela déplace l'accent de la quantité vers la qualité. L'enfant commence à considérer son appareil comme un outil pour accomplir quelque chose – qu'il s'agisse de terminer un niveau dans un jeu, de terminer un projet artistique ou de faire des recherches sur un sujet scolaire – plutôt que comme un passe-temps. Avec le temps, il apprend à planifier son utilisation, à suivre ses progrès et à évaluer sa satisfaction, ce qui renforce les fonctions exécutives essentielles à la réussite scolaire et personnelle.

Cette approche s'inscrit également dans l'évolution de la maîtrise du numérique. À l'avenir, les citoyens numériques les plus performants ne seront pas ceux qui consomment le plus de contenu, mais ceux qui sauront organiser, questionner et créer avec intention. Ils sauront quand se connecter et quand prendre du recul, gérer les distractions numériques et utiliser la technologie comme levier d'apprentissage, de collaboration et d'innovation. Ces compétences ne sont pas innées ; elles se cultivent par la pratique. Les enfants ont besoin d'occasions d'utiliser les outils numériques à des fins utiles, et ils ont besoin d'être guidés pour reconnaître quand la technologie enrichit leur expérience et quand elle la dilue.

Des exemples concrets illustrent ce que cela pourrait donner en pratique. Prenons l'exemple d'une famille où l'enfant est passionné par la nature. Plutôt que de limiter l'utilisation des écrans à tout prix, les parents aident l'enfant à utiliser une tablette pour filmer et monter des mini-documentaires sur la faune locale. L'appareil, d'exutoire passif, devient ainsi un outil de narration, d'observation et de développement de compétences techniques. L'enfant commence à associer la technologie à la création intentionnelle, et non plus seulement à la consommation. Parallèlement, les parents veillent à cet équilibre, encourageant l'exploration en plein air et l'observation en temps réel comme fondements de l'expression numérique.

Un autre exemple pourrait être celui d'un enfant fasciné par la mythologie. Au lieu de se tourner vers YouTube pour se divertir, le parent suggère de rechercher des récits animés de mythes du monde ou des applications de narration interactives qui permettent à l'enfant de créer ses propres versions. L'écran devient un pont vers la littérature, l'imagination et même la sensibilisation aux cultures du monde. Ces interactions restent agréables, mais elles sont ancrées dans la curiosité et enrichies par l'accompagnement des adultes.

Il est également important de différencier les différents types d'engagement numérique. Le défilement passif, les jeux répétitifs ou la lecture automatique interminable de vidéos tendent à produire une sorte de sédation mentale. Les enfants ressortent de ces expériences hébétés, déréglés ou insatisfaits, souvent incertains de la façon dont ils ont occupé leur temps. À l'inverse, un engagement actif – codage, écriture, construction, conception – tend à les rendre énergiques , concentrés et fiers de leur travail. Apprendre aux enfants à reconnaître cette différence leur permet de choisir des expériences qui servent véritablement leurs intérêts et leur bien-être.

Cela ne signifie pas que le divertissement n'a pas sa place. Regarder une vidéo amusante, jouer à un jeu vidéo ou discuter avec des amis peuvent être des utilisations valables et agréables du temps passé devant un écran. Le problème n'est pas le divertissement en soi, mais un défaut inconscient. Lorsque chaque moment de silence, d'inconfort ou de pause est saturé par le bruit numérique, les enfants perdent l'opportunité d'apprendre de ces espaces. L'ennui, par exemple, est un enseignant essentiel. Il favorise la créativité, l'introspection et le jeu spontané. Les enfants constamment divertis passent à côté de l'occasion de découvrir ce qu'ils peuvent générer en eux-mêmes.

Les parents jouent un rôle central pour donner le ton à une utilisation intentionnelle. Cela implique non seulement de modéliser, mais aussi de raconter leurs propres choix. Des phrases comme « Je consulte la météo avant notre promenade » ou « Je vais lire cet article pour mieux comprendre ce sujet » rendent l'invisible visible. Cela montre que les écrans ne sont ni magiques ni insensés, mais des outils qui nécessitent du discernement. Lorsque les enfants voient les adultes faire des choix conscients, ils intériorisent ces schémas et commencent à les reproduire.

Les écoles peuvent elles aussi favoriser cet état d'esprit. Les enseignants qui intègrent la technologie à des fins pratiques – en l'utilisant pour explorer, collaborer et résoudre des problèmes – renforcent l'idée que les appareils sont des instruments d'engagement, et non de distraction. Ils peuvent apprendre aux élèves à évaluer les sources, à résister aux pièges à clics et à gérer leur attention. Ces compétences font partie d'une culture numérique plus large qu'il est essentiel de cultiver si nous voulons élever une génération capable de penser de manière critique, d'éprouver des émotions profondes et d'agir de manière responsable à l'ère du numérique.

Enfin, l'utilisation intentionnelle des technologies favorise l'intelligence émotionnelle. Lorsque les enfants comprennent pourquoi ils utilisent un appareil, ils sont mieux à même d'évaluer son impact sur eux. Ils peuvent détecter si l'appareil est bénéfique ou néfaste, s'il crée un lien ou un isolement. Ils deviennent attentifs à leurs signaux internes – fatigue, frustration, satisfaction, curiosité – et apprennent à y faire confiance. Cette conscience de soi pose les bases de la résilience émotionnelle et d'un comportement éthique en ligne.

Aider les enfants à utiliser la technologie avec intention ne se résume pas à une simple conversation : c'est une pratique évolutive. Elle se développe au fil des moments du quotidien, des suggestions subtiles, des expériences partagées et des dialogues francs. Cela exige de la patience, de la constance et une volonté d'affronter l'inconfort. Mais les bénéfices sont considérables. Les enfants qui apprennent à marquer une pause avant de balayer, à réfléchir avant de publier et à agir avec détermination plutôt que par contrainte sont non seulement des utilisateurs numériques plus sains, mais aussi des individus plus ancrés, plus conscients d'eux-mêmes et plus autonomes.

L'utilisation intentionnelle des technologies n'est pas une question de perfection. C'est une question de présence. Il s'agit d'élever des enfants qui ne se contentent pas d'hériter du monde numérique, mais qui le façonnent avec intégrité, curiosité et attention. Ce faisant, ils découvrent que l'outil le plus puissant n'est pas l'écran lui-même, mais leur capacité à choisir comment, quand et pourquoi l'utiliser.

Pleine conscience et autorégulation

Les enfants d'aujourd'hui grandissent dans un environnement de stimulation perpétuelle. Les écrans sont omniprésents – sur les murs, dans les poches, aux poignets – offrant un flux incessant de contenus, de conversations et de distractions. Si l'accès au numérique apporte des avantages indéniables, il exige également un niveau de contrôle interne que les cerveaux en développement ne sont pas naturellement préparés à gérer sans soutien. L'une des compétences les plus importantes que les parents peuvent cultiver dans ce contexte est l'autorégulation : la capacité à observer son état intérieur, à marquer une pause avant de réagir et à faire des choix en accord avec ses besoins et ses valeurs. Associée à la pleine conscience, l'autorégulation devient une force puissante qui permet aux enfants d'interagir avec la technologie de manière réfléchie et de savoir, intérieurement, quand il est temps de s'éloigner.

Contrairement aux règles imposées de l'extérieur, l'autorégulation naît de l'intérieur de l'enfant. Il ne s'agit pas d'obéissance, mais de prise de conscience. Aider les enfants à reconnaître qu'ils ont passé suffisamment de temps devant un écran n'est pas seulement une question de logistique : c'est une étape importante de leur développement. Il s'agit de les aider à apprendre à écouter leur corps et leur esprit, à identifier les signes de fatigue numérique, de surstimulation ou d'épuisement émotionnel, et à agir en conséquence avec confiance et autonomie.

Cette boussole interne prend du temps à se développer, surtout à une époque où les signaux externes – mentions « J'aime », notifications, lecture automatique – sont conçus pour fidéliser les utilisateurs. Les plateformes numériques sont conçues pour contourner les points d'arrêt naturels. Il est donc d'autant plus crucial de cultiver ces signaux internes. Les enfants doivent apprendre à détecter leurs propres seuils, à distinguer le plaisir authentique de l'utilisation compulsive, et à distinguer la détente de l'engourdissement. Ces distinctions sont subtiles, mais elles constituent le fondement du bien-être numérique.

Une façon pratique d'amorcer ce processus est de prendre conscience de son corps. Même les jeunes enfants peuvent apprendre à observer leurs sensations corporelles pendant et après l'utilisation d'un écran. Leurs yeux sont-ils fatigués ? Leur tête bourdonne-t-elle ? Sont-ils irritables, léthargiques ou agités ? Un parent pourrait demander, après une émission de télévision ou une session de jeu : « Comment te sens-tu physiquement en ce moment ? » ou « Que remarques-tu concernant ton énergie ? » Ces questions ne visent pas à interroger, mais à guider l'attention vers l'intérieur. Avec le temps, les enfants apprennent que leur corps contient des informations précieuses sur leurs besoins et leurs limites.

Les signaux émotionnels sont tout aussi importants. Beaucoup d'enfants ont du mal à remarquer quand le temps passé devant un écran cesse d'être amusant et devient épuisant. Un enfant qui commence un jeu avec enthousiasme peut continuer à jouer bien au-delà du plaisir ressenti, poussé par l'habitude, le défi ou les attentes sociales. Lorsque les parents encouragent la réflexion – « Est-ce que ça a été agréable tout le temps ? » ou « Y a-t-il eu des moments d'ennui ou de frustration ? » – ils aident les enfants à développer leur éducation émotionnelle. Ils déconstruisent également le mythe selon lequel plus de temps passé devant un écran est toujours préférable, invitant les enfants à privilégier la qualité à la quantité.

Une méthode efficace pour cultiver cette conscience de soi consiste à utiliser des pauses, des moments intégrés où les enfants sont encouragés à faire le point avec eux-mêmes. Cela peut être aussi simple qu'un rappel toutes les 30 minutes pour s'étirer, boire de l'eau ou respirer profondément. Ces pauses créent un espace entre le stimulus et la réponse, permettant à l'enfant d'évaluer s'il souhaite continuer ou s'arrêter. Avec le temps, le stimulus externe peut s'intérioriser , conduisant à des auto-évaluations spontanées : « Est-ce que j'aime toujours ça ? » « Ai-je besoin d'une pause ? » Ces micro-réflexions développent la métacognition (la capacité à réfléchir à sa propre pensée) et favorisent des habitudes d'autorégulation durables.

Les parents peuvent renforcer ces habitudes en montrant l'exemple. Lorsqu'un adulte dit : « Je me sens un peu épuisé, je suis resté trop longtemps devant mon écran » ou « J'ai besoin de faire une pause pour me changer les idées », il normalise l'autosurveillance et démontre que même les adultes ont des limites. Ces expressions montrent que s'éloigner de la technologie n'est pas une punition, mais une forme de bien-être. Elles enseignent également que la décision de se déconnecter peut venir de l'intérieur plutôt que d'une autorité extérieure.

Pour les adolescents, dont la vie sociale est de plus en plus numérique, la capacité à s'autoréguler devient encore plus complexe. Ils peuvent utiliser les écrans non seulement pour se divertir, mais aussi pour réguler leurs émotions : échapper au stress, gérer l'anxiété ou rechercher une validation. Si ces usages sont compréhensibles, ils peuvent aussi devenir inadaptés s'ils ne sont pas tempérés par la pleine conscience. Aider les adolescents à explorer les ressorts émotionnels de leurs habitudes d'utilisation des écrans est essentiel. Des questions telles que « Que ressens-tu habituellement avant de prendre ton téléphone ? » ou « Comment te sens-tu après avoir passé une heure à surfer sur les réseaux sociaux ? » peuvent ouvrir un espace de réflexion sans jugement.

Dans certains cas, la surutilisation du numérique est le symptôme de besoins non satisfaits : solitude, ennui, stress scolaire ou manque d'engagement hors ligne. Les parents qui se contentent de limiter le temps passé devant un écran, sans aborder le problème sous-jacent, risquent de rencontrer résistance ou confidentialité. Une approche plus efficace consiste plutôt à collaborer avec l'enfant pour identifier le besoin satisfait par l'écran, puis à explorer d'autres stratégies pour y répondre. Par exemple, si un adolescent passe des heures en ligne parce qu'il se sent isolé, il peut se concentrer sur le développement d'amitiés hors ligne ou l'exploration d'activités de groupe. Le temps passé devant un écran n'est pas simplement limité, il est remplacé par quelque chose de plus enrichissant.

Cette approche s'applique également aux plus jeunes enfants. Un enfant qui s'agite lorsqu'on lui demande d'arrêter d'utiliser un appareil n'est peut-être pas cliniquement dépendant, mais il peut avoir du mal à gérer les transitions. Les parents peuvent faciliter ce processus en prévenant l'enfant à l'avance, en reconnaissant la difficulté et en lui indiquant clairement la prochaine étape. Dire : « Je sais que c'est difficile d'arrêter quand tu t'amuses. Faisons une pause de temps en temps et ensuite faisons quelque chose de nos mains, par exemple construire ou dessiner » valide l'expérience de l'enfant et le guide vers l'autorégulation.

Un autre outil puissant est le dialogue réflexif après le temps passé devant un écran. Plutôt que de mettre fin à l'activité brusquement ou par des critiques, les parents peuvent encourager une brève conversation : « Qu'as-tu le plus apprécié dans ce que tu viens de faire ? » ou « Comment cette activité a-t-elle affecté ton humeur ? » Ces questions créent une boucle de rétroaction naturelle, aidant les enfants à apprendre de leurs expériences et à adapter leur comportement futur . Avec le temps, ils intériorisent ces conversations et commencent à les mener seuls, évaluant silencieusement ce que les différents types d'utilisation des écrans leur font ressentir.

Les exercices de pleine conscience peuvent également favoriser l'autorégulation. Des pratiques simples comme la respiration consciente, les mouvements conscients ou les scans corporels aident les enfants à se reconnecter au moment présent et à se connecter à leurs signaux internes. Ces pratiques sont particulièrement utiles lorsque les enfants se sentent surstimulés ou déréglés après une utilisation excessive des écrans. Quelques minutes de réflexion silencieuse, d'étirements ou de respiration profonde peuvent rétablir l'équilibre et servir de ressourcement. Intégrer la pleine conscience au quotidien, que ce soit au coucher, pendant les transitions ou après une activité numérique, apprend aux enfants qu'ils ont les outils pour calmer leur esprit et faire des choix conscients.

Les parents doivent également faire preuve de patience. L'autorégulation est une compétence qui se développe progressivement. Elle n'est pas linéaire, et des échecs sont à prévoir. Les enfants peuvent abuser des écrans un jour et faire preuve d'une grande vigilance le lendemain. Ce qui compte, c'est la constance et le soutien. Lorsque les enfants savent que leurs parents ne les surveillent pas pour les punir, mais pour les responsabiliser, ils sont plus enclins à s'engager dans une réflexion honnête. L'objectif n'est pas un comportement parfait , mais une meilleure compréhension.

La technologie elle-même peut soutenir ce processus. Certaines familles utilisent des outils de suivi du temps d'écran, des résumés d'utilisation d'applications ou des rappels de pleine conscience intégrés aux appareils pour aider les enfants à visualiser leurs habitudes. Utilisés de manière collaborative, ces outils peuvent susciter des conversations enrichissantes et renforcer l'idée que l'utilisation des écrans doit être intentionnelle et non automatique. L'essentiel est de s'assurer que la technologie est au service de l'utilisateur, et non l'inverse.

En fin de compte, aider les enfants à reconnaître qu'ils ont passé suffisamment de temps devant un écran ne se limite pas à gérer leur comportement : il s'agit de développer leur caractère. Cela leur apprend la responsabilité, l'autonomie et le souci de leur propre bien-être. Cela favorise un sentiment d'autonomie dans un monde qui attire constamment l'attention. Et cela pose les bases d'habitudes durables qui favorisent non seulement l'équilibre numérique, mais aussi la santé émotionnelle, la clarté cognitive et la profondeur relationnelle.

À l'ère du numérique, la pleine conscience et l'autorégulation ne sont pas un luxe ; ce sont des nécessités. En apprenant aux enfants à écouter leurs signaux internes, à s'arrêter et à réfléchir, et à faire des choix conscients, nous les préparons non seulement à survivre dans un monde saturé d'écrans, mais aussi à s'épanouir. Ils ne deviennent pas des récepteurs passifs de la culture numérique, mais des participants conscients, capables de décider non seulement *à quoi* s'engager, mais aussi *quand* et *pourquoi* . Et dans un monde qui sollicite constamment leur attention, cette capacité est peut-être l'une des plus précieuses qu'ils acquièrent jamais.

Encourager le jeu hors ligne et l'interaction sociale

À une époque où les écrans sont souvent perçus comme une extension de soi, de nombreux enfants passent une part croissante de leur vie dans des environnements numériques. Ils apprennent, jouent, communiquent et même se reposent avec un appareil en main. Si la technologie offre aux enfants de formidables opportunités d'exploration et de connexion, elle peut aussi occulter des aspects essentiels du développement qui ne se produisent que dans le monde réel, notamment le jeu hors ligne et les interactions sociales en personne. Le défi pour les parents d'aujourd'hui n'est pas d'éliminer la technologie, mais de créer un espace à côté d'elle, où l'imagination, le mouvement, le rire et les interactions en face à face peuvent s'épanouir.

Le jeu hors ligne n'est pas un luxe nostalgique, c'est une nécessité développementale. Il favorise la créativité, la résolution de problèmes, la résilience et la régulation émotionnelle d'une manière que l'engagement numérique, aussi avancé soit-il, ne peut pleinement reproduire. Lorsque les enfants jouent dans le monde physique, ils interagissent avec les matériaux, les environnements et les corps de manière dynamique. Ils testent des hypothèses, négocient des rôles, prennent des risques et construisent des récits. Ces interactions façonnent les voies neuronales, affinent les habiletés motrices et cultivent le sens de l'action. Le jeu est le laboratoire de l'enfance : c'est là que les vies intérieures se révèlent, que les peurs sont surmontées et que l'estime de soi commence à se construire.

Le rôle de l'interaction sociale dans ce processus est tout aussi important. Si les plateformes numériques permettent une connexion constante, elles offrent souvent de faibles substituts à l'expérience riche et multisensorielle d'être avec autrui en temps réel. La socialisation en personne implique l'interprétation des expressions faciales, la gestion des conflits, la réactivité au ton et au langage corporel, et le partage de moments de silence et de spontanéité non structurés. Ces subtilités sont le fondement de l'empathie et de l'intelligence émotionnelle. Les enfants qui passent la majeure partie de leur temps social en ligne risquent de manquer des occasions cruciales de développer ces compétences, ce qui peut affecter leurs relations tout au long de leur vie.

Trouver un équilibre entre vie numérique et expériences hors ligne ne se résume donc pas à limiter les écrans : il s'agit de préserver et de privilégier les jeux et les interactions qui permettent aux enfants de s'épanouir. Cet équilibre varie selon les familles et les enfants. Certains auront besoin d'être accompagnés pour s'éloigner des écrans, tandis que d'autres se tourneront naturellement vers l'exploration en extérieur ou les activités manuelles. L'essentiel est d'observer, d'écouter et de créer un environnement propice à l'interaction avec le monde extérieur.

Cela commence par le temps. Les enfants ne peuvent pas s'engager pleinement dans le jeu ou la socialisation si leur emploi du temps est surchargé d'activités structurées ou dominé par des divertissements passifs. Ils ont besoin d'espace – d'heures tranquilles et libres – pour satisfaire leur curiosité, s'ennuyer et trouver une issue, construire des univers en carton et en boue, ou inventer des jeux que les adultes ne peuvent déchiffrer. Ces moments, bien que désordonnés et imprévisibles, sont le lieu où naît la créativité. Les parents qui défendent ce temps, malgré la pression culturelle en faveur de la productivité, offrent à leurs enfants quelque chose de profondément précieux : la liberté d'explorer leur propre imagination.

L'espace est également important, non seulement temporellement, mais aussi physiquement. Les enfants sont plus enclins à jouer et à socialiser hors ligne lorsque leur environnement le permet. Cela ne nécessite pas de salles de jeux élaborées ni de jouets triés sur le volet. Ce qui compte, c'est l'accessibilité et l'ouverture. Un jardin avec un sol irrégulier et des branches éparpillées peut inspirer un jeu plus créatif qu'un salon saturé d'écrans. Une table remplie de fournitures artistiques, de livres ou de matériaux de construction peut inciter un enfant à s'éloigner de sa tablette, si l'environnement lui-même invite à l'exploration tactile.

Tout aussi essentielle est la présence d'opportunités sociales qui ne soient ni forcées ni trop orchestrées. Jouer librement avec ses pairs – qu'il s'agisse de frères et sœurs, de voisins ou de camarades de classe – offre des leçons irremplaçables de négociation, de coopération et d'autorégulation émotionnelle. Lorsque les enfants jouent ensemble sans la direction d'un adulte, ils sont confrontés à de véritables dilemmes : qui dirige ? Que se passe-t-il en cas d'abandon ? Comment rendre la situation équitable ? Ces expériences développent la résilience et l'empathie d'une manière qu'aucune application ne peut simuler. Elles enseignent également que les relations ne sont pas transactionnelles, mais dynamiques et évolutives.

Les parents peuvent faciliter cette situation en créant des espaces d'interaction sociale sans les contrôler. Cela peut consister à inviter des amis à jouer librement, à encourager les rencontres en plein air ou simplement à fermer les yeux sur le joyeux chaos d'une cabane dans le salon. Cela peut aussi consister à réduire le désordre, le bruit et l'imprévisibilité, en reconnaissant que ce sont les conséquences naturelles de l'engagement et de la croissance.

Le rôle de l'exemple des adultes est également important. Les enfants s'inspirent non seulement de ce que disent les adultes, mais aussi de leur mode de vie. Un parent qui pose son téléphone pour être présent, qui invite son enfant à une promenade ou à un jeu de société, qui privilégie la conversation au divertissement, démontre l'importance des liens dans le monde réel. Ces gestes n'ont pas besoin d'être grandioses. S'asseoir par terre avec un puzzle, poser des questions pertinentes au dîner ou prendre le temps de partager des tâches ménagères peut renforcer le message que la vie hors ligne est riche, stimulante et enrichissante.

L'une des stratégies les plus efficaces pour encourager l'engagement hors ligne est de le relier aux centres d'intérêt de l'enfant. Un enfant qui aime construire des jeux sur tablette pourrait également s'intéresser à la construction de structures réelles avec des blocs ou des matériaux recyclés. Un adolescent qui collectionne des photos en ligne pourrait être inspiré par un cours de photographie ou une promenade photo partagée. L'idée n'est pas de séparer vie numérique et vie physique, mais de les rapprocher, de montrer que les passions nourries en ligne peuvent prendre racine et se développer dans le monde réel.

Ce rapprochement peut également être utile pour faciliter la transition vers une sortie sans écran. Plutôt que des interruptions brutales ou punitives, les parents peuvent créer des transitions douces, à l'aide de minuteurs, de repères visuels ou d'activités partagées après le temps passé devant un écran. En disant : « À la fin du spectacle, allons voir le jardin dehors », la déconnexion est présentée non pas comme une perte, mais comme un changement. Les enfants sont plus susceptibles de quitter l'écran de leur plein gré lorsque l'alternative est présentée comme stimulante plutôt que comme une punition.

Il arrive que les enfants résistent à ces transitions, notamment si l'utilisation des écrans est devenue habituelle ou compensatoire émotionnellement. Dans ce cas, il est préférable d'aborder le problème avec curiosité plutôt que par la confrontation. Demander : « Qu'est-ce qui te plaît le plus dans ce jeu ? » ou « Qu'est-ce qui fait qu'il est difficile d'arrêter ? » peut permettre de comprendre ce que l'enfant recherche – connexion, maîtrise, évasion – et d'aider les parents à proposer des alternatives qui répondent à ces besoins. Cette approche ne consiste pas à remplacer un stimulus par un autre, mais à aider l'enfant à trouver la richesse d'expériences qui impliquent présence, capacité d'action et engagement dans le monde réel.

Il faut également composer avec des forces culturelles plus vastes. De nombreux enfants ont le sentiment que leur vie hors ligne est moins pertinente ou significative que leur vie numérique. Si leurs amis sont en ligne, si la validation vient des « j'aime », si les souvenirs ne comptent que lorsqu'ils sont documentés, le monde réel peut paraître déficient en comparaison. Pour contrer ce discours, un changement culturel au sein de la famille est nécessaire. Célébrer les expériences du monde réel, sans les transformer en contenu, peut contribuer à leur redonner de la valeur. Une promenade en forêt, une recette partagée, une conversation sincère : tous ces moments comptent profondément, même s'ils ne sont ni immortalisés ni partagés.

En fin de compte, encourager le jeu hors ligne et l'interaction sociale permet de rééquilibrer l'attention. Il s'agit d'aider les enfants à comprendre que le monde extérieur à leur écran n'est pas vide, mais riche – de textures, de mouvements, d'histoires et de présence. Il s'agit de leur donner les outils pour interagir avec ce monde et la confiance nécessaire pour y trouver un sens. Et il s'agit de leur rappeler, avec douceur et persévérance, que si le monde numérique est infini en termes de contenu, le monde réel offre quelque chose d'encore plus essentiel : la possibilité d'être pleinement vivant, en relation avec les autres, dans l'instant présent.

Détox numérique sans contrainte

Dans un monde où les écrans sont devenus omniprésents, suggérer une détox numérique aux enfants peut sembler, au mieux, ambitieux, au pire, conflictuel. Pour de nombreuses familles, la simple évocation d'une déconnexion, même brève, provoque résistance, anxiété, voire rébellion. Pourtant, face aux preuves de plus en plus nombreuses reliant une utilisation excessive des écrans à une baisse d'attention, des troubles du sommeil, une baisse d'activité physique et une augmentation de l'anxiété, le besoin de moments sans écran n'a jamais été aussi pressant. Le défi n'est pas de savoir si la détox numérique est bénéfique, mais de savoir comment l'introduire de manière progressive, respectueuse et durable, sans déclencher de conflit ni faire de la technologie un ennemi.

Contrairement à l'idée reçue, une détox numérique ne nécessite pas d'interventions radicales, de déclarations fracassantes ni de laisser ses appareils dans un tiroir pendant une semaine. En réalité, ces mesures extrêmes ont souvent l'effet inverse, surtout auprès des enfants et des adolescents qui peuvent déjà sentir leur autonomie menacée. Une détox imposée plutôt qu'incitée a tendance à favoriser les comportements secrets , le ressentiment ou la surcompensation une fois les restrictions levées. L'approche la plus constructive, et la plus durable, consiste à intégrer progressivement des périodes sans écran à la vie quotidienne jusqu'à ce qu'elles paraissent naturelles, voire bienvenues. Cela exige de la patience, de la créativité et, surtout, un changement d'état d'esprit : passer de la punition à la présence.

Le point de départ de toute détox progressive est l'observation. Les familles ont intérêt à prendre le temps d'observer quand et comment les écrans sont utilisés. Les appareils occupent-ils tous les espaces de transition – réveil, trajet en voiture, attente des repas ? Sont-ils une réponse automatique à l'ennui ou à l'inconfort ? Les enfants se tournent-ils instinctivement vers un écran sans envisager d'autres alternatives ? Ces schémas permettent de comprendre où des transitions douces pourraient être les plus efficaces. Plutôt que de tout réorganiser d'un coup, les parents peuvent commencer par choisir un moment de la journée – par exemple le petit-déjeuner, le trajet du retour de l'école à pied ou la dernière demi-heure avant le coucher – pour se déconnecter consciemment. L'essentiel est d'aborder cela non pas comme une règle à imposer, mais comme une habitude à explorer.

Le cadrage est essentiel. Les enfants sont plus enclins à accepter les moments sans écran lorsqu'ils sont associés à quelque chose de positif plutôt qu'à une restriction. Plutôt que de dire « Pas d'écran après le dîner », un parent pourrait proposer : « Passons une soirée détendue ensemble et essayons de jouer aux cartes au lieu de regarder quelque chose ce soir. » Ce recadrage subtil déplace l'attention de ce qui est retiré vers ce qui est ajouté : connexion, interaction, nouveauté. Avec le temps, l'accent mis sur la présence plutôt que sur l'interdiction permet aux moments de détox de ressembler moins à une privation et davantage à un enrichissement.

Dans de nombreuses familles, l'utilisation des écrans est intégrée aux routines comme outil de transition, de régulation ou de récompense. C'est particulièrement vrai pour les jeunes enfants, qui peuvent compter sur les écrans pour se calmer, se concentrer ou se divertir. Supprimer l'écran sans proposer d'alternative a peu de chances de réussir. La méthode la plus efficace consiste à introduire des substituts qui répondent au même besoin tout en favorisant l'engagement dans le monde réel. Par exemple, si un enfant regarde habituellement des vidéos pour se détendre après l'école, on peut lui proposer de décompresser en dessinant, en écoutant de la musique ou en jouant dehors. L'objectif n'est pas de remplacer un stimulus par un autre, mais de l'aider à découvrir que ses besoins peuvent être satisfaits de manières variées et enrichissantes.

Une désintoxication progressive bénéficie également du rythme. Les enfants sont plus enclins à accepter les moments sans écran lorsqu'ils deviennent prévisibles plutôt qu'arbitraires. Une « heure de calme » quotidienne, une matinée de week-end sans appareils, ou un rituel familial comme une lecture à voix haute ou une promenade peuvent servir de points d'ancrage pour la semaine. Ces intervalles deviennent familiers avec le temps et sont moins susceptibles de susciter des protestations. Ils offrent également des moments de récupération pour l'attention et la régulation du système nerveux, permettant aux enfants comme aux adultes de se réapproprier la technologie plus tard dans un état plus conscient.

Il est important de noter que ces pauses sans écran n'ont pas besoin d'être longues pour être efficaces. En fait, des pauses courtes et fréquentes peuvent avoir un impact plus important sur la régulation et la conscience que des détox plus longues et plus sporadiques. Cinq à dix minutes de transition sans technologie entre deux activités peuvent contribuer à réinitialiser la charge cognitive, à améliorer l'attention et à renouer avec son corps et son environnement. Un enfant qui apprend à faire une pause entre le visionnage d'une émission et le début de ses devoirs développe une compétence qui lui sera utile bien au-delà de l'écran : la capacité à observer, à se recentrer et à choisir avec intention.

Une technique particulièrement efficace est la coparticipation. Plutôt que d'attendre des enfants qu'ils se déconnectent seuls, les parents peuvent modéliser et partager des expériences sans écran. Lire ensemble, jouer à un jeu de société, cuisiner, jardiner ou simplement s'asseoir et discuter deviennent des moyens de récupérer l'attention et de reconstruire une intimité relationnelle. Ces moments partagés sont importants, non seulement parce qu'ils remplacent le temps passé devant un écran, mais aussi parce qu'ils affirment l'importance de l'enfant. Lorsque les adultes mettent de côté leurs propres appareils pour être présents, ils envoient un message fort : « Tu es plus intéressant et plus précieux que tout ce qui est sur cet écran. »

Pour les adolescents, la désintoxication doit être abordée avec encore plus de délicatesse. Les adolescents sont souvent profondément ancrés dans les réseaux numériques, qui leur offrent à la fois un lien social et une régulation émotionnelle. En couper l'accès peut être ressenti comme un exil social ou un repli émotionnel. Dans ce cas, la conversation doit s'orienter vers un partenariat. Demander aux adolescents quels types de temps sans écran ils trouvent les plus réparateurs – ou quand ils se sentent eux-mêmes « comblés numériquement » – ouvre la voie à une compréhension mutuelle. Il peut s'avérer qu'un adolescent aime marcher seul sans son téléphone, dessiner sur un carnet de croquis ou faire du sport sans musique. Ces préférences peuvent être respectées et développées. Lorsque la désintoxication devient autogérée, plutôt qu'imposée par les parents, elle gagne en adhésion et en respect.

De plus, encourager les adolescents à réfléchir aux conséquences émotionnelles de l'utilisation des écrans (qu'avez-vous ressenti en parcourant ce contenu ? Cette conversation vous a-t-elle dynamisé ou épuisé ?) les aide à développer une compréhension plus nuancée de leur propre bien-être numérique. Avec le temps, ils pourraient commencer à prendre des pauses préventives, non pas parce qu'on le leur demande, mais parce qu'ils en reconnaissent le besoin. C'est là le cœur d' un engagement numérique conscient : choisir de faire une pause non pas parce qu'on le doit, mais parce qu'on le peut.

La technologie elle-même peut être mise à profit dans ce processus. Ironiquement, les outils numériques peuvent favoriser la détox lorsqu'ils sont utilisés avec intention. Les applications de gestion du temps d'écran, les modes de concentration ou le suivi d'utilisation peuvent aider les enfants et les adolescents à visualiser leurs habitudes et à identifier des schémas récurrents. Un enfant qui se rend compte qu'il a passé trois heures à regarder de courtes vidéos en une soirée sera peut-être plus enclin à expérimenter une nouvelle routine. Là encore, l'accent doit être mis sur la réflexion, et non sur la culpabilité. L'écran n'est pas l'ennemi, mais son utilisation inconsciente.

Le vocabulaire utilisé autour de la détox est tout aussi important que la stratégie. Des mots comme « débrancher », « recommencer » ou « reconnecter » sont souvent plus efficaces que « limiter », « restreindre » ou « réduire ». L'objectif est de recadrer les moments sans écran comme des formes de bien-être et de récupération de l'attention, et non comme des punitions pour une surconsommation. Lorsque les enfants intériorisent ce cadrage, ils sont plus susceptibles de protéger ces moments pour eux-mêmes, les considérant non pas comme des obligations, mais comme des choix favorisant leur bien-être.

En fin de compte, une détox numérique sans contrainte consiste à cultiver la sagesse intérieure. Il s'agit d'aider les enfants et les adolescents à prendre conscience de l'impact des écrans sur leur corps, leur esprit et leurs relations, puis de leur donner les moyens d'opérer des ajustements propices à leur développement à long terme. Cette compétence ne se développe pas du jour au lendemain. Elle émerge lentement, grâce à une exposition répétée, un dialogue franc et l'exemple constant d'une utilisation consciente des technologies par les adultes. Cela implique expérimentation, réflexion et correction de trajectoire. Mais avec le temps, les bénéfices sont considérables.

Les enfants qui apprennent à marquer une pause avant de faire défiler les pages, à remarquer les baisses d'attention, à apprécier le silence et l'expérience du monde réel ne sont pas seulement de meilleurs utilisateurs d'écrans : ce sont des êtres humains plus à l'écoute. Ils sont plus présents dans leurs relations, plus connectés à leur environnement physique et plus capables de choisir leur vie numérique plutôt que de se laisser emporter par lui. Et surtout , ils sont dotés de la boussole intérieure nécessaire pour naviguer dans un monde de plus en plus saturé numériquement.

Le monde numérique ne disparaîtra pas, et il ne devrait pas disparaître. Mais notre tâche est de veiller à ce que nos enfants ne s'y laissent pas absorber, qu'ils ne se perdent pas dans l'attraction constante des algorithmes et de l'urgence artificielle. En introduisant des moments sans écran avec douceur, respect et cohérence, nous leur permettons de redécouvrir la profondeur de leur propre attention, les plaisirs de la vie hors ligne et la satisfaction de choisir la présence plutôt que la contrainte. Et c'est là, en fin de compte, le véritable pouvoir d'une détox numérique : lorsqu'elle est choisie et non forcée.

Aider les enfants à développer une relation saine avec la technologie

Au cœur de la parentalité numérique se trouve un objectif plus nuancé que la simple limitation du temps d'écran ou le contrôle des contenus en ligne. Il s'agit d'aider les enfants à développer une relation saine, consciente et équilibrée avec la technologie, une relation qui leur permette de s'engager de manière significative sans se laisser absorber. Dans un monde de plus en plus saturé d'écrans, cet objectif exige plus que du contrôle ; il exige un accompagnement, une présence et une compréhension approfondie de l'interaction de la technologie avec le développement émotionnel, cognitif et social de l'enfant.

Une relation saine avec la technologie se caractérise par une utilisation intentionnelle, une résilience émotionnelle et une régulation interne. Elle ne nécessite pas que les enfants évitent complètement les écrans, mais qu'ils les utilisent de manière réfléchie, conscients de leur utilité, de leurs effets et capables de prendre du recul si nécessaire. Cette capacité évolue avec le temps et ne peut être inculquée par les seules règles. Elle doit être cultivée par l'expérience vécue, le dialogue réflexif et l'exemple constant des adultes qui les entourent.

L'un des aspects les plus importants de cette relation est l'agentivité. Lorsque les enfants se sentent des consommateurs passifs – obligés de répondre à chaque bip ou de regarder une vidéo de plus – ils perdent le sentiment de contrôler leur environnement numérique. À l'inverse, lorsqu'ils apprennent à marquer une pause, à évaluer et à choisir leur utilisation des technologies avec discernement, ils acquièrent une certaine maîtrise. Ce sentiment d'appropriation est essentiel. Un enfant qui comprend pourquoi il utilise un appareil et ce qu'il espère en tirer est beaucoup plus susceptible de l'utiliser de manière constructive.

Le rôle des parents n'est donc pas d'agir comme des gardiens du numérique, mais comme des co-navigateurs : ils accompagnent leurs enfants, interprètent avec eux le paysage numérique et posent les questions qui suscitent leur prise de conscience. Au lieu de demander : « Depuis combien de temps utilises-tu ton téléphone ? », il peut être plus efficace de demander : « Qu'est-ce qui t'a attiré vers lui ? » ou « Comment te sens-tu après avoir été en ligne ? » Ces questions favorisent la métacognition et invitent l'enfant à prendre conscience de son état émotionnel, contribuant ainsi à établir un lien entre expérience interne et comportement numérique .

Ce type d'engagement réflexif est particulièrement puissant lorsqu'il est associé à un partage personnel. Un parent qui dit : « J'ai réalisé que je consultais mes e-mails pendant tout le dîner hier et que je me sentais déconnecté de toi » fait non seulement preuve de conscience de soi, mais montre aussi que les habitudes numériques sont un sujet sur lequel nous devons tous travailler. Cette vulnérabilité partagée dissout la dynamique du « nous contre eux » qui caractérise si souvent les conflits liés au temps passé devant les écrans et ouvre un espace de développement mutuel.

Les enfants bénéficient également de la possibilité d'explorer tout le potentiel de la technologie : non seulement le divertissement, mais aussi la création, la collaboration et la recherche. Un enfant qui apprend à utiliser la technologie pour coder, concevoir, faire des recherches ou construire acquiert un sentiment d'autonomie qui contrecarre la passivité d'une consommation sans fin. Les parents peuvent favoriser ce sentiment en privilégiant le processus plutôt que le produit : en valorisant l'effort, la curiosité et l'expérimentation plutôt que la qualité du travail. Cette approche encourage les enfants à utiliser la technologie comme un moyen d'expression et de résolution de problèmes plutôt que comme un simple passe-temps.

Il est tout aussi important d'apprendre aux enfants à reconnaître et à respecter leurs propres limites. Cela implique de développer un vocabulaire autour des effets sensoriels, émotionnels et cognitifs de l'utilisation des écrans. Avez-vous la tête lourde après une longue séance ? Êtes-vous irritable en passant d'un jeu à vos devoirs ? Dormez-vous aussi bien que les jours sans écran ? Ces questions ne sont pas destinées à vous faire honte, mais à vous former. Elles aident les enfants à apprendre à décrypter leurs propres signaux internes et à s'adapter en conséquence. Ce faisant, ils commencent à se faire confiance pour prendre des décisions éclairées, une capacité qui leur sera utile bien au-delà de l'enfance.

La technologie ne doit pas devenir un champ de bataille dans la vie familiale, ni être considérée comme intrinsèquement néfaste. L'approche la plus efficace consiste à la considérer comme un espace de développement des compétences, de découverte de soi et d'harmonisation des valeurs. Par exemple, si une famille valorise l'empathie et la bienveillance, les discussions sur le comportement en ligne doivent s'articuler autour de ces valeurs : « Que pensez-vous que ce commentaire inspirerait à quelqu'un qui le lit ? » ou « Que voulez-vous que votre présence en ligne révèle de vous-même ? » Lorsque l'utilisation de la technologie est encadrée dans un contexte moral et émotionnel, elle devient un outil de développement personnel, et non une simple habitude à gérer.

Ce cadrage est particulièrement crucial à l'adolescence, lorsque la construction de l'identité et l'appartenance sociale occupent une place centrale . Les adolescents peuvent considérer leur vie en ligne comme une extension de leur réalité sociale, et le mépris des adultes peut créer une distance. Plutôt que de critiquer les plateformes en bloc, les parents pourraient demander aux adolescents ce qu'ils trouvent significatif ou difficile chez eux. « Qu'est-ce qui te plaît dans TikTok ? » ou « Qu'est-ce qui rend Instagram parfois stressant ? » Ces questions suscitent curiosité et respect, et mènent souvent à des discussions plus riches sur la pression sociale, l'authenticité et l'estime de soi.

La confiance joue un rôle essentiel dans tout cela. Les enfants sont plus susceptibles de développer une relation équilibrée avec la technologie lorsqu'ils se sentent en confiance pour prendre des décisions, même s'ils hésitent parfois. Cela ne signifie pas abandonner la surveillance, mais plutôt prendre du recul pour laisser les enfants ressentir les conséquences naturelles et en tirer des leçons. Un devoir manqué à cause de la procrastination, une blessure causée par un message mal formulé ou un sentiment d'épuisement après une utilisation excessive des jeux vidéo peuvent être autant d'occasions de réflexion et de rééquilibrage, à condition d'être traités avec empathie plutôt que par la punition.

Les parents qui abordent ces moments non pas en disant « Je te l'avais bien dit », mais en disant « Parlons de ce qui s'est passé » créent une culture d'apprentissage plutôt que de peur. Ils enseignent que les erreurs numériques font partie de la croissance, et non des échecs moraux. Cette approche favorise non seulement la résilience, mais réduit également le secret, ce qui incite les enfants à se manifester plus facilement lorsqu'un événement réellement problématique survient.

Développer une relation saine avec la technologie implique également d'apprendre à se déconnecter et de découvrir la richesse d'une vie sans écrans. Il ne s'agit pas de privation forcée, mais d'équilibre. Les expériences hors ligne – jeu, nature, conversations en face à face, créativité – offrent un ancrage et un contraste. Elles aident les enfants à se réguler, à se ressourcer et à se réorienter. Lorsqu'on leur donne les outils pour profiter de la vie hors ligne, les enfants sont moins susceptibles de dépendre des écrans pour s'évader émotionnellement ou se stimuler constamment.

Les parents peuvent faciliter cette transition en rendant les expériences sans écran accessibles et attrayantes. Cela peut passer par la création de rituels sans technologie – lecture à voix haute, promenades nocturnes, repas partagés – ou simplement par la création d'espaces pour le jeu libre. Ces activités renforcent le message que l'engagement dans le monde réel est non seulement possible, mais profondément enrichissant. Elles offrent également aux enfants la possibilité d'être pleinement présents, de se connecter aux autres et de développer des capacités qu'aucun écran ne peut offrir.

En fin de compte, aider les enfants à construire une relation saine avec la technologie ne consiste pas à changer leurs habitudes, mais à cultiver leur humanité. Il s'agit de leur donner la perspicacité, la flexibilité et la force intérieure nécessaires pour naviguer dans un paysage numérique en constante évolution. Il s'agit d'élever des enfants qui maîtrisent non seulement le fonctionnement des appareils, mais aussi le langage de la conscience de soi, des valeurs et des choix.

C'est le long chemin de la parentalité numérique. Ce n'est ni rapide ni parfait. Mais le jeu en vaut vraiment la chandelle. Car lorsque les enfants apprennent à considérer la technologie comme un outil – et non comme un maître – et lorsqu'ils sont soutenus dans la prise de décisions conscientes et conformes à leurs valeurs, ils acquièrent quelque chose de bien plus important que l'équilibre entre écrans et réalités. Ils acquièrent les bases d'une vie ancrée, autonome et réfléchie dans un monde connecté.

Chapitre 9
Quand les choses tournent mal : relever les défis numériques

Même avec des limites soigneusement définies, une communication ouverte et une éducation parentale proactive, il y aura inévitablement des moments où la relation d'un enfant avec la technologie prendra une tournure difficile. Les écrans, par nature, sont captivants et immersifs, exploitant des déclencheurs psychologiques qui peuvent facilement submerger la maîtrise de soi encore en développement chez l'enfant. Pour certains, ce qui commence par un engagement innocent se transforme progressivement en dépendance, secret ou agitation émotionnelle. Dans de telles situations, il est crucial que les parents résistent à la panique ou à une discipline trop sévère, et qu'ils abordent les choses avec lucidité, empathie et une stratégie éclairée.

L'ère numérique a engendré des complexités comportementales et psychologiques auxquelles les générations précédentes de parents n'avaient tout simplement pas accès. Prenons l'exemple de la dépendance aux écrans : autrefois marginale, elle est aujourd'hui largement reconnue comme un schéma où les enfants peinent à se déconnecter des contenus numériques malgré leurs effets néfastes – qu'il s'agisse de troubles du sommeil, de baisses de notes, de détérioration de la santé mentale ou de tensions familiales. Ce phénomène peut s'installer discrètement : irritabilité face à la confiscation des appareils, envie insatiable d'aller en ligne ou malhonnêteté quant au temps passé rivé aux écrans. Parfois, les conséquences sont bien plus visibles : crises émotionnelles, repli sur soi ou obsession pour les jeux, les réseaux sociaux ou les vidéos.

Les parents pris dans cette tourmente se sentent souvent dépassés, accablés par la culpabilité ou l'incertitude quant à la meilleure marche à suivre. Certains réagissent par des mesures répressives – restrictions sévères ou confiscation des appareils sans grande explication – tandis que d'autres reculent, espérant que le problème disparaîtra d'elle-même. Aucune de ces solutions n'offre de solution durable. L'essentiel est plutôt une évaluation rigoureuse du comportement de l'enfant, une compréhension des besoins sous-jacents et un engagement constant à rétablir les habitudes et la confiance grâce à une intervention bienveillante et bienveillante.

Il est important de se rappeler que tous les comportements problématiques devant les écrans ne sont pas forcément liés à une dépendance. Parfois, les écrans servent de mécanisme d'adaptation : les enfants peuvent s'y tourner par stress, par ennui ou pour échapper à des sentiments désagréables. Si ces échappatoires numériques peuvent apporter un réconfort passager, elles cachent souvent des difficultés plus profondes : anxiété, frustrations scolaires ou conflits sociaux qui exigent de l'attention. Les parents qui remarquent ce comportement devraient éviter de se précipiter dans la réprimande. Adopter plutôt un ton curieux – demander gentiment : « Qu'est-ce qui fait que c'est ta seule option en ce moment ? » ou « Qu'est-ce qui t'aide à te calmer, hormis ton appareil ? » – peut ouvrir une conversation cruciale, en creusant sous la surface pour en découvrir les causes profondes.

Se pose ensuite la question cruciale de la sécurité en ligne, notamment lorsque les enfants interagissent avec des inconnus sur les plateformes numériques. Des discussions de jeux vidéo apparemment anodines aux réseaux sociaux, Internet regorge de dangers potentiels. Les prédateurs se font souvent passer pour des pairs, exploitant la confiance et la curiosité naturelles des enfants. Les conséquences de telles rencontres peuvent être dévastatrices, allant de la manipulation émotionnelle à l'exposition à du contenu explicite ou au partage d'informations privées.

Les parents doivent trouver un juste équilibre. Les avertissements fondés sur la peur – « Ne parlez à personne en ligne, sinon des problèmes pourraient survenir » – se retournent souvent contre eux, engendrant honte et secret. Il est préférable de donner aux enfants des consignes claires et pratiques concernant la confidentialité, de les encourager à se fier à leur instinct et de les rassurer sur le fait qu'ils peuvent s'adresser à leurs parents sans crainte de reproches ou de sanctions. Discuter d'exemples concrets adaptés à leur âge et revoir ensemble les paramètres de sécurité peut contribuer à développer à la fois la prise de conscience et des compétences pratiques en matière de protection. Lorsque les enfants comprennent qu'ils ne seront pas jugés, ils sont beaucoup plus susceptibles de révéler leurs expériences troublantes.

numériques inappropriés découlent également des choix de l'enfant : bafouer les règles technologiques familiales, rechercher des contenus inappropriés, allonger le temps d'écran par la tromperie, voire se livrer à la cyberintimidation. Si ces comportements requièrent une attention soutenue, ils offrent aussi des occasions de renforcer les valeurs, de cultiver la responsabilisation et de consolider le lien parent-enfant. Le réflexe pourrait être de réagir par des mesures punitives – interdictions, humiliation ou discipline rapide –, mais une approche plus douce et réfléchie tend à porter de meilleurs résultats.

Imaginez un enfant surpris en train de regarder des vidéos hors de son âge. Au lieu de lui retirer immédiatement ses privilèges, un parent pourrait lui demander : « Qu'est-ce qui t'a attiré vers ce contenu ? » ou « Qu'as-tu ressenti ? » Ces questions permettent à l'enfant d'explorer ses influences (curiosité, pression des pairs ou besoins émotionnels) et d'ouvrir un dialogue sur ses valeurs communes : pourquoi certains contenus ne lui conviennent pas, comment ils façonnent ses pensées ou son comportement , et quelles alternatives plus saines existent. Toute sanction devrait viser à rétablir la confiance plutôt qu'à instiller la peur, par exemple en établissant de nouvelles mesures de protection, en s'accordant sur une supervision ou en rétablissant des limites de manière collaborative.

La surcharge numérique est une autre préoccupation courante. Enfants comme adultes abusent parfois du temps passé devant les écrans, notamment pendant les vacances, les périodes de stress ou lorsque les routines quotidiennes s'essoufflent. Les signes sont souvent évidents : troubles du sommeil, sautes d'humeur, apathie, irritabilité. Cela ne doit pas être perçu comme un échec, mais plutôt comme un signe qu'il faut trouver un équilibre. Un « reset » peut consister à réintroduire des routines sans écran, à encourager l'exercice physique, à renouer avec des centres d'intérêt hors ligne, ou simplement à passer plus de temps de qualité ensemble, sans appareils.

Envisager cette réinitialisation de manière positive – comme une occasion de se ressourcer, de renouer et de se sentir mieux – aide les enfants à l'accepter plus volontiers. Ils peuvent même développer leur propre compréhension. Une famille, par exemple, a remarqué que son fils adolescent jouait régulièrement aux jeux vidéo le week-end, mais après avoir constaté son anxiété et son épuisement le dimanche soir, il a volontairement demandé des limites. Une telle conscience de soi est le fruit d'un environnement familial où la réflexion est encouragée, et non punie.

Il existe cependant des moments où un soutien professionnel est nécessaire. Si l'utilisation du numérique par un enfant perturbe considérablement sa vie quotidienne ou devient compulsive, il peut être nécessaire de faire appel à des psychologues, des thérapeutes ou des spécialistes du bien-être numérique. De même, si un temps d'écran excessif masque des difficultés émotionnelles ou développementales sous-jacentes, comme la dépression, le TDAH ou l'anxiété sociale, ces habitudes numériques doivent être considérées comme des symptômes et non comme des causes profondes.

Les écoles et les conseillers d'orientation sont souvent des alliés précieux. Les enseignants qui suivent les enfants en milieu scolaire peuvent remarquer des problèmes de comportement liés à l'utilisation du numérique : difficultés de concentration, évitement des devoirs ou utilisation perturbatrice des appareils en classe. Engager le dialogue avec eux peut permettre une meilleure compréhension et un accès à un soutien supplémentaire. L'essentiel est la collaboration plutôt que la culpabilisation : « Nous avons remarqué ce schéma à la maison ; avez-vous observé quelque chose de similaire à l'école ? »

En fin de compte, l'objectif de la gestion des difficultés numériques n'est pas de prévenir tous les accidents, mais de fournir aux enfants les outils et le soutien nécessaires pour se remettre sur pied lorsque les choses tournent mal. On ne s'attend pas à ce qu'un enfant maîtrise le vélo sans tomber de temps en temps ; il est donc irréaliste de penser qu'il naviguera parfaitement dans le monde numérique. Ce qui compte vraiment, c'est la réaction des parents. Lorsque les erreurs appellent des conseils plutôt que des punitions, les enfants développent leur résilience. Lorsqu'un soutien constant et exempt de jugement les rassure, ils se sentent suffisamment en sécurité pour s'ouvrir. Et lorsque les limites sont fermes mais empathiques, les parents deviennent des partenaires de confiance dans le développement numérique de leur enfant.

Ce chapitre explore les aspects pratiques de la gestion des situations où l'utilisation des écrans dépasse les limites, qu'elles soient comportementales , émotionnelles ou sécuritaires. Il propose des stratégies pour gérer l'utilisation excessive, guider les enfants face aux erreurs numériques, les protéger des dangers et rétablir l'équilibre lorsqu'il est rompu. Il explore également les cas où il est nécessaire de faire appel à une aide professionnelle et comment le faire sans stigmatiser. Le message principal est celui du réalisme et de la réassurance : la parentalité numérique est moins une question de perfection que de constance, de compassion et d'adaptabilité.

Car lorsque des problèmes technologiques surgissent inévitablement – et ils surviendront – les enfants ont besoin de plus qu'une punition. Ils ont besoin de présence. Ils ont besoin d'adultes suffisamment stables pour maintenir des limites, suffisamment sages pour percevoir les difficultés plus profondes et suffisamment humbles pour apprendre à leurs côtés. Ce faisant, nous faisons plus que résoudre la crise immédiate ; nous construisons la confiance et les compétences qui les soutiendront bien au-delà de tout écran.

Lutter contre la dépendance aux écrans

numérique d'aujourd'hui , il est de plus en plus difficile de distinguer la limite d'une utilisation saine des écrans de celle d'une surutilisation problématique. Les enfants grandissent entourés d'appareils qui font partie intégrante de leur vie scolaire, sociale et récréative. Le défi pour les parents n'est pas seulement de gérer le temps passé devant les écrans, mais aussi de reconnaître quand les habitudes numériques franchissent le seuil d'un comportement compulsif ou nocif . L'addiction aux écrans, bien qu'elle ne soit pas encore classée comme un trouble formel dans tous les manuels diagnostiques, est une préoccupation réelle et croissante. Elle décrit un mode d'utilisation où l'enfant peine à se désengager, privilégie les activités sur écran aux responsabilités du monde réel et montre des signes de détresse émotionnelle ou de déficience fonctionnelle lorsque la technologie est limitée ou supprimée.

La première étape pour traiter une éventuelle dépendance aux écrans consiste à ne pas se limiter au nombre d'heures passées devant un écran et à évaluer son *impact* sur le bien-être de l'enfant. Un engagement numérique excessif peut se manifester par des troubles du sommeil, un repli sur soi, de l'irritabilité, une baisse des résultats scolaires ou un évitement des activités hors ligne. Les parents peuvent constater que leur enfant est de plus en plus préoccupé par les activités en ligne au point de négliger son hygiène, de sauter des repas ou de refuser même de courtes pauses devant un écran. Lorsqu'un enfant manifeste de la détresse lors des transitions hors écran ou lorsque l'accès aux écrans devient un point de conflit persistant, une intervention est nécessaire.

Cependant, une intervention efficace ne se limite pas à une restriction brutale. Les écrans, notamment les jeux vidéo, les plateformes de réseaux sociaux et les contenus en streaming, sont conçus pour être immersifs et enrichissants. Ils offrent un retour immédiat, un renforcement variable et souvent un sentiment de contrôle ou d'évasion qui peut faire défaut dans la vie hors ligne d'un enfant. Se contenter de supprimer l'accès sans répondre à l'attrait sous-jacent – ou aux besoins psychologiques – peut aggraver le problème et nuire à la relation parent-enfant.

Une approche plus constructive commence par la compréhension. Les parents doivent aborder l'enfant non pas en le blâmant ou en l'interrogeant, mais avec une réelle curiosité. Poser des questions ouvertes telles que « Qu'est-ce qui te plaît le plus dans ce jeu ? » ou « Qu'est-ce qui fait qu'il est difficile d'arrêter de regarder des vidéos ? » ouvre un espace de dialogue. Les enfants sont plus susceptibles de réfléchir à leurs habitudes lorsqu'ils se sentent écoutés plutôt que jugés. Ces conversations peuvent révéler des motivations importantes, comme le besoin de se sentir compétent, connecté ou diverti, qui peuvent ensuite influencer le soutien apporté.

Il est également essentiel de distinguer l'usage compulsif de l'engagement intentionnel. Un enfant qui passe des heures à coder, à monter des vidéos ou à créer des œuvres d'art numériques peut sembler dépendant à première vue, mais si son utilisation est orientée vers un objectif, motivée par la créativité et en harmonie avec d'autres aspects de sa vie, il s'agit probablement davantage d'un intérêt intense que d'une dépendance. Le problème survient lorsque l'utilisation des écrans devient habituelle, réactive et émotionnellement évitante – lorsque l'écran n'est plus un outil, mais une béquille.

Une fois les préoccupations clarifiées, l'étape suivante consiste à instaurer une structure, non pas par un contrôle strict, mais par des limites co-créées. Les enfants sont beaucoup plus susceptibles de respecter les règles qu'ils ont contribué à façonner. Asseyez-vous ensemble et définissez un rythme quotidien qui intègre l'utilisation des écrans aux activités hors ligne : repas, jeux en plein air, lecture, moments en famille et repos. L'objectif n'est pas de supprimer les écrans, mais de rétablir l'équilibre. Par exemple, convenir que les jeux vidéo peuvent avoir lieu après les devoirs et avant le dîner crée une certaine prévisibilité et inscrit le temps passé devant les écrans dans une routine plus large et enrichissante.

Il est important que cette structure s'accompagne d'empathie et de cohérence. Si un enfant éclate de colère au moment d'arrêter de jouer, cela doit être perçu comme un signe de dysrégulation émotionnelle plutôt que de désobéissance volontaire . Les parents peuvent aider en nommant l'émotion — « J'ai l'impression que s'arrêter est vraiment frustrant en ce moment » — tout en maintenant la limite. Avec le temps, les enfants commencent à intérioriser à la fois la limite et le langage émotionnel, acquérant ainsi des outils d'autorégulation.

Dans de nombreuses familles, la dépendance aux écrans n'est pas seulement un problème infantile : elle est ancrée dans la dynamique familiale. Les parents aussi peuvent être rivés aux appareils, induisant une surveillance compulsive ou un repli émotionnel sur eux. La lutte contre la surutilisation des écrans chez les enfants doit donc impliquer une réflexion honnête de la part des adultes. Les enfants sont très conscients des habitudes de leurs parents et reproduisent souvent ce qu'ils voient. Lorsque les parents choisissent de ranger leur téléphone pendant les repas, de sortir pour les pauses ou de parler ouvertement de leurs propres limites numériques, ils renforcent les comportements mêmes qu'ils espèrent inculquer .

Parfois, la dépendance aux écrans masque des problèmes plus profonds. Un enfant qui passe des heures à naviguer sur Internet ou à jouer de manière compulsive chaque jour peut souffrir d'anxiété, de dépression, d'une faible estime de soi ou de rejet social. Dans ces cas, l'écran apporte un soulagement, mais pas une solution. Les parents doivent observer si le temps passé devant un écran excessif s'accompagne de signes de repli sur soi, d'autocritique ou de désespoir. Si tel est le cas, les habitudes numériques peuvent être symptomatiques d'un problème de santé mentale plus vaste nécessitant un soutien professionnel. Consulter un thérapeute, un conseiller scolaire ou un psychologue pour enfants peut apporter des éclairages essentiels et proposer des stratégies adaptées aux besoins émotionnels et développementaux de l'enfant.

La technologie elle-même peut également contribuer à atténuer les problèmes d'utilisation. De nombreuses plateformes proposent désormais des rapports sur le temps d'écran, des modes de concentration ou des minuteurs d'applications réglables de manière collaborative. Lorsqu'un enfant voit une représentation visuelle de la façon dont il utilise son temps, cela peut l'inciter à prendre conscience de lui-même. Plutôt que d'imposer une limite de temps, les parents peuvent proposer : « Examinons ton utilisation cette semaine et discutons de ce que tu aimerais changer. » Cette approche respecte l'autonomie de l'enfant tout en guidant les changements de comportement .

Soutenir les alternatives hors ligne est un autre élément essentiel. Les enfants ne cesseront pas d'utiliser les écrans simplement parce qu'on le leur dit ; ils ont besoin de solutions de remplacement significatives. Encourager la participation au sport, à la musique, aux explorations en plein air, aux projets manuels ou aux activités sociales apporte la stimulation et la satisfaction que les écrans remplacent souvent. Ces alternatives doivent être proposées sans contrainte et correspondre aux centres d'intérêt de l'enfant. Il ne suffit pas de lui dire « Sors dehors » : la question est de savoir *ce qu'il y trouvera qui le captive, le stimule ou l'aide à se sentir vivant.*

Il y aura des revers. Les habitudes numériques, comme tout comportement profondément ancré , prennent du temps à se réadapter. Les parents peuvent constater des progrès pendant quelques jours, suivis d'une régression. C'est normal. L'accent doit rester sur les progrès, et non sur la perfection. Célébrer les petites victoires – choisir de faire une pause spontanément, s'arrêter après un épisode ou initier une activité hors ligne – renforce la confiance et le sens de l'autonomie de l'enfant.

Par-dessus tout, lutter contre la dépendance aux écrans exige patience et confiance relationnelle. Les enfants ont besoin de savoir que leurs parents ne cherchent pas à les punir ou à les contrôler, mais à les aider à s'épanouir. Ce sentiment de sécurité favorise la vulnérabilité, la réflexion et la coopération. Il transforme la discipline numérique en projet commun plutôt qu'en champ de bataille. Le processus est rarement rapide et simple, mais il en vaut vraiment la peine.

Car, au fond, l'objectif n'est pas simplement de réduire le temps passé devant les écrans. Il s'agit d'aider les enfants à prendre conscience de leurs besoins, à assumer leurs choix et à se construire une vie où la technologie favorise leur développement plutôt que de le freiner. C'est l'essence même d'un développement numérique sain : non pas l'abstinence, mais l'équilibre ; non pas le contrôle, mais la connexion ; non pas la restriction, mais la réflexion. Et lorsque les enfants apprennent cela des adultes qui les aiment le plus, ils sont bien plus susceptibles de le conserver à l'adolescence, dans leurs relations et leur avenir.

Faire face aux inconnus et aux prédateurs en ligne

Le paysage numérique offre aux enfants un accès sans précédent au savoir, au divertissement et à la communication, mais il les expose également à des risques inimaginables il y a une génération. Parmi les menaces les plus graves figurent les interactions avec des inconnus et des prédateurs en ligne – des individus qui exploitent l'anonymat et la portée d'Internet pour tromper, manipuler et nuire. Ces rencontres, souvent invisibles aux adultes, peuvent avoir de profondes conséquences psychologiques et émotionnelles pour les jeunes utilisateurs. Alors que les natifs du numérique passent de plus en plus de temps en ligne, il est essentiel que les parents et les tuteurs comprennent comment les protéger des menaces numériques sans recourir à l'alarmisme ni à un contrôle invasif. L'éducation, la sensibilisation et un dialogue ouvert constituent le fondement d'une défense proactive .

Les prédateurs en ligne sont rarement les méchants caricaturaux des gros titres. Ils se présentent souvent comme des pairs, instaurent progressivement la confiance et utilisent des stratégies très sophistiquées pour se fondre dans les espaces numériques fréquentés par les enfants. Des plateformes de jeux multijoueurs et des applications de réseaux sociaux aux services de messagerie privée intégrés à des outils éducatifs ou créatifs, les prédateurs exploitent des environnements apparemment inoffensifs. Leur objectif est de créer une dépendance émotionnelle, d'extorquer des informations personnelles ou de préparer un enfant à des interactions inappropriées. Ils commencent souvent par la flatterie, des intérêts communs ou de la sympathie – des tactiques conçues pour que l'enfant se sente vu et valorisé, en particulier s'il souffre de solitude ou d'une faible estime de soi hors ligne.

Le défi pour les parents réside dans le fait que ces conversations se déroulent souvent dans des espaces numériques privés, loin du regard protecteur des adultes. De plus, les enfants peuvent ne pas percevoir immédiatement le danger, surtout si le contact est amical, valorisant ou stimulant. Ils peuvent même protéger le secret de l'interaction, craignant la colère parentale, la perte de privilèges ou l'incompréhension. C'est pourquoi il est primordial de favoriser un environnement d'ouverture et de sécurité psychologique. Les enfants doivent savoir qu'ils peuvent tout partager, aussi embarrassant, déroutant ou grave soit-il, sans être blâmés ni punis. La possibilité de signaler un problème, même après une infraction aux règles, pourrait être la clé de leur protection.

Établir cette confiance commence bien avant qu'un incident spécifique ne survienne. Dès le plus jeune âge, les parents peuvent aider leurs enfants à comprendre le concept d'inconnus virtuels en établissant des parallèles avec les interactions réelles. Tout comme nous apprenons aux enfants à ne pas suivre un inconnu dans un centre commercial , nous devons les aider à reconnaître que tous ceux qui sont en ligne ne sont pas ceux qu'ils prétendent être. Cette éducation ne doit pas être fondée sur la peur, mais sur l'autonomisation, en leur donnant les outils nécessaires pour réfléchir de manière critique, poser des questions et suivre leur instinct.

Un enfant qui reçoit une demande d'amitié d'une personne qu'il ne connaît pas dans la vraie vie doit être encouragé à prendre le temps de réfléchir. Qui est cette personne ? Que veut-elle ? Pourquoi cherche-t-elle à établir un lien ? Encourager les enfants à en parler à un parent ou à un adulte de confiance renforce l'idée que la prise de décision numérique n'est pas une chose qu'ils doivent gérer seuls. Les parents peuvent dire : « Si quelqu'un vous contacte en ligne et que vous ne savez pas qui il est, nous examinerons la situation ensemble » ou « Il est toujours acceptable de quitter une conversation qui ne vous semble pas appropriée. » Ces conversations normalisent la prudence sans générer d'anxiété.

Il est également crucial de s'attaquer aux tactiques émotionnelles utilisées par les prédateurs en ligne. Ils peuvent complimenter excessivement un enfant, offrir des cadeaux dans des environnements de jeu ou laisser entendre que personne d'autre ne les comprend. Dans des cas plus inquiétants, ils peuvent menacer de partager des images ou des messages privés si l'enfant refuse d'accéder à leurs demandes. Aider les enfants à reconnaître les tactiques de manipulation leur donne du langage et de la perspective. Des phrases comme « Quand quelqu'un en ligne essaie de te faire sentir spécial très rapidement ou te demande de garder des secrets, c'est un signal d'alarme » peuvent être revues et renforcées régulièrement.

La technologie peut soutenir ces efforts lorsqu'elle est utilisée intentionnellement. Les paramètres de confidentialité, le contrôle parental et les filtres de contenu offrent un niveau de protection fondamental, en particulier pour les jeunes enfants. Cependant, ils ne sont pas infaillibles. Aucune barrière technologique ne peut remplacer la compréhension nuancée issue de conversations régulières et d'une exploration guidée. Plutôt que d'interdire des applications ou des sites web spécifiques de manière réactive, il est plus efficace de les explorer ensemble. Être aux côtés d'un enfant pendant qu'il navigue sur une plateforme permet aux parents de comprendre les fonctionnalités, les risques et la culture de cet espace. Cela transmet également un message de partenariat : « Je m'intéresse à ton monde et je veux t'aider à en profiter en toute sécurité. »

Une famille pourrait découvrir, par exemple, qu'un jeu populaire propose des fonctionnalités de chat en direct permettant aux joueurs de communiquer avec des inconnus. Plutôt que d'interdire immédiatement le jeu, les parents pourraient se demander si ces paramètres peuvent être désactivés, si le chat peut être limité aux amis connus, ou si le jeu peut se dérouler dans un espace partagé où une surveillance occasionnelle est possible. Ces décisions collaboratives développent la culture numérique tout en respectant l'autonomie de l'enfant.

Les adolescents, en particulier, nécessitent une approche différente. Les enfants plus âgés sont plus enclins à rechercher l'intimité, à tester les limites et à se sentir confiants dans leur capacité à naviguer dans le monde en ligne. Ils peuvent résister à l'interférence ou au contrôle perçu, surtout s'ils sont perçus comme autoritaires ou mal informés. Avec les adolescents, l'objectif est moins la supervision directe que l'influence par le respect, l'éducation et la disponibilité émotionnelle. Les parents peuvent poser des questions instructives : « Que fais-tu lorsqu'un inconnu t'envoie un message ? » ou « Comment détermines-tu si une personne en ligne est digne de confiance ? » Ces questions invitent à l'auto-évaluation plutôt qu'à un jugement.

Si un enfant rencontre un prédateur en ligne ou se retrouve impliqué dans une conversation inappropriée, la priorité doit être le contrôle émotionnel et le soutien. L'enfant peut se sentir confus, honteux ou effrayé. Il peut craindre d'avoir des ennuis. Il est essentiel que l'adulte réponde calmement et rassurante : « Merci de m'avoir prévenu. Tu as bien fait. Je suis là pour t'aider. » Cela crée les conditions propices au rétablissement et à l'apprentissage, plutôt que le secret et les risques supplémentaires.

Selon la nature de l'interaction, différentes réponses peuvent être appropriées. Pour les incidents mineurs, bloquer le contact, signaler l'utilisateur via les protocoles de la plateforme et vérifier les paramètres de sécurité peuvent suffire. Dans les cas plus graves impliquant du grooming, du contenu explicite ou des menaces, il est important de contacter les autorités compétentes, telles que les services de protection de l'enfance, les conseillers scolaires ou les unités de lutte contre la cybercriminalité. La conservation des preuves (captures d'écran, messages, noms d'utilisateur) peut faciliter les enquêtes. Si l'implication des autorités peut être intimidante, elle renforce auprès de l'enfant le sentiment que sa sécurité est primordiale et qu'il n'est pas seul face à des situations complexes.

Des exemples concrets permettent de contextualiser ces idées. Prenons l'exemple d'une fillette de douze ans qui, alors qu'elle utilisait une application de dessin, recevait des messages répétés d'une personne se faisant passer pour une autre artiste. La conversation avait commencé innocemment, avec des compliments sur son travail, mais s'était progressivement transformée en demandes de photos personnelles. Heureusement, l'enfant s'était souvenue d'une conversation familiale sur le secret en ligne et en avait parlé à ses parents. Ceux-ci avaient réagi avec soutien, dénoncé l'utilisateur et utilisé l'incident comme catalyseur pour revoir ses pratiques de sécurité. Plutôt que de l'humilier, ils avaient loué son discernement, renforçant ainsi sa confiance dans la fixation de limites.

Dans un autre cas, un adolescent s'est lié d'amitié avec une personne rencontrée sur un forum en ligne. Cette personne prétendait être plus âgée que lui et lui proposait un mentorat pour des projets de codage. Au fil du temps, on lui a demandé de garder des secrets, de partager des détails plus personnels et d'isoler la relation. Cette dynamique de conditionnement est devenue de plus en plus inconfortable, et l'adolescent a fini par se confier à un enseignant. L'école a facilité une conversation avec la famille, qui a réagi avec compassion et a sollicité l'aide d'un professionnel. Ce qui aurait pu être une expérience profondément traumatisante a en réalité marqué un tournant dans la conscience numérique et la maturité émotionnelle de l'enfant.

Ces histoires soulignent un principe essentiel : lorsque les enfants sont soutenus, informés et crus, ils sont plus susceptibles de se manifester. La prévention ne se résume donc pas à la surveillance, mais à la relation. Il s'agit de créer un environnement familial où les questions sont les bienvenues, les faux pas pardonnables et où la vie numérique est traitée comme une responsabilité partagée plutôt qu'une aventure solitaire.

En fin de compte, protéger les enfants des inconnus et des prédateurs en ligne est un processus continu. Il évolue avec l'âge, la technologie et les besoins de développement de l'enfant. Cela implique une vigilance sans peur, des limites sans rigidité et une communication sans honte. Surtout, cela implique de s'engager à considérer le monde numérique non pas comme une menace pour l'enfance, mais comme un élément de son nouveau territoire – un espace qui exige de naviguer, de soutenir et de courage. Et lorsque les enfants sont dotés de confiance, de connaissances et d'une capacité d'action, ils sont bien plus capables de reconnaître le danger et de choisir la sécurité, même en l'absence de surveillance.

Quand les enfants enfreignent les règles numériques

Dans tout foyer où les technologies sont omniprésentes, les limites sont forcément mises à l'épreuve. Malgré tous les efforts des parents pour fixer des limites réfléchies et encourager un comportement numérique responsable , les enfants outrepassent parfois les règles établies. Qu'il s'agisse de prolonger secrètement le temps passé devant un écran tard le soir, de contourner les restrictions de contenu, de télécharger des applications non autorisées ou de participer à des conversations en ligne qu'on leur a conseillé d'éviter, ces moments ne témoignent ni d'un échec parental ni d'une défiance inhérente. Ce sont des moments de développement, des moments qui témoignent de la croissance, de l'expérimentation et de la tendance bien humaine à tester les limites de l'indépendance.

La façon dont les parents réagissent à ces transgressions influence profondément non seulement le comportement futur , mais aussi la relation globale de l'enfant avec ses parents et son monde numérique. Lorsque l'accent est mis uniquement sur la punition, surtout lorsqu'elle est brutale ou humiliante, le risque est que les enfants deviennent plus secrets, moins réfléchis et plus réticents aux conseils des adultes. En revanche, lorsque les parents réagissent avec clarté, empathie et désir de comprendre, l'incident devient une occasion d'apprentissage et de connexion plus profonde.

La première étape pour réagir aux comportements inappropriés en ligne est de marquer une pause avant de réagir. Un manquement aux règles peut facilement engendrer de la frustration, surtout s'il fait suite à une conversation répétée ou semble calculé. Pourtant, réagir sous l'effet de la colère – confiscation, cris ou menaces – peut occulter les problèmes plus profonds à résoudre. Lorsqu'un parent prend un moment pour respirer, rassembler ses idées et se préparer à une conversation constructive, la dynamique passe de l'affrontement à la collaboration.

Prenons le cas d'un garçon de dix ans surpris en train de jouer à un jeu en ligne bien au-delà de la durée convenue. Ses parents avaient constaté une fatigue et une irritabilité accrues le matin, ce qui les a incités à enquêter. Plutôt que de l'accuser, ils ont pris le temps de s'asseoir et de poser des questions ouvertes : « Nous avons remarqué que tu sembles plus fatigué ces derniers temps ; que se passe-t-il au coucher ? » Cette approche a permis à l'enfant d'admettre, un peu gêné, qu'il avait gagné du temps de jeu en douce. Plutôt que de réagir par une interdiction d'appareil, les parents ont profité de l'occasion pour parler de maîtrise de soi, des conséquences d'un manque de sommeil et de l'importance des limites. Ensemble, ils ont renégocié une routine de décompression, incluant lecture et lumière tamisée, rétablissant ainsi la confiance et l'équilibre.

Les réponses non punitives ne signifient pas une absence totale de conséquences. Les conséquences naturelles et logiques, directement liées au comportement , sont bien plus efficaces que les punitions arbitraires. Si un enfant fait un mauvais usage d'un appareil, il est judicieux d'en ajuster temporairement l'accès tout en développant les compétences nécessaires pour rétablir la confiance. Ce qui compte, c'est la manière dont cela est formulé. Dire : « On va faire une pause avec la tablette cette semaine pour se ressourcer et parler davantage d'une utilisation respectueuse » est très différent de dire : « Tu as perdu ton iPad pendant un mois parce qu'on ne peut pas te faire confiance. »

Les conséquences ne doivent jamais être imposées sous le coup de l'émotion. Elles doivent s'inscrire dans une conversation plus large à laquelle l'enfant participe, non seulement pour s'excuser , mais aussi pour réfléchir à ses choix, exprimer ses pensées ou ses sentiments et contribuer à un plan de réparation. Cela restaure sa capacité d'action et l'aide à intégrer l'expérience comme une leçon plutôt qu'une punition. Un enfant qui se sent écouté est plus susceptible de réfléchir qu'un enfant qui se sent humilié.

numériques inappropriés sont souvent une forme de communication. Un adolescent surpris en train de créer un compte secret sur les réseaux sociaux exprime peut-être un besoin d'autonomie, de connexion ou d'expression personnelle qu'il ne se sent pas en mesure d'assumer ouvertement. Plutôt que de se concentrer uniquement sur la tromperie, les parents peuvent se demander : « Qu'est-ce que cette plateforme t'apporte de plus que tu ne trouves ailleurs ? » ou « Qu'est-ce qui a rendu difficile de venir nous voir à ce sujet ? » Ces questions favorisent le dialogue sur les besoins et les limites, et peuvent même inciter les parents à reconsidérer l'adéquation des règles actuelles au développement de l'enfant.

Cela ne signifie pas compromettre la sécurité ni abandonner les normes, mais reconnaître qu'à mesure que les enfants grandissent, les paramètres entourant l'interaction numérique doivent évoluer. Les adolescents, en particulier, ont besoin de plus de marge de manœuvre pour prendre des décisions, même imparfaites, dans un cadre bienveillant. Un parent qui insiste sur un contrôle total sur chaque décision numérique risque d'affaiblir les compétences mêmes qu'il espère inculquer : le discernement, l'autorégulation et le jugement éthique.

Dans de nombreux cas, la transgression des règles n'est pas malveillante, mais impulsive. Les enfants peuvent contourner une règle simplement par curiosité, par caprice ou par ignorance des conséquences. Un enfant de douze ans qui télécharge une application interdite peut ne pas comprendre pleinement les risques liés au partage de données ou aux interactions en ligne. Plutôt que de supposer une mauvaise intention, les parents peuvent utiliser l'incident pour enseigner : « Quels sont, selon vous, les risques liés à cette application ? » ou « Pourquoi pensez-vous que nous étions inquiets concernant cette plateforme ? » Cette approche développe l'esprit critique plutôt que la conformité.

Une autre pratique utile consiste à revoir régulièrement l'accord numérique familial. Tout comme les enfants grandissent et que la technologie évolue, l'approche familiale en matière d'utilisation des technologies doit évoluer. Si une règle est systématiquement enfreinte, cela peut indiquer qu'elle doit être révisée, clarifiée ou communiquée de manière plus collaborative. Inciter les enfants à participer à ce processus renforce l'idée que les limites numériques ne sont pas des impositions arbitraires, mais des engagements partagés en faveur du bien-être, du respect et de la confiance.

Les conséquences concrètes aident également les enfants à associer leur comportement à des valeurs plus larges. Par exemple, un enfant qui partage un mème désobligeant à propos d'un camarade de classe pourrait être invité à réfléchir à l'impact de ses actes, à écrire un mot d'excuse ou à discuter d'empathie en ligne avec un adulte de confiance. Ces conséquences sont axées sur la restauration et le développement émotionnel, et non sur la honte ou la peur. Elles renforcent également l'idée que les actions numériques , bien qu'intangibles, ont des effets bien réels.

Les parents doivent également réfléchir à leurs propres réactions face aux comportements numériques inappropriés . Si un enfant ment sur le temps passé devant un écran, la conséquence de son honnêteté est-elle trop sévère ? Si un enfant cache son activité en ligne, y a-t-il trop de surveillance et pas assez de dialogue ? Il ne s'agit pas de reproches, mais de calibrage. Tout comme les enfants apprennent à naviguer dans le monde numérique, leurs tuteurs le font aussi. Une culture de réflexion et d'adaptation mutuelles favorise une dynamique de respect plutôt que de contrôle.

L'objectif à long terme de la discipline numérique n'est pas seulement de prévenir les mauvais comportements , mais aussi d'aider les enfants à intérioriser des valeurs et des pratiques qui guideront leurs choix numériques longtemps après la disparition de la surveillance parentale. Il s'agit d'élever des enfants capables de prendre du recul avant de publier, de mesurer les effets de leurs clics et d'assumer la responsabilité de leurs erreurs. Ces qualités ne naissent pas de la peur, mais de la pratique : d'expériences répétées où l'on est tenu responsable avec bienveillance, corrigé avec dignité et éduqué avec attention.

Lorsque les parents considèrent les faux pas comme des leçons plutôt que comme des transgressions, ils construisent quelque chose de bien plus durable que la simple conformité. Ils instaurent la confiance. Ils développent la résilience. Et ils posent les bases d'une relation durable avec la technologie, non seulement sûre, mais aussi consciente et fondée sur l'intégrité. L'inconduite devient alors non pas un détour, mais un élément nécessaire du chemin vers une maturité numérique responsable.

Aider les enfants à se remettre de la surcharge numérique

Dans les foyers du monde entier, la surutilisation des écrans est devenue une préoccupation de plus en plus courante. Les enfants, souvent sans qu'ils en soient responsables, peuvent se retrouver pris dans un cercle vicieux d' utilisation excessive des écrans, entraînant des symptômes tels que fatigue mentale, irritabilité, troubles du sommeil, baisse de concentration et déconnexion générale avec leur environnement physique. Qu'il s'agisse d'un jeu vidéo captivant, d'une série à regarder en boucle, de la navigation sur les réseaux sociaux ou d'une série de leçons vidéo à la chaîne, les signes de surutilisation se manifestent souvent de manière subtile mais profonde. Ce qui pouvait autrefois être un équilibre sain peut lentement se transformer en compulsion, laissant les enfants émotionnellement déprimés et physiquement épuisés, et laissant les parents incertains quant à la manière d'intervenir efficacement.

La première étape pour aider un enfant à se remettre d'une surcharge numérique consiste à reconnaître que cet état n'est pas un échec moral ni un problème de comportement . Il s'agit fondamentalement d'un déséquilibre régulateur, d'une inadéquation entre stimulation et restauration. Le cerveau humain, en particulier chez les enfants et les adolescents, est très sensible aux nouveaux stimuli. Les écrans offrent une nouveauté constante par le son, le mouvement, la couleur et l'interaction. Bien que cela puisse être stimulant et éducatif avec modération, une exposition prolongée surcharge les capacités de traitement du cerveau, en particulier lorsque le temps de décompression hors ligne est insuffisant.

Les parents perçoivent souvent ce déséquilibre instinctivement : un enfant auparavant dynamique et concentré devient renfermé, réticent aux jeux hors ligne ou constamment « connecté » malgré son épuisement. Sa capacité de pensée créative peut diminuer, tout comme son intérêt pour les activités qu'il appréciait auparavant. Ces changements peuvent être déstabilisants, surtout si l'utilisation du numérique semblait initialement inoffensive ou bénéfique. Comprendre que la guérison nécessite une remise à zéro, et non un simple arrêt temporaire, permet aux parents d'agir avec plus de clarté et de compassion.

Pour initier cette réinitialisation, il faut commencer par l'environnement et le rythme. Au lieu de se lancer dans une confrontation sur l'utilisation des écrans, les parents peuvent réintroduire en douceur des routines qui aident l'enfant à se reconnecter à son corps, à son esprit et à son environnement. Cela peut inclure le rétablissement d'heures de repas, de coucher et d'activités en plein air régulières. Ces points d'ancrage permettent de recalibrer l'horloge interne de l'enfant et de fournir une structure prévisible autour de laquelle l'équilibre peut être rétabli. Par exemple, un parent peut commencer par rétablir un rituel matinal sans écran – se réveiller en musique, partager un petit-déjeuner ou faire quelques étirements légers – plutôt que de se précipiter sur les contenus numériques. L'objectif est de créer des moments de calme et de présence qui signalent au système nerveux qu'il peut ralentir.

Il est important de noter qu'une réinitialisation numérique est plus efficace lorsqu'elle est collaborative plutôt qu'imposée. Au lieu d'annoncer une interdiction d'écran, les parents peuvent s'asseoir avec leur enfant et lui exprimer une réelle inquiétude : « Nous avons remarqué que tu te sens un peu mal ces derniers temps : moins énergique , plus frustré. Nous pensons qu'il serait utile de faire une pause et d'essayer différentes activités ensemble pendant un moment. Qu'est-ce qui, selon toi, t'aiderait à te sentir mieux ? » Cette approche invite l'enfant à participer au processus et présente la réinitialisation comme un chemin vers le bien-être, et non comme une punition.

De nombreux enfants hésitent initialement à se déconnecter. Après tout, les écrans servent souvent de béquilles émotionnelles : sources de réconfort, d'identité ou de distraction. Si un enfant résiste au changement, cela ne doit pas être interprété comme une défiance, mais comme le signe qu'il utilise peut-être le numérique pour faire face à un problème sous-jacent. Un adolescent immergé dans les réseaux sociaux peut rechercher une validation sociale qui lui manque hors ligne. Un enfant qui s'adonne à des jeux vidéo de manière excessive peut compenser le stress ou un manque d'autonomie dans d'autres domaines de la vie. Les parents peuvent utiliser ces indices pour explorer en douceur : « Qu'est-ce que tu préfères dans le temps passé en ligne ? » ou « Y a-t-il quelque chose qui te met mal à l'aise hors écran ? » Ces conversations permettent de révéler des besoins non satisfaits et de proposer des alternatives plus saines.

À mesure que le temps passé devant les écrans diminue, il convient de combler ce vide par des expériences significatives et concrètes. Les enfants ont besoin d'alternatives qui leur procurent plaisir, défi ou détente, sans médiation numérique. Ces alternatives peuvent être adaptées à leurs centres d'intérêt : dessin, construction, création musicale, contes, cuisine ou activité physique. Un enfant qui aime le design pourrait se consacrer à un projet créatif. Un enfant attiré par les jeux de stratégie pourrait s'intéresser aux jeux de société ou aux puzzles. L'essentiel n'est pas de reproduire l'expérience numérique, mais de proposer un engagement tactile, relationnel et adapté à son propre rythme.

Ces activités sans écran ne sont pas seulement des distractions, mais des mécanismes de re-régulation. Le jeu physique, l'expression créative et la réflexion silencieuse contribuent tous à apaiser le système nerveux et à réintroduire des rythmes naturels d'attention et de repos. Lorsqu'un enfant a la possibilité de s'ennuyer, de se promener dehors ou de laisser libre cours à son imagination, sa capacité de régulation interne commence à se reconstruire. Il commence à ressentir une satisfaction intérieure, plutôt que les effets dopaminergiques générés par les plateformes numériques.

Les expériences partagées ont également leur rôle à jouer dans ce processus. Les moments passés en famille, que ce soit en cuisinant, en discutant, en se promenant ou en jouant ensemble, contribuent à rétablir les liens affectifs, parfois érodés par l'isolement des écrans. Une famille peut consacrer un après-midi de week-end à visiter un musée, à s'essayer à un nouveau sport ou simplement à se promener tranquillement. Ces moments servent d'antidotes à la fragmentation numérique en favorisant la présence et la convivialité. Ils rappellent à l'enfant que la richesse existe au-delà du monde numérique et que le lien humain reste la source la plus profonde de sens.

À mesure que la réinitialisation se déroule, les parents doivent rester attentifs aux signes de repli sur soi ou de frustration. Il ne s'agit pas de contretemps, mais de réactions naturelles aux changements de comportement . Un enfant habitué à la gratification immédiate et à la nouveauté constante peut initialement avoir du mal à s'adapter au rythme plus lent de la vie hors ligne. Les parents peuvent valider ces sentiments : « C'est normal que cela soit difficile » tout en encourageant la persévérance : « Voyons comment tu te sens après quelques jours. Ton cerveau aura peut-être besoin de temps pour rattraper son retard. » Ce faisant, ils enseignent la résilience et favorisent la compréhension émotionnelle.

La technologie peut être réintroduite en douceur lorsque l'enfant se montre prêt. Cela peut se traduire par une amélioration de son humeur, une plus grande flexibilité, un retour aux activités non numériques et une meilleure perception du temps. À ce stade, les parents peuvent engager une conversation sur l'utilisation intentionnelle : « Maintenant que nous nous sentons un peu plus équilibrés, comment souhaites-tu aborder le temps passé devant les écrans ? » Ensemble, ils peuvent établir des limites non seulement convenues, mais comprises. Cela peut inclure la fixation de limites de temps, la désignation de zones sans technologie à la maison ou la création de rituels numériques partagés, comme regarder une série ensemble ou jouer à tour de rôle à un jeu.

Il est également important d'aborder avec l'enfant les signaux d'alarme, ces moments où l'utilisation des écrans redevient compulsive ou épuisante. Les parents peuvent aider l'enfant à développer des signaux internes : « Comment savoir quand on en a assez ? » ou « Quels signes indiquent qu'il est temps de faire une pause ? » Ces capacités réflexives sont plus durables que les contrôles externes. Elles permettent à l'enfant de prendre soin de son propre bien-être, une compétence qui devient particulièrement essentielle à l'adolescence et à l'âge adulte, lorsque la surveillance parentale s'estompe naturellement.

Tout au long de ce processus, les parents doivent être prêts à réévaluer et à s'adapter. Ce qui fonctionne pour un enfant peut ne pas convenir à un autre. Ce qui a fonctionné un mois peut nécessiter un réajustement le mois suivant. L'objectif n'est pas la perfection, mais le progrès. Un enfant qui apprend à reconnaître la surcharge, à demander une pause et à se ressourcer avec du soutien est bien mieux armé qu'un enfant qui adhère aux règles par peur ou par habitude.

Il est important de noter que la surcharge numérique peut parfois refléter une dynamique familiale plus large. Si l'utilisation des écrans est devenue excessive au sein du foyer, une remise à plat collective peut s'avérer nécessaire. Les parents qui adoptent des habitudes équilibrées face aux écrans – en rangeant leur téléphone pendant les repas, en limitant les bruits de fond et en s'investissant pleinement dans la vie de famille – envoient un message fort. Ils démontrent que la gestion des écrans n'est pas la seule responsabilité de l'enfant, mais un engagement commun pour le bien-être.

Aider les enfants à se remettre de la surcharge numérique n'est pas une intervention ponctuelle ; c'est une pratique continue. Cela exige des parents qu'ils observent sans jugement, qu'ils guident sans contrôle et qu'ils réagissent avec fermeté et souplesse. Il ne s'agit pas simplement de retirer les appareils , mais de réintroduire l'enfant à lui-même : ses sensations, sa curiosité et sa capacité à s'engager au-delà des écrans.

Grâce à un accompagnement personnalisé, les enfants peuvent apprendre à s'autocorriger, à reconnaître leur saturation numérique et à choisir des activités qui leur permettent de retrouver leur équilibre. Ils comprennent que les écrans sont des outils puissants, mais qu'ils ne remplacent pas l'expérience réelle. Cette compréhension les protège non seulement des risques de surcharge, mais les aide également à construire une vie où la technologie soutient leur humanité plutôt que de la supplanter.

Recherche d'aide professionnelle pour les difficultés numériques

À mesure que les enfants s'immergent de plus en plus dans le monde numérique, la frontière entre utilisation typique des écrans et comportement numérique problématique peut parfois s'estomper. Si la plupart des enfants, à un moment ou à un autre, abusent des écrans ou résistent aux limites, il arrive que les difficultés numériques révèlent des problèmes plus profonds : des schémas comportementaux qui dépassent la capacité des parents, même les plus attentifs et les plus impliqués, à les gérer seuls. Dans de tels cas, consulter un professionnel n'est pas un signe d'échec, mais un acte de prévoyance et de bienveillance. Tout comme on consulterait un médecin pour des symptômes physiques persistants, se tourner vers un thérapeute, un éducateur ou un spécialiste du numérique pour des difficultés technologiques persistantes peut apporter à la fois un éclairage et une intervention.

Il peut être difficile de savoir quand faire appel à un professionnel, surtout dans une culture où l'utilisation intensive des écrans est souvent normalisée . De nombreux enfants semblent être constamment connectés – pour communiquer, apprendre, jouer ou consommer du contenu –, ce qui rend difficile de déterminer quand l'utilisation devient réellement problématique. Cependant, certains indicateurs comportementaux suggèrent un besoin de soutien externe. Parmi ceux-ci, on peut citer une détresse émotionnelle importante liée au temps passé devant les écrans, une forte baisse des résultats scolaires, des changements marqués d'humeur ou de sommeil, un retrait des activités hors ligne et des conflits familiaux persistants concernant les habitudes numériques. Si un enfant devient irritable, anxieux, voire agressif lorsque l'accès aux appareils est limité, ou si l'utilisation des écrans commence à remplacer des aspects essentiels de la vie comme les relations, l'exercice physique et le jeu créatif, il est judicieux d'envisager une prise en charge par un professionnel.

Il est également important de prêter attention à la tonalité émotionnelle qui entoure l'utilisation du numérique. Un enfant qui utilise régulièrement les écrans pour éviter des sentiments désagréables – comme la solitude, l'ennui, la tristesse ou le stress – peut développer une dépendance qui masque ses difficultés émotionnelles au lieu de les résoudre. C'est particulièrement vrai si les habitudes numériques s'accompagnent de signes de faible estime de soi, d'apathie ou d'anxiété sociale. Dans ce cas, un professionnel de la santé mentale peut aider à déterminer si l'écran est le problème en lui-même ou le symptôme d'un besoin émotionnel sous-jacent qui n'a pas encore été satisfait de manière plus saine.

Les thérapeutes, notamment ceux spécialisés en psychologie de l'enfant et de l'adolescent, sont bien placés pour explorer ces dynamiques. Ils peuvent aider les enfants à identifier ce qui les attire vers les contenus numériques, les sentiments qu'ils peuvent apaiser ou éviter, et à développer des stratégies d'adaptation alternatives. Par exemple, un jeune adolescent qui passe des heures à naviguer sur les réseaux sociaux peut être en quête de validation ou de connexion. Un thérapeute pourrait travailler avec cet enfant pour développer sa conscience émotionnelle et son estime de soi, l'aidant à tisser des liens avec le monde réel et à intérioriser une identité plus résiliente. Grâce à une réflexion structurée et au développement de compétences émotionnelles, les enfants commencent à se réapproprier leur relation à la technologie plutôt que de se sentir accaparés par elle.

Les enseignants ont eux aussi un rôle crucial à jouer. Ils sont souvent parmi les premiers à remarquer que les comportements numériques commencent à perturber l'apprentissage. Ils peuvent observer une baisse de concentration, des devoirs incomplets ou une fatigue excessive en classe. Dans certains cas, les élèves peuvent adopter des comportements numériques inappropriés à l'école, comme accéder à des sites restreints ou utiliser des appareils pendant les cours. Impliquer les enseignants ou les conseillers scolaires dès les premières conversations permet de mettre en contexte et d'assurer une cohérence entre la maison et l'école. Des plans collaboratifs, comme limiter le temps passé devant un écran avant les devoirs, proposer des alternatives hors ligne ou intégrer des cours de culture numérique au programme scolaire, peuvent soutenir l'enfant de manière plus globale.

Il est important que les enseignants engagés n'attendent pas que les problèmes surviennent. De nombreuses écoles disposent d'équipes bien-être ou d'initiatives de citoyenneté numérique qui offrent des ressources et un soutien préventif. Un parent préoccupé par les habitudes de son enfant en matière d'écrans peut organiser une rencontre avec un enseignant pour lui demander : « Qu'observez-vous concernant l'engagement de mon enfant en classe ? Avez-vous remarqué des tendances liées à son utilisation des technologies ? » Ces discussions permettent une meilleure compréhension et montrent à l'enfant que les adultes qui l'entourent communiquent et s'unissent pour le soutenir.

Il arrive aussi qu'une expertise hautement spécialisée soit nécessaire, notamment dans les cas d'exploitation en ligne, de cyberintimidation, de traumatisme numérique ou de comportements compulsifs s'apparentant à une dépendance. Lorsqu'un enfant ressent une profonde détresse suite à des interactions en ligne (menaces, honte sur les réseaux sociaux, manipulation psychologique, etc.), une intervention professionnelle devient essentielle. Ces expériences peuvent avoir des répercussions psychologiques importantes, notamment de l'anxiété, de la honte ou des symptômes post-traumatiques. Dans ces situations, des thérapeutes formés à la prise en charge tenant compte des traumatismes peuvent aider les enfants à gérer leurs expériences, à rétablir la confiance et à retrouver un sentiment de sécurité. Ils accompagnent également les familles dans les étapes suivantes, qu'il s'agisse d'une intervention scolaire, d'un signalement judiciaire ou d'une action en justice.

De même, si un enfant présente des comportements compatibles avec une dépendance aux technologies – comme mentir sur sa consommation, se désintéresser de la vie hors ligne, ressentir des symptômes de sevrage ou s'abstenir à plusieurs reprises de réduire sa consommation malgré les conséquences négatives – une consultation avec un psychologue ou un thérapeute comportemental formé aux comportements compulsifs est essentielle. Ces professionnels utilisent des stratégies fondées sur des données probantes, comme la thérapie cognitivo- comportementale (TCC), pour aider les enfants à comprendre les déclencheurs de leur consommation, à identifier les croyances erronées (comme « Je ne suis utile qu'en ligne ») et à développer des habitudes plus saines. Ces interventions sont plus efficaces lorsqu'elles sont intégrées au soutien familial, garantissant ainsi l'adéquation de la dynamique familiale avec le travail thérapeutique.

Dans certains cas, les parents peuvent également bénéficier de l'aide d'un coach parental numérique ou d'un consultant en technologie. Ces experts les guident pour mettre en place des écosystèmes numériques sains à la maison, choisir des outils adaptés à l'âge des enfants et établir des accords technologiques collaboratifs. Une famille confrontée à des difficultés avec la gestion des appareils peut consulter un spécialiste pour repenser les règles d'utilisation des écrans ou résoudre des conflits récurrents. Ces professionnels aident à concilier savoir-faire technique et compréhension psychologique, garantissant ainsi que les habitudes numériques de la famille soient en phase avec ses valeurs et objectifs généraux.

Une mère, par exemple, a demandé de l'aide après que son fils de onze ans a commencé à passer des nuits blanches à jouer à des jeux en ligne, ce qui a entraîné une baisse de ses résultats scolaires et des crises constantes. Après plusieurs tentatives infructueuses d'imposer des limites de temps strictes, elle a fait appel à un spécialiste du comportement qui l'a aidée à concevoir un plan de réengagement progressif. L'enfant a été impliqué dans la reconstruction de son emploi du temps, avec des plages horaires d'utilisation numérique clairement définies, des périodes de repos et des récompenses hors ligne. Au fil du temps, il a repris le contrôle de ses usages et a commencé à dormir régulièrement, débarrassé du cycle conflictuel qui caractérisait auparavant leur relation.

Une autre famille a dû faire face à un défi différent : leur fille adolescente était victime de harcèlement en ligne après la publication de photos d'elle manipulées par un groupe de pairs. La situation s'était aggravée et, malgré les tentatives de gestion interne, le bilan émotionnel était lourd. Un psychothérapeute pour enfants a aidé l'adolescente à reprendre confiance en elle, à gérer la trahison et à repenser son rapport aux réseaux sociaux. Parallèlement, l'école a collaboré avec la famille pour faire respecter les règles de conduite en ligne et fournir un plan de soutien structuré. Cette réponse coordonnée s'est avérée bien plus efficace que n'importe quelle mesure disciplinaire isolée.

En fin de compte, décider de demander de l'aide professionnelle demande du courage. Cela implique d'admettre qu'une situation est suffisamment complexe pour nécessiter un regard extérieur, ce qui peut engendrer une certaine vulnérabilité. Pourtant, c'est aussi un acte de force. Cela montre à l'enfant que son bien-être est si important que la famille est prête à lui apporter un soutien supplémentaire. Cela illustre un comportement sain de recherche d'aide et favorise une culture où les difficultés sont résolues par la résolution des problèmes, et non par le silence ou le blâme.

Pour les parents qui naviguent dans le monde numérique avec leurs enfants, cette prise de conscience est essentielle : ils ne sont pas seuls. Que le problème soit léger ou aigu, ponctuel ou chronique, il n'y a aucune honte à demander de l'aide. Les professionnels apportent leur vaste expérience, leur objectivité et leur formation pour éclairer les schémas, suggérer de nouvelles stratégies et rassurer. Plus important encore, ils aident à redonner le goût d'avancer aux familles qui se sentent bloquées.

À mesure que la vie numérique continue de se développer et d'évoluer, notre volonté de nous adapter, de réfléchir et de réagir doit également s'accroître. Les enfants méritent non seulement d'avoir accès à la technologie, mais aussi d'être guidés pour bien l'utiliser et d'être soutenus pour guérir lorsqu'elle leur porte préjudice. Solliciter l'aide d'un professionnel est l'une des nombreuses façons d' honorer cette responsabilité. Cela nous rappelle que, si les défis numériques sont complexes, ils ne sont pas insurmontables et qu'avec les bons outils et les bons alliés, nous pouvons aider nos enfants à s'épanouir dans un monde connecté avec clarté, résilience et humanité.

Chapitre 10
L'avenir de la parentalité numérique : s'adapter à un monde en mutation

Le monde numérique ne se contente pas de croître : il s'accélère à un rythme qui transforme presque tous les aspects de notre existence : notre façon de vivre, de travailler, d'apprendre et d'interagir. À mesure que l'intelligence artificielle gagne en sophistication, que les réalités virtuelle et augmentée s'invitent dans notre quotidien et que les systèmes automatisés redéfinissent les industries, les enfants d'aujourd'hui se retrouvent non seulement entourés de technologie, mais façonnés par elle d'une manière que leurs parents auraient difficilement pu imaginer. Pour ceux qui élèvent la prochaine génération, cela représente un mélange complexe de défis et d'opportunités : préparer les enfants non seulement à affronter ce monde numérique, mais aussi à s'y épanouir, en reconnaissant que la maîtrise de la technologie est devenue essentielle et que les exigences éthiques, intellectuelles et émotionnelles qu'elle leur impose ne feront que croître.

Ce chapitre aborde ce que signifie être parent résolument tourné vers l'avenir : préparer ses enfants non seulement aux réalités d'aujourd'hui, mais aussi aux environnements numériques imprévisibles dont ils hériteront. Une grande partie du débat actuel sur la parentalité numérique se concentre, à juste titre, sur la réduction des risques, le respect des limites et la promotion d'habitudes saines. Pourtant, il est tout aussi essentiel de cultiver les compétences, les attitudes et les principes moraux qui permettent aux enfants d'interagir avec les nouvelles technologies de manière réfléchie, créative et responsable. Dans ce domaine, l'éducation doit cesser d'être réactive – se contentant de gérer ou de limiter le temps passé devant les écrans – pour devenir une culture active et délibérée de la curiosité, de la résilience et du sens éthique.

Prenons par exemple l'essor rapide de l'intelligence artificielle et de l'automatisation. L'IA alimente discrètement une vaste gamme d'expériences quotidiennes, des assistants vocaux et des recommandations personnalisées à la reconnaissance faciale et au contenu génératif. Pour les enfants, ces technologies sont souvent invisibles, si bien intégrées aux plateformes qu'elles passent inaperçues. Pourtant, les enjeux sont considérables : l'IA façonne ce que les enfants voient, comment ils pensent et même ce qu'ils apprécient, souvent à leur insu. Les parents ont un rôle crucial à jouer pour démystifier l'IA, non pas comme une force obscure et futuriste, mais comme un système créé par l'homme, doté de ses atouts et de ses faiblesses.

Aider les enfants à comprendre le fonctionnement de l'IA – ses points forts, ses faiblesses et la façon dont elle reflète les biais et les données qu'elle ingère – est une étape essentielle vers une véritable culture numérique. Personne ne s'attend à ce que les parents deviennent des experts en apprentissage automatique du jour au lendemain. Pourtant, même des remarques anodines – « Avez-vous remarqué que vos suggestions de vidéos changent après avoir regardé quelque chose ? » ou « Pourquoi pensez-vous que vos résultats de recherche sont différents des miens ? » – peuvent susciter une réflexion approfondie sur les algorithmes qui façonnent leur expérience numérique. Ces questions sèment les graines de la pensée critique et invitent à des discussions plus approfondies sur les biais, la vie privée et l'autonomie personnelle.

Parallèlement, la réalité virtuelle et augmentée redéfinit la façon dont les enfants apprennent, jouent et socialisent . Les écoles commencent à utiliser la RV pour des cours d'histoire immersifs, des explorations scientifiques et des récits créatifs. Parallèlement, des espaces numériques comme le métavers offrent de nouveaux espaces de construction identitaire et d'exploration. Mais ces innovations soulèvent de nouvelles questions développementales. Comment le sens de la réalité d'un enfant évolue-t-il lorsque les expériences virtuelles deviennent indissociables du réel ? Que deviennent l'empathie et la concentration lorsque l'interaction en face à face cède la place aux avatars ?

Pour les parents, l'engagement doit aller au-delà de la simple surveillance du contenu et englober un contexte plus large. Participer, ou du moins observer, les activités des enfants dans les espaces virtuels permet aux parents de saisir les exigences cognitives et les émotions sous-jacentes que ces environnements suscitent.

C'est là que se forgent les normes sociales et que les valeurs sont contestées. Plutôt que de chercher à protéger les enfants de ces univers, les parents devraient s'efforcer de les aider à interpréter leurs expériences par la réflexion, la compréhension éthique et la compréhension émotionnelle.

Préparer les enfants à un avenir marqué par la numérisation , l'automatisation et la connectivité mondiale implique également de les doter de compétences parfois inconnues des parents d'aujourd'hui. Les rôles que les enfants occuperont un jour n'existent peut-être pas encore, mais les compétences nécessaires – adaptabilité, créativité dans la résolution de problèmes, maîtrise des données, communication interculturelle et sens de l'éthique – deviennent de plus en plus évidentes. Les parents devraient donc réfléchir non seulement à limiter le temps passé devant les écrans, mais aussi à exploiter la technologie pour favoriser l'apprentissage, la collaboration et une contribution significative.

Les exemples concrets abondent : des jeunes apprennent le codage et la conception de jeux sur des plateformes comme Scratch ou Roblox Studio, rejoignent des communautés en ligne dédiées aux sciences ou à l'écriture créative, ou lancent de petites entreprises en ligne pour explorer l'entrepreneuriat. Loin d'être un simple passe-temps, ces activités développent la confiance, l'initiative et la maîtrise des outils numériques, gages de réussite professionnelle. Encouragé avec réflexion, un tel engagement nourrit un état d'esprit axé sur la création plutôt que sur la consommation passive : un état d'esprit qui façonne le monde numérique, et non pas simplement le façonne.

Cependant, l'essor des technologies implique une responsabilité éthique accrue. L'une des tâches les plus importantes des parents aujourd'hui est de développer le sens moral de leurs enfants dans l'univers numérique. Alors que l'IA prend de plus en plus de décisions à notre place, que les données deviennent un bien précieux et que les interactions en ligne remplacent de nombreux échanges en face à face, les enfants doivent développer des cadres de réflexion éthique. Cela implique de s'attaquer à des questions telles que la surveillance, le consentement, la désinformation, l'identité numérique et l'impact environnemental de la production technologique.

Les conversations éthiques ne doivent pas être réservées à l'adolescence ou à l'école. Même les jeunes enfants peuvent commencer à comprendre l'équité, la vie privée et les conséquences. Les parents pourraient demander : « Que ressentiriez-vous si quelqu'un partageait votre photo sans vous le demander ? » ou « Pourquoi est-il important de vérifier la véracité de ce que vous voyez en ligne ? » Ces dialogues contribuent à intégrer l'éthique numérique dès le plus jeune âge et à renforcer l'idée que la technologie n'est jamais neutre en termes de valeurs : elle reflète les décisions humaines.

À mesure que le monde numérique évolue, l'apprentissage tout au long de la vie devient moins un idéal ambitieux qu'une nécessité pratique. Si aucun parent ne peut prédire tous les bouleversements technologiques auxquels son enfant sera confronté, il peut inculquer aux enfants un état d'esprit de curiosité, d'humilité et d'esprit critique. Apprendre aux enfants à questionner, à vérifier et à s'adapter leur donne la résilience nécessaire pour rester alphabétisés dans un monde en constante évolution.

Adopter cette approche est tout aussi important. Les parents qui manifestent une réelle curiosité pour les nouvelles applications, admettent ne pas maîtriser pleinement un outil et apprennent aux côtés de leurs enfants, créent un environnement où l'adaptation est perçue comme naturelle plutôt qu'intimidante. Ce parcours partagé renforce les liens et démontre que la véritable compétence ne réside pas dans le fait d'avoir toutes les réponses, mais dans la volonté d'explorer, de réfléchir et de grandir.

Ce chapitre offre avant tout un message d'espoir : la technologie, aussi complexe et parfois écrasante soit-elle, n'est pas intrinsèquement menaçante. C'est un outil puissant, capable d'enrichir des vies, de stimuler la créativité et de créer des liens. Utilisée judicieusement, elle peut approfondir les relations, ouvrir des portes et soutenir le développement de l'enfant de multiples façons. Pour y parvenir, les parents doivent résister aux extrêmes : ni adopter aveuglément chaque nouveau gadget, ni rejeter la technologie par peur. Au contraire, ils doivent s'engager de manière réfléchie, déterminée et ouverte au changement.

L'avenir de la parentalité numérique ne repose pas sur des règles plus strictes ou un contrôle plus souple, mais sur une présence plus profonde. Elle s'épanouit grâce à des échanges évolutifs, des valeurs durables et un engagement non seulement envers les compétences numériques, mais aussi envers la sagesse numérique. Ce faisant, nous préparons les enfants non seulement à utiliser la technologie, mais aussi à faire des choix judicieux avec elle – et, in fine, à devenir les personnes réfléchies et compétentes qu'ils sont censés être.

Comment les technologies émergentes façonneront la prochaine génération

L'évolution rapide des technologies numériques ne modifie pas seulement la façon dont les enfants apprennent, jouent et socialisent : elle remodèle l'architecture même de l'enfance. L'intelligence artificielle, la réalité virtuelle et augmentée, les systèmes basés sur la blockchain et l'automatisation de plus en plus intelligente ne sont plus des caractéristiques spéculatives d'un monde futuriste ; ils font partie d'un écosystème vivant qui influence le développement d'un enfant dès qu'il prend une tablette, interagit avec un assistant intelligent ou s'immerge dans un environnement numérique. Comprendre comment ces technologies émergentes sont susceptibles d'influencer la prochaine génération n'est pas seulement un exercice théorique pour les éducateurs ou les futurologues : c'est un impératif pratique pour les parents, chargés de préparer leurs enfants à une réalité définie par l'innovation numérique constante.

L'intelligence artificielle, en particulier, s'impose rapidement comme une force omniprésente dans la vie des enfants. Autrefois cantonnée à la science-fiction, l'IA alimente désormais les moteurs de recommandation de YouTube Kids, personnalise les plateformes d'apprentissage utilisées en classe, filtre le contenu des réseaux sociaux et génère même du texte et des images avec une intervention humaine minimale. Ces outils offrent des avantages extraordinaires : offrir des contenus éducatifs sur mesure, simplifier la communication et stimuler la créativité. Pourtant, ils soulèvent également des questions fondamentales sur l'autonomie, l'agentivité et l'influence. Lorsqu'un algorithme décide ce qu'un enfant va voir, entendre ou jouer, il façonne subtilement son attention, ses préférences et même ses aspirations.

De plus, les systèmes d'IA apprennent à partir des données qui leur sont fournies, lesquelles reflètent souvent des biais historiques et des hypothèses non vérifiées. Un enfant interagissant avec des histoires générées par l'IA ou des résultats de recherche basés sur des images peut, sans le savoir, absorber des représentations biaisées de genre, d'origine ethnique ou d'intelligence. Si ces biais ne sont pas examinés, ils peuvent se transformer en systèmes de croyances. Il devient donc essentiel non seulement de surveiller *ce que* les enfants consomment via l'IA, mais aussi de leur apprendre *le* fonctionnement de ces systèmes. Dès leur plus jeune âge, les enfants peuvent commencer à comprendre que les machines prennent des décisions basées sur des schémas – et non sur la sagesse – et que ces schémas ne sont justes que dans la mesure où les données dont ils sont issus les déterminent.

La réalité virtuelle et augmentée repoussent encore davantage les frontières entre expérience et simulation. Les environnements immersifs de RV permettent aux enfants d'entrer dans une cellule, de voyager dans la Rome antique ou de parcourir les anneaux de Saturne. Ces expériences recèlent un potentiel immense d'apprentissage cognitif et émotionnel, offrant une profondeur d'engagement bien supérieure à celle des textes statiques ou des écrans bidimensionnels. Pourtant, leur intensité même soulève des inquiétudes quant à la surstimulation, au détachement émotionnel et à la confusion entre imaginaire et réalité.

Prenons par exemple le cas des enfants qui utilisent la RV pour interagir socialement, que ce soit dans des jeux multijoueurs ou dans des mondes virtuels plus vastes. Les avatars qu'ils créent, les rôles qu'ils adoptent et les comportements qu'ils adoptent peuvent être saisissants et captivants, en particulier pour ceux qui souffrent de manque de confiance en soi hors ligne ou d'anxiété sociale. Si cela peut être libérateur, cela risque aussi de devenir une forme d'évasion, surtout lorsque le moi virtuel est perçu comme plus valable ou plus réussi que le moi réel. Les parents doivent prêter attention non seulement au contenu de ces interactions, mais aussi à leur résidu émotionnel : l'enfant est-il énergisé , émotionnellement régulé et socialement enrichi après l'utilisation de la RV, ou est-il replié sur lui-même, dérégulé et déconnecté ?

Tout aussi significative est la façon dont ces technologies modifient la capacité d'attention et le traitement sensoriel. Les réalités virtuelle et augmentée présentent des stimuli en haute définition, avec un son surround et une réactivité en temps réel, créant des expériences profondément captivantes qui peuvent rendre le monde physique ennuyeux en comparaison. Cela peut influencer la façon dont les enfants interagissent avec la réalité, réduisant potentiellement leur capacité à tolérer l'ennui, à retarder la gratification ou à s'engager dans des jeux prolongés et non structurés. Pour atténuer ce problème, les parents et les éducateurs doivent veiller à équilibrer l'immersion numérique avec des opportunités d'exploration du monde réel, d'apprentissage tactile et de présence émotionnelle.

Au-delà de l'IA et de la réalité virtuelle, le paysage numérique évolue vers une plus grande intégration des systèmes décentralisés , des environnements axés sur les données et des expériences personnalisées . Les jouets intelligents, les objets connectés et les appareils domestiques connectés créent désormais une boucle de rétroaction constante entre le comportement des enfants et l'apprentissage automatique. D'un côté, cela peut créer des environnements plus sûrs et plus personnalisés . De l'autre, cela introduit de nouvelles couches de surveillance, de commercialisation et de dépendance. Le fait que de nombreux enfants grandissent désormais avec leurs données collectées dès leur plus jeune âge soulève de profondes questions éthiques sur le consentement, la vie privée et la marchandisation de l'enfance.

Les enfants d'aujourd'hui ne se contentent pas d'utiliser la technologie ; ils deviennent les sujets de systèmes technologiques qui apprennent, prédisent et réagissent de manière fluide, mais opaque. Le texte prédictif qui complète leurs phrases, l'application qui anticipe leurs centres d'intérêt, l'enceinte connectée qui connaît leur chanson préférée : ces outils sont remarquables par leur utilité, mais subtils par leur intrusion. Avec le temps, ils peuvent conditionner les enfants à s'attendre à des expériences fluides, à des réponses immédiates et à des réalités personnalisées – des caractéristiques qui contrastent avec le désordre, l'incertitude et la complexité de la vie réelle.

Cela crée un paradoxe développemental. Les technologies émergentes peuvent offrir aux enfants plus de pouvoir, d'accès et d'expression que jamais auparavant, mais seulement si elles s'accompagnent des capacités critiques nécessaires pour les utiliser à bon escient. Sans accompagnement intentionnel, ces outils peuvent au contraire favoriser la passivité, le sentiment d'avoir droit à quelque chose ou la susceptibilité à la manipulation. L'antidote n'est pas l'abstinence, mais l'éducation : apprendre aux enfants à questionner, à réfléchir et à naviguer. Les aider à comprendre, par exemple, qu'une réponse générée par l'IA n'est pas forcément correcte, qu'une expérience virtuelle est construite plutôt que spontanée, ou qu'un appareil intelligent mémorise plus qu'il ne révèle.

Les applications concrètes de cette approche sont déjà visibles dans les classes et les foyers avant-gardistes. Les enfants sont initiés au codage non seulement comme une compétence technique, mais aussi comme une forme d'écriture numérique. On leur apprend à analyser l'actualité en étant conscients de la curation algorithmique. Certaines écoles intègrent désormais l'éthique numérique à leurs programmes, incitant les élèves à réfléchir à ce que signifient l'équité, le consentement et la justice dans un contexte numérique. Ce sont les premiers pas vers une génération plus cultivée, qui ne se contente pas de consommer du contenu numérique, mais l'interroge et y contribue avec intelligence et intégrité.

Pour les parents, se tenir au courant de ces changements peut sembler insurmontable, surtout lorsque le rythme de l'innovation dépasse souvent les capacités de supervision. Mais il est moins important de maîtriser les aspects techniques que de rester présent dans la relation. Un parent curieux, ouvert au dialogue et disposé à apprendre aux côtés de son enfant incarne l'adaptabilité qu'exige l'ère numérique. Poser des questions telles que « Comment ça marche ? » ou « Que penses-tu de ce que l'IA vient de dire ? » montre à l'enfant que sa réflexion compte et que la technologie n'est pas une autorité figée, mais un espace d'exploration et de critique.

Il est également essentiel de préserver des espaces de repos numérique. Tout comme les enfants ont besoin de sommeil pour consolider leur mémoire et leurs apprentissages, ils ont besoin de temps loin du monde algorithmique pour développer une conscience de soi stable. Le temps passé dans la nature, les jeux libres, l'expérimentation créative et les conversations en face à face contrebalancent l'accélération numérique. Ces expériences enracinent les enfants dans l'incarnation, l'empathie et la présence – des qualités qu'aucun algorithme ne peut reproduire.

En fin de compte, les technologies émergentes ne façonneront pas seulement la façon dont les enfants apprennent et jouent ; elles influenceront également leur façon de définir la réalité, l'identité et le sens. Ils grandiront dans un monde où les machines pourront rédiger des dissertations, simuler des émotions et prédire des comportements . Mais ce seront leurs capacités de jugement, d'imagination et de réflexion éthique qui détermineront l'utilisation de ces outils, et s'ils amplifieront ou affaibliront notre humanité commune.

La prochaine génération n'a pas besoin d'être protégée de la technologie ; elle doit être prête à la façonner. Cette préparation commence à la maison, par des conversations qui encouragent la curiosité et la prudence, la liberté et la responsabilité, la créativité et la critique. Lorsque les parents abordent la technologie non pas comme une menace, mais comme un champ de recherche partagé, ils donnent à leurs enfants les moyens d'aborder l'avenir avec confiance, non pas parce qu'ils ont toutes les réponses, mais parce qu'on leur a appris à réfléchir en profondeur, à questionner avec courage et à diriger avec sagesse dans un monde encore en construction.

Préparer les enfants aux carrières numériques

Le monde du travail connaît une profonde mutation. La prolifération de l'intelligence artificielle, de la robotique, de la blockchain et de l'automatisation intelligente ne se contente pas d'accroître le travail humain : elle le redéfinit complètement . Les compétences qui constituaient autrefois les piliers de l'employabilité évoluent et de nouvelles compétences, pratiquement inconnues il y a une génération, émergent. Face à cette transformation qui s'accélère, les parents sont confrontés à une tâche essentielle : non seulement guider leurs enfants dans le monde numérique actuel, mais aussi les préparer à un avenir professionnel qui sera de plus en plus façonné par l'innovation numérique.

Les carrières numériques ne se limitent plus aux métiers technologiques traditionnels. Si le codage, la science des données et la cybersécurité restent essentiels, l'influence de la technologie s'est étendue à presque tous les secteurs : santé, éducation, droit, finance, agriculture, design, divertissement et impact social. Aujourd'hui, un responsable marketing est censé maîtriser les tableaux de bord d'analyse et la segmentation client basée sur l'apprentissage automatique. Un journaliste doit maîtriser les algorithmes de contenu et les outils d'engagement du public. Même les artistes et les musiciens s'appuient de plus en plus sur les plateformes numériques pour la création, la distribution et la monétisation . Ainsi, la maîtrise du numérique n'est plus une compétence de niche, mais une compétence fondamentale.

Pour que les enfants s'épanouissent dans cet environnement, l'éducation doit aller au-delà des compétences techniques. Savoir écrire du code propre ou utiliser des logiciels de conception est précieux, mais insuffisant. Ce qui distingue les professionnels résilients et avant-gardistes, c'est leur capacité à apprendre continuellement, à résoudre des problèmes novateurs, à collaborer entre cultures et disciplines, et à s'adapter avec éthique à des environnements changeants. Ces méta-compétences, souvent qualifiées de « compétences du XXIe siècle », constituent le tissu conjonctif du marché du travail de demain.

L'un des domaines les plus critiques est la pensée computationnelle, qui englobe la capacité à décomposer des problèmes complexes, à reconnaître des modèles et à développer des séquences logiques. Les enfants exposés à des langages de programmation de base comme Scratch ou Python apprennent bien plus que la syntaxe : ils intériorisent un mode de pensée qui sous-tend non seulement l'informatique, mais aussi l'ingénierie, l'architecture, la finance et la logistique. Plus important encore, ces compétences enseignent la persévérance, l'itération stratégique et la compréhension que l'échec est une étape temporaire sur le chemin de l'innovation.

La résolution créative de problèmes est une autre capacité essentielle. À mesure que l'automatisation prend en charge les tâches répétitives et réglementées, la contribution humaine se concentrera de plus en plus sur l'innovation, l'improvisation et l'originalité. Un enfant capable de concevoir un nouveau produit, de réinventer un système défectueux ou d'inventer une expérience utilisateur plus inclusive s'adaptera bien plus facilement à l'économie numérique qu'un enfant qui a mémorisé des faits ou maîtrisé des opérations par cœur. Les parents peuvent nourrir cette créativité en encourageant le jeu libre, le bricolage et la curiosité interdisciplinaire. Un enfant qui code un jeu, construit un robot, écrit un blog ou invente une nouvelle façon de recycler à la maison participe déjà à la pensée imaginative qui définit le leadership numérique.

Il est tout aussi essentiel de comprendre la communication et la collaboration numériques. De nombreuses carrières se déroulent désormais dans des environnements distribués ou hybrides, où les employés interagissent par visioconférence, partage de documents, plateformes asynchrones et outils optimisés par l'IA. Les enfants qui apprennent à contribuer respectueusement aux communautés en ligne, à donner et recevoir des commentaires constructifs et à gérer leur présence numérique avec intention développent déjà les compétences relationnelles que les employeurs considèrent systématiquement comme indispensables. Il ne s'agit pas de talents innés, mais d'habitudes qui s'apprennent, renforcées par l'exemple parental, des projets numériques structurés et des expériences positives sur écran.

La maîtrise des données est un autre pilier de la préparation à l'avenir. À une époque où les données orientent la prise de décision dans tous les secteurs, les enfants doivent être capables d'interpréter des graphiques, de comprendre des statistiques de base et d'évaluer des affirmations fondées sur des données probantes. Plus généralement, ils doivent apprendre comment les données sont collectées, ce qu'elles représentent et comment elles peuvent être utilisées à mauvais escient. Un adolescent qui analyse les statistiques de sa chaîne YouTube, analyse le trafic d'une boutique familiale Etsy ou explore des bases de données publiques sur le changement climatique met en pratique des compétences qui lui seront utiles dans des domaines aussi variés que l'épidémiologie, l'urbanisme, l'élaboration des politiques publiques et la banque d'investissement.

Bien sûr, la maîtrise du numérique ne se limite pas à la production, mais aussi au jugement. La réflexion éthique doit accompagner la formation technique. Face aux outils d'IA, aux logiciels de reconnaissance faciale, aux deepfakes et aux technologies de surveillance, les enfants doivent être capables de poser des questions nuancées : Qui a construit ce système ? Quels biais peut-il refléter ? Qui est affecté par ses résultats ? Enseigner l'éthique numérique à la maison, par des discussions sur la vie privée, les droits numériques, la désinformation et la responsabilité, prépare les enfants non seulement à utiliser les outils, mais aussi à les façonner de manière responsable.

Les applications concrètes de cette philosophie sont déjà visibles dans des programmes éducatifs avant-gardistes . En Estonie, par exemple, les enfants commencent à apprendre le codage dès l'école primaire, non pas pour devenir programmeurs, mais pour comprendre la logique des systèmes qui façonnent leur monde. Au Royaume-Uni, l'informatique fait désormais partie du programme scolaire national, intégrant algorithmes, représentation des données et sécurité en ligne dès le plus jeune âge. Au-delà de l'école formelle, d'innombrables moyens informels – tels que les hackathons, les clubs de codage, les ateliers de narration numérique et les collaborations open source – offrent aux enfants un apprentissage expérientiel alliant expertise technique et expression personnelle.

Les parents peuvent renforcer ces efforts en adoptant une mentalité de co-apprentissage. Plutôt que de se positionner comme des outsiders du numérique, ils peuvent explorer les outils, les plateformes et les innovations aux côtés de leurs enfants. Regarder un documentaire sur l'éthique de l'IA, créer un site web familial, tester un projet d'impression 3D ou expérimenter ensemble un logiciel de développement de jeux peut transformer les compétences numériques, qui étaient auparavant des obligations abstraites, en aventures partagées. Cette approche renforce non seulement les liens familiaux, mais illustre également une attitude d'apprentissage continu que les enfants conserveront tout au long de leur carrière.

Préparer les enfants aux carrières numériques implique également d'élargir leur champ de possibilités. Nombreux sont les jeunes qui limitent leurs aspirations à des représentations étroites du travail, pensant que la technologie se limite à l'ingénierie logicielle ou que les carrières numériques se limitent à la Silicon Valley. Les parents peuvent élargir les horizons de leurs enfants en les exposant à des modèles divers : des femmes scientifiques des données, des développeurs de réalité virtuelle handicapés, des technologues autochtones travaillant sur la résilience climatique. Mettre en avant des projets technologiques à impact social ou des applications technologiques créatives montre aux enfants que le travail numérique n'est pas seulement une question de profit ou de prestige, mais qu'il permet de résoudre des problèmes concrets et de contribuer au bien commun.

Il est important de noter que tous les enfants ne deviendront pas des spécialistes des technologies, et c'est parfaitement acceptable. L'objectif n'est pas de former une génération de codeurs, mais d'élever une génération fluide, critique et autonome dans les environnements numériques. Un futur enseignant utilisera des tableaux de bord de données pour soutenir un apprentissage personnalisé . Une future infirmière pourra utiliser la réalité augmentée pour visualiser l'anatomie de ses patients. Un futur avocat s'intéressera à la recherche assistée par l'IA. Dans tous les cas, le professionnel aura besoin non seulement d'outils techniques , mais aussi du discernement nécessaire pour les utiliser à bon escient.

La préparation la plus durable ne réside donc pas seulement dans la formation technique, mais aussi dans le développement de l'adaptabilité, de la curiosité et de la clarté éthique. Ce sont ces qualités qui permettront aux enfants de jongler entre les rôles, d'intégrer les nouvelles technologies à leur travail et de poursuivre leur apprentissage au gré des évolutions du paysage numérique. En tant que parents, nous n'avons pas besoin de prédire l'avenir du travail dans les moindres détails, mais nous devons semer les graines intellectuelles et émotionnelles qui permettront à nos enfants de s'y épanouir.

Préparer les enfants aux carrières numériques ne consiste pas tant à leur apprendre *quoi* faire qu'à leur apprendre *à* penser, explorer et créer. Il s'agit de les aider à considérer la technologie non pas comme un objet à consommer passivement, mais comme un espace où ils peuvent construire, questionner et contribuer. Il s'agit de cultiver à la fois compétence et conscience, afin qu'ils puissent diriger non seulement avec talent, mais avec vision. Et surtout, il s'agit de croire que leur avenir numérique n'est pas quelque chose à craindre, mais quelque chose qu'ils sont prêts à façonner.

Le côté éthique de la technologie

Alors que la technologie s'immisce de plus en plus dans toutes les dimensions de l'enfance, des applications de communication aux algorithmes qui influencent ce qu'ils voient et apprennent, les discussions sur l'éthique numérique ne peuvent plus être considérées comme facultatives ou prématurées. Dans un monde où les enfants interagissent avec l'intelligence artificielle, génèrent et partagent d'énormes quantités de données personnelles et naviguent dans des espaces numériques souvent surveillés et commercialisés , le besoin d'éducation éthique est plus que opportun, il est urgent. Les parents doivent aider leurs enfants à voir au-delà de la commodité et du divertissement, et à commencer à explorer ce que signifie être responsable, juste et humain dans un monde numérique interconnecté.

L'intelligence artificielle représente l'une des mutations technologiques les plus profondes auxquelles cette génération est confrontée. Des assistants vocaux et systèmes de recommandation à la reconnaissance faciale et aux modèles d'IA générative, les enfants découvrent des technologies qui semblent intelligentes, performantes, voire autoritaires. Pourtant, sous cette intelligence apparente se cachent de vastes ensembles de données, des modèles statistiques et des décisions de conception prises par des programmeurs humains – des décisions qui intègrent des présupposés culturels, des biais historiques et des motivations commerciales. Lorsqu'un enfant pose une question à Siri ou utilise un chatbot génératif pour ses devoirs, il ne reçoit pas seulement une réponse neutre ; il utilise un outil qui privilégie certains types de connaissances, de langage et de comportements par rapport à d'autres.

Parents et éducateurs doivent aider les enfants à déconstruire ces expériences. Une simple question comme « Pourquoi pensez-vous que le chatbot a répondu ainsi ? » ou « Pensez-vous qu'un autre outil donnerait une réponse différente ? » peut susciter une discussion sur la manière dont les systèmes d'IA sont entraînés et pourquoi leurs résultats doivent être remis en question. Les enfants doivent comprendre que l'IA n'est ni intrinsèquement juste ni objective. Par exemple, des études ont montré que les logiciels de reconnaissance faciale sont souvent moins précis sur les personnes à la peau foncée en raison de données d'entraînement déséquilibrées. De même, les algorithmes de recommandation sur des plateformes comme YouTube ou TikTok peuvent orienter les utilisateurs vers des contenus de plus en plus extrêmes, car le contenu sensationnel suscite l'engagement.

Ces préoccupations ne sont pas abstraites : elles influencent directement la perception que les enfants ont d'eux-mêmes et des autres. Si un enfant recherche des « personnes intelligentes » et que les images qui apparaissent dans les résultats représentent principalement une race ou un sexe, il absorbe un message puissant sur la place de certains espaces intellectuels. Si son flux de contenu renforce subtilement les stéréotypes ou l'isole dans des bulles idéologiques, cela façonne sa vision du monde d'une manière qu'il peut ne pas percevoir . Apprendre aux enfants à interroger ces systèmes contribue à les aider à penser de manière éthique : à déterminer quelles voix sont amplifiées, quelles expériences sont marginalisées et quelles conséquences découlent de ces schémas.

La surveillance est un autre sujet de préoccupation éthique crucial. Les enfants d'aujourd'hui grandissent sous une surveillance que les générations précédentes auraient trouvée inimaginable. Leurs activités sont surveillées par des applications, des plateformes éducatives, des réseaux sociaux et même des jouets connectés à Internet. Si une partie de cette surveillance est présentée comme une mesure de sécurité – partage de localisation pour la tranquillité des parents ou logiciel de surveillance pour se protéger des contenus préjudiciables –, elle soulève des questions plus profondes sur l'autonomie, le consentement et le droit à la vie privée.

Les enfants ont le droit de comprendre qui collecte leurs données, pourquoi elles sont collectées et ce qui en est fait. Les parents peuvent commencer par expliquer le fonctionnement des empreintes numériques : comment les clics, les mentions « J'aime » et les recherches contribuent aux profils d'utilisateurs qui sont achetés, vendus et utilisés pour cibler les publicités ou personnaliser le contenu. Il ne s'agit pas de tactiques d'intimidation, mais de connaissances enrichissantes. Un enfant qui sait que son historique d'applications influence ce qu'il verra plus tard est plus susceptible de prendre le temps de réfléchir avant de s'engager impulsivement. De plus, une telle compréhension encourage les enfants à réfléchir à leurs propres choix en matière de données et à l'impact de ces choix sur les autres.

Par exemple, lorsque les enfants publient des photos de leurs amis sans leur demander leur avis ou partagent la localisation d'une personne dans une conversation de groupe, ils prennent des décisions éthiques en matière de visibilité et de consentement. Les parents peuvent les aider à envisager ces actions plus largement : « Voudrais-tu que cela soit partagé si les rôles étaient inversés ? » ou « Comment décider ce qu'il est acceptable de publier sur quelqu'un d'autre ? » Ces conversations enseignent aux enfants que la responsabilité numérique inclut le respect des limites et de la dignité d'autrui, même dans les interactions informelles du quotidien.

L'utilisation éthique de la technologie est aussi une question d'intention et de conséquences. Lorsque des enfants utilisent des outils d'IA générative pour réaliser des devoirs, copier du code ou reproduire des œuvres d'art, la question n'est pas simplement de savoir si c'est autorisé, mais plutôt si c'est juste, honnête et conforme à leurs valeurs. L'éthique numérique implique de comprendre l'importance du travail original, les responsabilités liées à l'attribution et les implications de la sous-traitance de la réflexion à des machines.

Un enfant qui s'appuie sur l'IA pour faire ses devoirs peut obtenir un résultat acceptable, mais il passe également à côté de l'occasion de s'engager de manière critique, de se confronter au contenu et de développer sa voix. Les parents peuvent utiliser ces situations non pas pour punir, mais pour susciter la réflexion : « Quelle partie de ce travail as-tu fait seul en toute confiance ? » ou « Comment l'IA pourrait-elle soutenir ton apprentissage sans la remplacer ? »

L'éthique dans le monde numérique implique également de reconnaître l'impact environnemental de nos technologies. Les centres de données qui alimentent le cloud computing et l'IA consomment énormément d'énergie, et la production d'appareils dépend de minéraux de terres rares et de chaînes d'approvisionnement complexes. Nul besoin que les enfants deviennent des experts en sciences de l'environnement, mais il faut leur faire comprendre que les choix numériques ont des conséquences physiques. Désactiver la lecture automatique, réduire les téléchargements redondants ou prolonger la durée de vie des appareils sont autant d'habitudes simples qui reflètent une conscience plus profonde de la durabilité numérique. Considérer la technologie comme un élément d'un système planétaire partagé plutôt que comme une ressource abstraite et illimitée favorise un sentiment de responsabilité et d'interdépendance.

La leçon éthique la plus puissante, cependant, vient peut-être de l'exemple. Les enfants apprennent mieux non pas par des cours magistraux, mais par l'expérience vécue. Lorsque les parents manifestent de la curiosité pour les implications de la technologie, fixent des limites à leur propre utilisation des écrans, posent des questions critiques sur les applications qu'ils utilisent et admettent ne pas avoir toutes les réponses, ils démontrent que l'engagement éthique est un processus continu. Ils enseignent qu'être numériquement responsable ne signifie pas avoir un contrôle parfait, mais rester conscient, informé et bienveillant.

Prenons le cas d'un parent qui découvre que son enfant a utilisé un générateur d'images basé sur l'IA pour modifier la photo d'un camarade et la partager pour plaisanter. Plutôt que de réagir avec colère ou d'interdire l'accès à l'école, le parent choisit d'explorer les conséquences plus profondes. Ensemble, ils discutent de l'impact potentiel de l'image sur la réputation du camarade, de ce que l'on ressent lorsqu'on se moque de lui en ligne et de la raison pour laquelle les outils numériques amplifient ces effets. Ils abordent l'humour , la souffrance et le pouvoir d'un simple clic. Le parent peut impliquer l'école, faciliter la présentation d'excuses et aider l'enfant à rétablir la confiance. Ce moment devient un moment déterminant, non seulement pour la discipline, mais aussi pour le développement éthique.

De tels scénarios sont de plus en plus fréquents et illustrent que la responsabilité numérique n'est pas statique : elle évolue avec les technologies et les enfants confrontés à de nouvelles capacités et à de nouveaux dilemmes. L'objectif n'est pas de former des enfants qui agissent toujours bien, mais qui savent *réfléchir* à ce qui pourrait être bien. Il s'agit de cultiver le discernement, l'empathie et la responsabilité.

En fin de compte, l'aspect éthique de la technologie ne se résume pas à un ensemble de règles : c'est une façon de voir le monde. Il implique de reconnaître que chaque clic, chaque partage et chaque interaction s'inscrit dans un écosystème d'impact plus vaste. Lorsqu'on apprend aux enfants à prendre en compte cet impact – non seulement sur eux-mêmes, mais aussi sur les autres, la société et l'environnement –, ils développent l'imagination morale indispensable à l'ère numérique.

Ces conversations peuvent être simples au départ, mais leurs implications sont profondes. Elles préparent les enfants non seulement à maîtriser la technologie, mais aussi à la façonner. Ce faisant, elles transmettent à la prochaine génération ce qui compte vraiment : non seulement les compétences nécessaires pour utiliser les outils numériques, mais aussi la sagesse nécessaire pour les utiliser avec précaution.

L'alphabétisation numérique tout au long de la vie

Alors que la technologie continue d'évoluer à un rythme sans précédent, une évidence s'impose : la culture numérique ne peut plus être considérée comme un corpus de connaissances figé à maîtriser dès l'enfance et à abandonner. Elle doit plutôt être appréhendée comme une compétence permanente, permettant aux individus de s'adapter, d'évaluer et de s'épanouir dans un monde où la maîtrise des technologies est aussi essentielle que la lecture ou le calcul. Pour les enfants d'aujourd'hui, grandir avec des écrans, des appareils intelligents et des contenus organisés par des algorithmes n'est pas une nouveauté, c'est une évidence. Mais la familiarité avec les outils numériques ne se traduit pas nécessairement par la sagesse, l'esprit critique ou l'adaptabilité. Élever des enfants véritablement compétents en numérique exige bien plus que de leur apprendre à utiliser une tablette ou à naviguer sur un moteur de recherche. Il faut cultiver un état d'esprit qui reste curieux, éthique et résilient malgré des décennies de transformation numérique.

Fondamentalement, la littératie numérique ne se limite pas à des compétences techniques. Elle englobe la capacité à évaluer de manière critique le contenu numérique, à comprendre les implications sociopolitiques de la technologie, à interagir en ligne de manière éthique et respectueuse, et à rester agile face aux changements constants. Concrètement, cela signifie apprendre aux enfants à remettre en question ce qu'ils voient, à comprendre la structure et la présentation de l'information, et à naviguer dans les écosystèmes numériques sans se laisser submerger ni manipuler. Cela implique également de cultiver la flexibilité nécessaire pour apprendre à utiliser de nouveaux outils dès leur apparition – une compétence devenue essentielle dans pratiquement toutes les professions et tous les aspects de la vie adulte.

Considérez la vitesse à laquelle les normes technologiques ont évolué au cours des deux dernières décennies. Les outils qui dominaient la culture Internet naissante – sites web basiques, e-mails, messagerie instantanée – ont été éclipsés par les plateformes de streaming, les classes virtuelles, les environnements de jeu immersifs, les réseaux sociaux et les services basés sur l'apprentissage automatique. Les enfants d'aujourd'hui interagissent avec des tuteurs dotés d'IA, créent des vidéos destinées à un public mondial et accèdent à l'information via des interfaces à commande vocale. Au cours de la prochaine décennie, ils navigueront probablement dans des technologies que nous ne pouvons pas encore imaginer pleinement, des interfaces neuronales aux systèmes quantiques. Ce rythme de changement signifie que l'enseignement statique est insuffisant. Les enfants doivent plutôt apprendre à maîtriser *la* technologie : à aborder les nouveaux systèmes avec confiance, à évaluer leurs implications et à déterminer leur pertinence dans leur vie.

Ce processus commence par la pensée critique. Un enfant doué au numérique ne prend pas le contenu en ligne pour argent comptant, mais se demande : « Qui a créé cela ? Pourquoi ? Que cherche-t-il à me persuader de croire ou de faire ? » Ces questions sont essentielles pour résister à la désinformation, comprendre les préjugés et prendre des décisions éclairées dans un monde où le contenu est souvent davantage façonné par les algorithmes que par les comités de rédaction. Par exemple, lorsqu'un jeune regarde une vidéo apparemment innocente qui promeut subtilement des stéréotypes néfastes, ou lorsqu'il tombe sur une publication virale contenant des faits déformés, sa capacité à décortiquer ces messages devient une forme d' autodéfense intellectuelle .

Pourtant, la pensée critique doit être contrebalancée par un engagement créatif. La culture numérique n'est pas seulement une question de scepticisme ; c'est aussi une question d'expression. Il faut encourager les enfants à utiliser les outils numériques pour créer, qu'il s'agisse de coder un jeu, de composer de la musique numérique, de tenir un blog ou de monter un court-métrage. Ces actes de création enseignent aux enfants que la technologie n'est pas seulement un objet à consommer, mais un moyen de façonner des idées, d'influencer la culture et de résoudre des problèmes concrets. De plus, de telles expériences renforcent la confiance en soi. Un enfant qui apprend à créer un site web simple ou à contribuer à un projet open source est plus susceptible d'aborder les technologies futures avec un sentiment de compétence, plutôt qu'avec intimidation.

Le défi pour les parents et les éducateurs est de soutenir ce type d'engagement sans tomber dans l'un ou l'autre de ces deux pièges : la permissivité passive ou le contrôle rigide. Une réglementation excessive peut freiner l'exploration et engendrer le secret, tandis qu'un accès non contrôlé peut exposer les enfants à l'exploitation et à la dépendance. L'objectif devrait plutôt être le co-apprentissage. Les adultes n'ont pas besoin d'avoir toutes les réponses, mais ils doivent faire preuve de curiosité, d'introspection et de conscience éthique. Lorsqu'un parent dit : « Trouvons ensemble comment fonctionne cette application » ou « Je me demande ce qu'il advient de nos données lorsque nous utilisons cette plateforme », il démontre que la culture numérique est un processus continu, qui se poursuit à l'âge adulte.

L'importance de l'adaptabilité numérique est peut-être particulièrement évidente sur le lieu de travail. Nombre des carrières que les jeunes d'aujourd'hui choisiront seront probablement façonnées, voire créées, par des technologies encore en développement. Cela signifie que la réussite professionnelle dépendra non seulement des qualifications, mais aussi de la capacité à apprendre rapidement de nouveaux systèmes, à collaborer sur plusieurs plateformes numériques et à gérer les dilemmes éthiques posés par les outils émergents. Un futur professionnel de santé pourrait être amené à interpréter des données issues de diagnostics assistés par IA. Un futur enseignant pourrait dispenser des cours hybrides dans des environnements virtuels. Même des postes apparemment sans rapport avec la technologie actuelle peuvent exiger une dextérité numérique, des agriculteurs utilisant l'analyse par drone aux artistes vendant des NFT.

Par conséquent, cultiver une culture numérique tout au long de la vie doit également inclure la résilience émotionnelle. Les enfants doivent être préparés non seulement à la complexité technologique, mais aussi aux conséquences psychologiques d'une vie partiellement en ligne. Ils doivent apprendre à gérer la fatigue liée aux écrans, à résister à l'attrait de la comparaison constante et à maintenir une estime de soi saine dans des environnements numériques souvent conçus pour la persuasion et l'engagement plutôt que pour le bien-être. Cela implique d'aider les enfants à reconnaître quand ils ont besoin d'une pause, à développer des habitudes d'utilisation intentionnelle et à développer une boussole interne qui ne soit pas influencée par les indicateurs de « j'aime », d'abonnés ou de visibilité algorithmique.

Il faut également apprendre aux enfants à gérer leurs relations numériques avec empathie et responsabilité. À l'ère des commentaires anonymes, de l'indignation virale et des contenus performatifs, il est facile pour les jeunes utilisateurs d'oublier qu'il y a de vraies personnes de l'autre côté de l'écran. Un enfant doué aux outils numériques comprend que chaque comportement en ligne a des conséquences et que la bienveillance, le consentement et les limites sont tout aussi essentiels dans les interactions numériques que hors ligne. Ces idéaux ne sont pas abstraits : ils peuvent être enseignés par des conversations en temps réel sur les discussions de groupe, les règles de savoir-vivre dans les jeux vidéo ou le partage d'images et d'histoires.

Les écoles jouent un rôle essentiel dans cet écosystème. Si de nombreux systèmes éducatifs ont progressé dans l'intégration des technologies, l'accent est souvent mis sur la fonctionnalité plutôt que sur la fluidité. Il ne suffit pas que les élèves sachent rendre leurs devoirs via un système de gestion de l'apprentissage ou utiliser des documents collaboratifs. Ils ont besoin d'opportunités structurées pour réfléchir à l'identité numérique, explorer les implications des technologies de surveillance, comprendre l'économie des données et participer à des projets de citoyenneté numérique significatifs. Lorsque les écoles collaborent avec les familles pour développer ces compétences, les enfants reçoivent des messages cohérents qui les aident à développer une compréhension cohérente de leur environnement numérique.

Des exemples concrets peuvent donner vie à ces principes. Au Danemark, un lycée invite les élèves à concevoir leurs propres applications pour résoudre des problèmes locaux, encourageant ainsi les compétences techniques et l'engagement civique. En Nouvelle-Zélande, certaines écoles primaires intègrent des projets de narration numérique combinant la tradition orale maorie avec des outils multimédias, alliant ainsi héritage culturel et maîtrise des technologies. À Singapour, des formations intensives en codage pour les jeunes filles abordent les inégalités entre les sexes dans le domaine des technologies et renforcent la confiance en soi grâce au mentorat et à la collaboration entre pairs. Ces initiatives illustrent comment la culture numérique peut être culturellement adaptée, socialement intégrée et émotionnellement enrichissante.

À la maison, des pratiques similaires peuvent être introduites de manière adaptée à l'âge. Une famille pourrait créer un calendrier numérique partagé pour apprendre à gérer son temps et à planifier. Elle pourrait discuter d'un documentaire sur les deepfakes ou les biais de l'IA pour stimuler la réflexion éthique. Ou encore, elle pourrait co-créer une vidéo à partager avec ses proches, en discutant ensemble de ce qui rend un contenu respectueux, pertinent et authentique. Ces pratiques ne consistent pas à maîtriser des outils spécifiques, mais à instaurer des habitudes d'interaction réfléchie avec la technologie qui seront bénéfiques aux enfants, quel que soit l'avenir.

En fin de compte, la culture numérique tout au long de la vie vise à donner aux enfants les moyens non seulement de suivre le monde, mais aussi de le façonner. Il s'agit d'élever des individus capables d'appréhender les nouvelles technologies non pas par une acceptation passive ou une peur réactive, mais avec une curiosité éclairée, un discernement critique et des valeurs fondées. Ces enfants ne seront pas seulement des utilisateurs compétents de la technologie, ils participeront activement à son évolution, défendront son développement éthique et bâtiront des avenirs numériques inclusifs et humains. Et c'est peut-être cela, plus que toute autre compétence technique, qu'exige une véritable culture numérique.

Réflexions finales – Élever ses enfants en toute confiance à l'ère numérique

Être parent n'a jamais été un rôle statique. À travers les siècles et les cultures, mères, pères et aidants se sont constamment adaptés aux réalités sociales, culturelles et technologiques changeantes de leur époque. Pourtant, l'ère numérique présente un ensemble unique de défis et d'opportunités, non seulement en raison de la rapidité avec laquelle la technologie évolue, mais aussi parce qu'elle remodèle le tissu même de l'enfance et de l'adolescence. Les écrans ne sont plus confinés au salon ; ils sont présents dans les poches, les salles de classe, les chambres et même dans les jouets de nos enfants. Face à cette transformation, de nombreux parents se sentent naturellement dépassés, hésitant entre accueillir les nouveaux outils à bras ouverts ou les repousser avec force. Mais la confiance dans la parentalité numérique ne requiert ni certitude ni maîtrise technique. Cela commence par repenser la technologie non pas comme un adversaire, mais comme un outil qui, utilisé judicieusement, peut favoriser la croissance, les liens et l'apprentissage tout au long de la vie.

Pour beaucoup, la réaction instinctive face au changement numérique est la prudence. Les histoires d'horreur sur les prédateurs en ligne, le cyberharcèlement, la dépendance aux écrans et la manipulation algorithmique dominent les gros titres et les flux des réseaux sociaux. Ces inquiétudes ne sont pas sans fondement. Le monde numérique *présente* des risques, et les enfants sont particulièrement vulnérables à ses dérives exploiteuses. Mais la peur à elle seule ne prépare pas les enfants à s'épanouir, pas plus que les protéger indéfiniment de la technologie. Ce qui développe les compétences, tant pour les parents que pour les enfants, c'est un engagement éclairé. Il s'agit d'aborder la vie numérique avec discernement, curiosité et volonté d'apprendre ensemble.

Un parent qui adopte cet état d'esprit ne sait peut-être pas comment fonctionne un générateur d'images IA, mais il se demandera : « Comment a-t-il obtenu ce résultat ? » Il ne comprend peut-être pas tous les détails de la blockchain, mais il reconnaîtra son importance pour les économies en ligne émergentes. Plus important encore, il invitera ses enfants à des conversations ouvertes, non seulement sur *les* fonctions de la technologie, mais aussi sur son importance et *son pourquoi* . Cette approche est un modèle d'humilité et d'adaptabilité, deux qualités essentielles dans un monde où personne, pas même les experts, ne peut prédire l'avenir.

La confiance se développe également grâce à la présence relationnelle. À l'ère du numérique, l'un des atouts les plus précieux de tout parent est son lien affectif avec son enfant. Les algorithmes personnalisent peut-être le contenu, mais ils ne l'apprécient pas. Les plateformes sont peut-être engageantes, mais elles n'instaurent pas la confiance. Les enfants qui se sentent ancrés dans des relations solides sont mieux armés pour évaluer leurs expériences numériques, se remettre des déceptions en ligne et demander de l'aide en cas de détresse. Un enfant qui sait qu'il peut parler ouvertement à ses parents de ce qu'il a vu, ressenti ou fait en ligne, sans crainte de punition ou de rejet, est bien plus susceptible de développer sa résilience et son sens éthique.

Il ne s'agit pas d'éviter les limites. Il s'agit de remplacer un contrôle rigide par un encadrement collaboratif. Au lieu d'imposer des limites arbitraires de temps d'écran, les parents peuvent co-créer des accords familiaux reflétant une compréhension mutuelle et des valeurs partagées. Par exemple, plutôt que de déclarer « pas de téléphone autorisé au dîner », un parent pourrait expliquer : « Le dîner est un moment de pleine présence les uns avec les autres. Rangeons tous nos appareils pour pouvoir vraiment nous connecter. » Ce recadrage encourage la participation plutôt que la résistance. Il illustre également le respect, un respect que les enfants sont plus susceptibles de réciproquer lorsqu'ils font leurs propres choix numériques.

Il existe d'innombrables exemples de parents qui utilisent la technologie non seulement comme un problème de gestion, mais aussi comme une occasion de créer des liens et d'apprendre. Une mère de Toronto a commencé à jouer au même jeu multijoueur en ligne que son fils, non pas pour le surveiller, mais pour mieux comprendre ce qui l'attirait vers cette expérience. Leur jeu partagé est devenu un point de connexion, donnant lieu à des conversations plus riches sur le travail d'équipe, l'équité et la conduite en ligne. Un autre père de Bangalore a utilisé des tutoriels YouTube pour apprendre les bases de l'animation avec sa fille, ce qui a donné lieu à un court métrage qu'ils ont créé ensemble sur l'histoire de la migration de leur famille. Ces moments illustrent que les écrans, lorsqu'ils sont abordés avec attention, peuvent favoriser la créativité, la collaboration et la narration entre les générations.

La technologie peut également soutenir la vie de famille de manière plus subtile. Les agendas numériques partagés aident à coordonner les emplois du temps chargés. Les appels vidéo permettent de connecter les proches à travers les continents. Les applications de méditation favorisent le bien-être. Les albums numériques préservent les souvenirs. Même de simples messages vocaux peuvent maintenir le lien pendant les longues journées de travail. Ces outils ne sont pas intrinsèquement nocifs : ils illustrent comment les systèmes numériques, lorsqu'ils sont intégrés de manière ciblée, peuvent compléter les relations humaines plutôt que de les concurrencer.

Bien sûr, aucun outil n'est neutre. Chaque technologie reflète les priorités de ses créateurs et les cultures dans lesquelles elle est utilisée. C'est pourquoi éduquer ses enfants à l'écrit implique aussi de les sensibiliser à la société. Les parents peuvent susciter la réflexion en posant des questions telles que : « Pourquoi pensez-vous que cette application est gratuite ? Comment gagne-t-elle de l'argent ? » ou « Quels types de personnes voyez-vous représentés dans cette vidéo ? Qui manque à l'appel ? » Ces discussions apprennent aux enfants à dépasser la consommation passive et à s'interroger sur les structures de pouvoir qui sous-tendent leur monde numérique.

La confiance en soi implique également de savoir quand demander de l'aide. On ne s'attend pas à ce que les parents abordent seuls tous les dilemmes numériques. Les enseignants, les conseillers d'orientation, les associations d'éducation numérique et les psychologues pour enfants peuvent tous offrir conseils et perspectives. Rejoindre des groupes de parents, participer à des ateliers ou consulter des ressources fiables apporte non seulement des connaissances, mais aussi un sentiment d'appartenance à une communauté, rappelant aux parents que leurs préoccupations sont partagées et leurs questions pertinentes.

Il est tout aussi important de laisser une place à l'échec et à la réparation. Les enfants commettront des erreurs en ligne. Ils partageront des choses qu'ils regretteront plus tard, suivront des contenus trompeurs ou dépasseront les limites. Mais chacun de ces faux pas est une opportunité de croissance. Un enfant qui tombe accidentellement sur un contenu inapproprié peut être aidé à comprendre le contexte, à réfléchir à ses émotions et à développer des stratégies pour les rencontres futures. Un adolescent qui enfreint une règle d'utilisation des écrans peut être invité à discuter des conséquences – non pas comme une punition, mais comme un moyen de rétablir la confiance.

Ce qui compte le plus dans ces moments-là, c'est la réaction parentale. La honte ferme les portes ; l'empathie les ouvre. Un parent qui réagit avec curiosité plutôt qu'avec accusation envoie un message fort : « Ta vie numérique compte pour moi. Non pas parce que je veux la contrôler, mais parce que je me soucie de *toi* – de ton intégrité, de ta sécurité, de ton bien-être. »

Au fil du temps, ces bases permettent aux enfants de devenir des citoyens numériques conscients. Ils commencent à anticiper les conséquences, à remettre en question leurs intentions, à gérer leurs impulsions et à réfléchir à leurs habitudes numériques. Ils deviennent également plus capables de résister à la pression de leurs pairs, de se désengager des espaces toxiques et de construire des relations en ligne plus saines. Ce sont les signes distinctifs de la maturité ; ils se développent non pas par l'interdiction, mais par un encadrement constant et un respect mutuel.

En fin de compte, élever des parents avec confiance à l'ère numérique ne signifie pas tout savoir. Cela signifie être prêt à poser des questions, à rester impliqué et à incarner les valeurs que nous espérons voir transmises à nos enfants. Cela signifie comprendre que la technologie n'est pas un ennemi à vaincre, mais un terrain à explorer – un terrain où les familles peuvent apprendre, jouer, construire et grandir ensemble. En passant de la peur à la curiosité, du contrôle à la collaboration et des règles aux relations, nous donnons à nos enfants les moyens non seulement de survivre au monde numérique, mais aussi de le façonner avec sagesse, créativité et bienveillance.

À propos de l'auteur

Anika Vermeer est chercheuse en parentalité et éducation, passionnée par les liens entre psychologie de l'enfant, technologie et dynamique familiale moderne. Forte de nombreuses années d'expérience en conseil auprès d'écoles et de familles en Europe et en Asie, elle apporte une perspective globale aux défis de l'éducation d'enfants émotionnellement intelligents et sensibilisés au numérique. Son travail allie connaissances scientifiques et outils pratiques, permettant aux parents de développer résilience, empathie et saines habitudes d'utilisation des écrans dans un monde numérique en constante évolution. « Parentalité numérique : Élever des enfants équilibrés dans un monde rempli d'écrans » est sa dernière contribution pour préparer les parents modernes à une ère de connexion constante.

www.ingramcontent.com/pod-product-compliance
Lightning Source LLC
LaVergne TN
LVHW101401051026
849519LV00005BC/1605